出口王仁三郎

『記・紀』言霊解

龍宮物語

出口王仁三郎聖師

豊玉姫神に扮する出口王仁三郎聖師(S8・10・22 於天恩郷智照館)
豊玉姫神は国常立大神の御冠になる竜宮島（冠島）に鎮まります神。厳の御魂・ヨハネの御魂なる潮満の珠（赤色・日）を豊玉姫という。世界の終末に際し、潮干の珠と合わせてこれを使用する御神業を「一輪の秘密」と示される。（『霊界物語』第 1 巻・第 35 章「一輪の秘密」）

玉依姫神に扮する出口王仁三郎聖師(S8・10・22 於天恩郷智照館)
瑞の御魂・再臨のキリストの御魂なる潮干の珠（白色・月）を玉依姫という。神素盞嗚大神のご分霊。麻邇の宝珠（天＝青色、火＝赤色、水＝白色、地＝黄色、結＝紫色）を保護し、経済、交通、通信、産業の守り神。国常立尊の片腕、竜宮の乙姫となり、ミロクの神世実現に奉仕される神。（『霊界物語』第 26 巻・第 16 章「三五の玉」に麻邇宝珠の由緒が明示される。）

龍の背に立ち瀬給いて鳥居ある宝冠いただくは龍宮の姫神

波上海女神像

富士の登龍

竜宮の乙米姫が潮満・潮干の珠を手に入れ、富士の木花姫命に献上される御姿。木花姫命は、珠を大八洲彦命に渡される。

(『霊界物語』第 1 巻・第 32 章「三個の宝珠」)

離れ島開き給ひし教祖神迎へて波間に龍の乙姫

龍宮の乙姫

玉依姫命

那岐那美二尊

彦火々出見命

如意輪の塔を頭に御手に玉もたせ給ふはみろくの尊像

天降　天照皇大神聖像

弥勒大神が神器を頂いて大地球に天降り給う御姿。真言密教では「大日如来」、神仏習合の両部神道では「雨宝童子」、神界では「日の出神」と尊称する。

まえがき

出口王仁三郎聖師は、『古事記』を「言霊学」により真解すると、神代の昔が今も連動し、未来の総てを測知出来るように書かれているという。

『古事記』（全3巻）は、「ふることぶみ」で天武天皇（第40代・673～686）の勅語を受けた稗田阿礼が「帝紀」（歴代の大王・天皇に関する記録）、「旧辞」（昔の記録、伝承）を「誦習《しょうしゅう》」し、「天照大神」を中心に天地初発から推古天皇（第33代・592～628）までの大王・天皇家の系譜を内容とする。これを元明天皇（第43代・707～715）の詔《みことのり》により、太安万侶が「撰録」され、和銅五（712）年正月二十八日に献上したもので、今からちょうど一三〇〇年前になる。原本は現存せず、十四世紀の写本が残されている。

『日本書紀』（全30巻）は『古事記』成立八年後の養老四年（720）五月二十一日舎人《とねり》親王らが編纂し奏上された、日本最初の勅撰の歴史書と云われ、神代から持統天皇（第41代・686～697）に至る漢文の編年体史。「一書《あるふみ》に曰《いわ》く」と内外の文献を引用して、「高皇産霊神」を中心に編纂されている。

これを『記紀』と称して、国家・国粋主義の基となり、戦後はあまり注目されなかったが、『記紀』の記述と大王・氏族豪族の遺跡の発掘、歴史や文献の見直し、時代の価値観の変化により近年は特に注目されている。

大本では、明治二十五（1892）年旧正月に出口直開祖に「艮の金神」が憑りてより一二〇年になる。その時の「お筆先」から『大本神諭』が生れ、「艮の金神」を中心に立替え立直しが始まり、弥勒大神の世になることが宣言される。

出口聖師は、これらの文献を網羅し、その真相を詳細に著したのが『霊界物語』で、大正十（1921）年十月十八日に口述が始まり、十一月三十日に初版を出版、昭和九（1934）年十二月三十日までに全八十一巻・八十三冊を刊行される。これは「瑞霊・神素嗚盞大神」（弥勒大神）を中心に、天地剖判の大過去から大未来にわたり、人類救済の経綸が示される。

日本史について「我国の歴史といへども、その大部分は神武聖帝以後の歴史であって、太古神代の事蹟《じせき》は束《つか》ねてこれを不知火の海（＝熊本県の八代海）に投ぜられたのである。これ史家が神ならざる以上は史眼暗くして、書契《しょけい》以前の史実を映写し得ざるがために、歴史の真相が伝わらないのである。」（物語第54巻「序文」）と指摘される。

本書は科学の時代に『竜宮物語』とは時代錯誤も甚だしい。しかし『記紀』の中に不思議な「竜宮」の記述があり、海津見神や住吉大神、彦火火出見命・豊玉姫・玉依姫・建鵜葺草葺不合命、塩土翁（火水土翁《しおつちのおきな》・国祖・国常立命）、それにアマテラスとスサノオの「誓約」により生れた三女神（宗像三神）等の神々が、海の神、陸の神として全国に祭祀される。

この太古から謎とされたロマンの竜宮伝説が、出口聖師の物語の記述及び文献を蒐集すると、『記紀』『大本神諭』に関する原点が「言霊解」から見えてきます。

物語に書かれる「一輪の秘密」について、ある信者が「聖師さま一輪の秘密とは、本当は何でしょうか」とお尋ねになると、出口聖師は「それはヒミツ！」とお答えになられたとか。これも今だから判る「龍の紫満」の「一輪の秘密」です。

そしてこの「一輪の秘密」から行き詰った社会を見るとき、世界が精神的文明（霊五体五）に向うか、それとも物質的文明（体五霊五）を選択するか、今大きな「黄泉比良坂」の分水嶺に立たされていることが判断出来る。

第一編、大正九（1920）年、皇道大本亀岡大道場にて講演の『古事記』「海幸山幸彦之段」、『日本書紀』「神武天皇東征之段」の言霊解を掲載した。竜宮は一般的に神話、夢物語に過ぎないが、海幸山幸は、現代社会の霊主体従、体主霊従の行き方を示す。また、伊都能売神は宇宙を統一される神、人は天地経綸の主体で神人合一して、弥勒の世は造られる。東征の段では言霊により神代から今日、世界を考察する重要な内容を提示する。

第二編、若狭湾の沖合に浮かぶ冠島、沓島に大本開祖・出口直一行が出修時の物語を掲載した。明治三十八年の日露戦争の戦勝祈願を目的に出かけたのが大本草創期の竜宮との出合いとなる。

第三編、『霊界物語』における竜宮への出発点。前後の関係、意味合いが判りにくいが、大本を雛型に海の竜宮、陸の竜宮、世の中が乱れて来た根本原因、潮満潮干の珠、一輪の秘密、日の出神（本当の天照大神）、黄泉比良坂など、弥勒の世を開く重要な鍵が描かれる。

第四編、昭和五年、竜宮嶋の壱岐・対馬を訪問された時のご巡教記、及び昭和六十四年開催の現地研修会を略記する。壱岐・対馬は、古代大陸との交通の要所通過点、日本神道、古代大和の原点が存在する。歌日記には、名所、旧跡地、歴史、情歌、民謡等を詠われ、また民俗学、考古学的に、遠い先祖の足跡が遺される珠出の島。

第五篇、人生や信仰のあり方を示される。、また利己主義、強い者勝ち、栄枯盛衰の社会から、政治、経済、宗教等、私達の目指す目標が竜宮を通して示めされる。神秘的口述には主神の神格など救いの密意が含まれる感動の章。

第六編、ご巡教中に雨を降らせた記録等、竜神関連の話しを収集する。

平成二十四年一月十二日

みいづ舎編集

もくじ

第一編　龍宮より東征へ

第一章　海幸彦 山幸彦之段

『古事記《こじき》』の上巻《じようかん》（かみつまき）に、火遠理命《ほおりのみこと》（注一）が龍宮《りゆうぐう》に御出《おい》でになって、（潮乾《しおひ》）潮満《しおみつ》の珠《たま》を御持《おも》ち帰《かえ》りになりました、ということが載《の》って居《お》ります。今其《いまそ》の大略《たいりやく》を現代《げんだい》に合《あわ》せて、講義《こうぎ》を致《いた》したいと思《おも》います。

何時《いつ》も申《もう》す通《とお》り此《こ》の『古事記《こじき》』は「古今《ここん》を通《つう》じて謬《あやま》らず、之《これ》を中外《ちゆうがい》に施《ほどこ》して悖《もと》らない」と云《い》うのでありまして、神代《かみよ》の昔《むかし》も今日《こんにち》も、亦行《またゆ》く先《さき》の世《よ》の総《すべ》ての事《こと》も、測知《そくち》することが出来《でき》る様《よう》に書《か》かれてあるので、是《これ》が天下《てんか》の名文《めいぶん》である所以《ゆえん》であります。而《しか》して此《こ》の『古事記《こじき》』の上巻《じようかん》にある事《こと》は、大抵《たいてい》ミロク出現前《しゆつげんぜん》に於《おい》て、総《すべ》ての事《こと》が実現《じつげん》する事《こと》になって居《お》ります。前《まえ》の方《ほう》は略《りやく》して、次《つぎ》の項《こう》から御話致《おはなしいた》そうと思《おも》います。

○

「故火照命《かれほてりのみこと》は、海佐知毘古《うみさちひこ》として、鰭廣物《はたのひろもの》、鰭狭物《はたのさもの》を取《と》りたまひ、火遠理命《ほをりのみこと》は、山佐《やまさ》知毘古《ちひこ》として、毛麤物《けのあらもの》、毛柔物《けのにごもの》を取《と》りたまひき。爾《こゝ》に、火遠理命《ほをりのみこと》、其《そ》の兄火照命《いろせほてりのみこと》に、各《かたみ》に佐知《さち》を相易《か》へて、用《もち》ひてむといひて、三度乞《みたびこ》はししかども、許《ゆる》さざりき。然《しか》れども、遂《つい》に纔《わづか》に、得相易《えか》へたまひき。爾《かれ》、火遠理命《ほをりのみこと》、海佐知《うみさち》を以《も》ちて魚釣《なつ》らすに、都《かつ》て一魚《ひとつ》も得《え》たまはずて、亦其《またそ》の鉤《つりばり》をさへ、海《うみ》に失《うしな》ひたまひき。於是《こゝに》、其《そ》の兄火照命《いろせほてりのみこと》、其《そ》の鉤《はり》を乞《こ》ひて、山佐知《やまさち》も己《おの》が佐知《さち》々々《く》、海佐知《うみさち》も、己《おの》が佐知《さち》々々《く》、今《いま》は各《おのもく》佐知返《さちかへ》さむと謂《い》ふ時《とき》に、其《そ》の弟火遠理命《いろとほをりのみこと》答白《の》りたまはく、汝《みまし》の鉤《つりばり》は、魚釣《なつ》りしに一魚《ひとつ》も得《え》ずて、遂《つひ》に海《うみ》に失《うしな》ひてきとのりたまへども、其《そ》の兄《いろせ》、強《あなか》ちに乞《こ》ひ徴《はた》りき。故其《かれそ》の弟《いろと》、御佩《みはかし》の十拳剣《とつかのつるぎ》を破《やぶ》りて、五百鉤《いほはり》を作《つく》りて、償《つぐの》ひたまへども、取《と》らず。亦《また》一千鉤《ちはり》を作《つく》りて、償《つぐの》ひたまへども、受《う》けずて、猶《な》ほ其《か》の正本《もと》の鉤《はり》を得《え》むとぞ云《い》ひける」

○

火照命《ほてりのみこと》の経綸《けいりん》は海幸彦《うみさちひこ》であって、釣鉤《つりばり》の事《こと》であり、火遠理命《ほおりのみこと》の経綸《けいりん》は山幸彦《やまさちひこ》で、弓矢《ゆみや》の事《こと》であります。

矢《や》と云《い》うものは一直線《ちょくせん》に、目的《もくてき》に向《むか》って進《すす》んで行《い》って、そうして的《まと》に当《あた》るのでありま す。海幸彦《うみさちひこ》は外国《がいこく》の遣《や》り方《かた》で、鉤《はり》に餌《え》を付《つ》けて美味《うま》いものゝ様《よう》に装《よそお》うて居《お》る。そうすると魚《うお》が出《で》て来《き》て、釣鉤《つりばり》があると知《し》らずに呑《の》んで、生命《いのち》を取《と》られて了《しま》うのである。今日《こんにち》の日本《にっぽん》の国民全体《こくみんぜんたい》が、総《すべ》て日本《にっぽん》の遣《や》り方《かた》は古《ふる》いとか色々《いろいろ》の事《こと》を言《い》うて、一切《さい》の事《こと》を軽《かろ》んじて、そうして外国《がいこく》の鉤《はり》に餌《え》が、ぷん〳〵として居《お》るのに、総《すべ》ての者《もの》が心《こころ》を寄《よ》せて居《お》る。そうして之《これ》を食《た》べて見《み》るが最後《さいご》、口《くち》を引《ひ》っかけられて生命《いのち》を取《と》られて了《しま》う。

一方《ぽう》の矢《や》の方《ほう》は、己《おのれ》を正《ただ》しうして後《のち》に放《はな》って始《はじ》めてパンと適《あた》る。此方《こちら》が正《ただ》しくなければ何《ど》うしても的《まと》に適《あた》らぬのである。餌《え》の方《ほう》は此方《こちら》が仰向《あおむ》けになって寝《ね》て居《お》っても引《ひ》っかゝるのであるが、矢《や》の方《ほう》は中々練習《なかなかれんしゅう》を要《よう》する。魂《たましい》と肉体《にくたい》とが一致《ち》せぬことには、山幸《やまさち》は出来《でき》ぬのであります。それで山幸彦《やまさちひこ》は日本《にっぽん》の御教《みおしえ》で、即《すなわ》ち火遠理命《ほおりのみこと》は、皇祖皇宗《こうそこうそう》の御遺《ごい》訓《くん》を真直《まつすぐ》に、正直《せいちょく》の道《みち》を以《もっ》て、此《こ》の世《よ》の中《なか》を治《おさ》めて行《ゆ》くと云《い》うので、つまり之《これ》を諷《ふう》されたのであります。

海幸彦《うみさちひこ》の方《ほう》は権謀術数《けんぼうじゅつすう》の方法《ほうほう》を用《もち》いる。旨《うま》いものを前《まえ》に突《つ》き出《だ》して、そうして其《そ》の実質《じつ》は曲《まが》って居《お》る。旨《うま》いものだと見《み》せて、其《そ》の顎《あご》を引《ひ》っかけて了《しま》う。此《こ》の海幸《うみさち》と山幸《やまさち》とは、大変違《たいへんちが》うのであります。海幸彦《うみさちひこ》の方《ほう》は塩沫《しほなわ》の凝《こ》りて成《な》るちょう外国即《がいこくすなわ》ち海《うみ》の国《くに》でありま す。山幸彦《やまさちひこ》は日本《やまと》の国《くに》の事《こと》であります。

○

所《ところ》が他人《たにん》の花《はな》は美《うつく》しく見《み》える、又自宅《またうち》の牡丹餅《ぼたもち》より隣《となり》の糠団子《ぬかだんご》と云《い》うて、自分《じぶん》の商売《あきない》よりも、人《ひと》の商売《あきない》は結構《けっこう》に見《み》えるのであります。であるから、誰《だれ》でも商売《あきない》を変《かえ》たいと思《おも》って居《い》る。日本人《にっぽんじん》は外国人《がいこくじん》を結構《けっこう》だと思《おも》って居《い》るし、外国人《がいこくじん》は日本人《にっぽんじん》を結構《けっこう》だと思《おも》って居《い》る。日本人《にっぽんじん》は外国人《がいこくじん》を頗《すこぶ》る文明《ぶんめい》の国《くに》で良《よ》い所《ところ》ばかりだと思《おも》って居《い》るが、豈図《あにはか》らむや裏《うら》の方《ほう》に行《い》って見《み》ると、惨憺《さんたん》たる地獄《じごく》の状態《じょうたい》であると云《い》う事《こと》が分《わか》るのであります。

○

それで山幸彦《やまさちひこ》は海幸彦《うみさちひこ》を、一つ試《ため》して見《み》たいと思《おも》った。是《これ》が所謂《いわゆる》和光同塵《わこうどうじん》（注二）であって、向《むこ》うの制度《せいど》を日本《にっぽん》に移《うつ》し、日本《にっぽん》の制度《せいど》を向《むこ》うに移《うつ》さむとされたのであります。丁度今日《ちょうどこんにち》の日本人《にっぽんじん》一般《ぱん》が、此《こ》の釣鉤《つりばり》にかゝって居《お》るのであります。而《しか》も此《こ》の釣鉤《つりばり》たるや、太公望《たいこうぼう》(注三)の様《よう》な真直《まっすぐ》な鉤《はり》ではない、皆曲《みなまが》って居《お》って、餌《え》がつけてある。然《しか》し何《ど》うしても日本《にっぽん》に之《これ》は合《あ》わぬから、得《う》る所《ところ》は一つも無《な》い、のみならず合《あ》わぬから、海《うみ》へ落《おと》したと出《で》て居《お》ります。

○

又海幸彦《またうみさちひこ》も山猟《やまがり》には失敗《しっぱい》した。矢張《やは》り是《これ》は外国《がいこく》には適当《てきとう》せぬのであります。国魂《くにたま》に合《あ》わぬのであります。それで矢張《やは》り元《もと》の通《とお》りに換《か》えよう、外国《がいこく》は外国《がいこく》の遣《や》り方《かた》に、日本《にっぽん》は日本《にっぽん》の遣《や》り方《かた》にする、到底日本《とうていにっぽん》の皇祖皇宗《こうそこうそう》の御遺訓《ごいくん》を、其《そ》のまゝ外国《がいこく》に移《うつ》す事《こと》は出来《でき》ない。又向《またむこ》うの国《くに》のものを、其《そ》のまゝ日本《にっぽん》でやる事《こと》も出来《でき》ぬ。元通《もとどお》りにやると云《い》う時《とき》に、如何《いか》なるはずみか知《し》らぬが、元《もと》の鉤《はり》は海《うみ》へ落《お》ちて無《な》い様《よう》なことになった。そこで海幸彦《うみさちひこ》は元《もと》の鉤《はり》を返《かえ》して呉《く》れ、と云《い》う請求《せいきゅう》が喧《やかま》しい。

○

日本《にっぽん》の国《くに》は外国《がいこく》の文明《ぶんめい》を羨望《せんぼう》したので、明治初年《めいじしょねん》外国文明《がいこくぶんめい》が入《はい》って来《き》た。そうして日《にっ》本文明《ぽんぶんめい》を之《これ》と交換《こうかん》したのである。所謂外国《いわゆるがいこく》は日本《にっぽん》の国《くに》を指導《しどう》して、自分《じぶん》の貿易国《ぼうえきこく》にしようとか、或《あるい》は之《これ》で引《ひ》っかけようとか思《おも》ったに違《ちが》いない。

所《ところ》が既《すで》に其《そ》の鉤《はり》は、海底《かいてい》に沈《しず》んで了《しま》った。丁度向《ちょうどむこ》うの教《おしえ》は日本《にっぽん》の国《くに》に持《も》って来《く》ると、恰《あたか》も熱帯《ねったい》の植物《しょくぶつ》を寒帯《かんたい》へ持《も》って来《き》た様《よう》に、到底育《とうていそだ》つ事《こと》が出来《でき》ない。此方《こちら》のものも、向《むこ》うには適当《てきとう》せぬと云《い》う事《こと》になる。そうすると其《そ》の賠償《ばいしょう》として、御佩《みはか》せる十拳剣《とつかのつるぎ》を破《やぶ》って五百《いほ》鉤《はり》を作《つく》って償《つぐな》おうと思《おも》った。

日本武士《にっぽんぶし》が二本《ほん》さして居《お》ったのが、帯刀《たいとう》を取《と》られて了《しま》う。一本差《ぽんざし》も取《と》られて了《しま》う。丁《ちょう》度廃刀令《どはいとうれい》を下《くだ》すの余儀《よぎ》なきに立到《たちいた》ったのである。是《これ》が十拳剣《とつかのつるぎ》を破《やぶ》って色々《いろいろ》の鉤《はり》を作《つく》られた事《こと》で、所謂昔《いわゆるむかし》の剣《つるぎ》より今《いま》の菜刀《ながたな》、斯《こ》う云《い》う事《こと》になって来《き》た。昔《むかし》は武士《ぶし》は喰《く》わねど高楊《たかよう》枝《じ》と云《い》って居《い》たが、今《いま》は中々《なかなか》そう云《い》う事《こと》は出来《でき》ない。矢張《やは》り饑《ひもじ》いので、千松《せんまつ》(注四)の様《よう》な事《こと》になる。

その為《ため》に十拳剣《とつかのつるぎ》をすっかり取《と》って、向《むこ》うの言《い》う通《とお》りになって、丸裸丸腰《まるはだかまるごし》になって了《しも》うた。それでもまだ向《むこ》うは得心《とくしん》が行《い》かない。元《もと》の鉤《はり》を返《かえ》せ〳〵と云《い》って頻《しきり》に迫《せま》る。併《しか》し日《にっ》本《ぽん》を貿易国《ぼうえきこく》にしようとか、旨《うま》い事《こと》を考《かんが》えて居《お》った其《そ》の鉤《はり》は落《お》ちて了《しま》った。

○

そうして却《かえ》って此方《こちら》から、カナダや米国《べいこく》に移民《いみん》したり、或《あるい》は英国《えいこく》の植民地《しょくみんち》に移住《いじゅう》するとか云《い》う様《よう》な事《こと》で、鉤《はり》の方《ほう》の国《くに》へ、日本人《にっぽんじん》がどん〳〵行《い》って了《しま》う。今度《こんど》は日本人《にっぽんじん》が鉤《はり》を使《つか》うようになって来《き》た。

それが為《ため》に、海幸彦《うみさちひこ》は元《もと》の鉤《はり》を得《え》んとして頻《しきり》に責《せ》めるが、向《むこ》うの国《くに》は御維新前《ごいしんぜん》には何《ど》うかして旨《うま》い汁《しる》を吸《す》いたいと考《かんが》えて居《お》ったが、今日《こんにち》となっては、あゝして置《お》いては大変《たいへん》だ、吾々《われわれ》は枕《まくら》を高《たこ》うして眠《ねむ》る事《こと》が出来《でき》ぬ。それで一刻《こく》も早《はや》く何《なん》とかして、利権《りけん》を獲得《かくとく》して了《しま》おうと云《い》う考《かんがえ》を起《おこ》して居《い》るのであります。所謂元《いわゆるもと》の釣鉤《つりばり》を望《のぞ》んで居《お》ると云《い》う様《よう》な事《こと》が諷《ふう》されてあるのであります。それが今日《こんにち》、現実的《げんじつてき》に実現《じつげん》して居《お》るのであります。

「於是《こゝに》其《そ》の弟《いろと》、海邊《うみべ》に泣《な》き患《うれ》ひて居《ゐ》ます時《とき》に、鹽椎神《しほつちのかみ》來《きた》り問曰《といけら》く、何《いか》にぞ、虚空津日高《そらつひだか》の泣《な》き患《うれ》ひたまふ所由《ゆゑ》はといへば、答言《こた》へたまはく、我《あれ》、兄《いろせ》と鉤《はり》を易《か》へて、其《そ》の鉤《はり》を失《うしな》ひてき。是《かく》て其《そ》の鉤《はり》を乞《こ》う故《ゆゑ》に、多《あまた》の鉤《はり》を償《つぐの》ひしかども受《う》けずて、猶《なほ》其《そ》の本《もと》の鉤《はり》を得《え》むと云《い》ふなり。故《かれ》泣《な》き患《うれ》ふと告《の》りたまひき。爾《ここ》に鹽椎神《しほつちのかみ》、我《あれ》、汝《な》が命《みこと》の爲《みため》に、善《よきこと》議《はかり》せむと云《い》ひて、卽《すなは》ち、無間勝間《まなしかたま》の小船《をぶね》を造《つく》りて、其《そ》の船《ふね》に載《の》せまつりて教曰《をしへけら》く、我《あれ》、其《こ》の船《ふね》を押《お》し流《なが》さば、差暫《やゝしば》し往《いで》ませ、味御路《うましみち》あらむ。乃《すなは》ち其《そ》の道《みち》に乗《の》りて往《い》ましなば、魚鱗《いろこ》の如《ごと》・所造《つくれ》る宮室《みや》、其《そ》れ綿津見神《わたつみのかみ》の宮《みや》なり。其《そ》の神《かみ》の御門《みかど》に到《いた》りましなば、傍《かたへ》の井上《ゐのへ》に、湯津香木《ゆつかつら》在《あ》らむ。故《かれ》、其《そ》の木《き》の上《うえ》に坐《ま》しまさば、其《そ》の海神《わたのかみ》の女《みむすめ》、見《み》て相談《はから》むものぞと教《をし》へまつりき」

是《ここ》に於《お》いて火遠理命《ほおりのみこと》は当惑《とうわく》して泣《な》き悲《かなし》んだ。即《すなわ》ち神界《しんかい》に於《お》いては、世界《せかい》の状態《じょうたい》及《およ》び特《とく》に日《にっ》本国《ぽんこく》の政治経済商業実業《せいじけいざいしょうぎょうじつぎょう》、一切《さい》の状態《じょうたい》を非常《ひじょう》に憂慮《ゆうりょ》し泣《な》き悲《かなし》んで居《お》られると云《い》う事《こと》であります。そこへ塩椎翁《しほつちのおきな》が現《あらわ》れる。塩椎翁《しほつちのおきな》と云《い》う事《こと》は、つまり水火地翁《しほつちのおきな》と云《い》う事《こと》で、肉体《にくたい》は女《おんな》で魂《みたま》は男《おとこ》、即《すなわ》ち地《ち》の御先祖様《ごせんぞさま》である国常立尊《くにとこたちのみこと》が、出口《でぐち》の守《かみ》と現《あら》われたと云《い》う事《こと》でありましょう。

塩椎翁《しほつちのおきな》は、何《なに》が為《ため》に此世《このよ》の中《なか》が治《おさ》まらぬかと、色々御心配《いろいろごしんぱい》になって居《お》ると云《い》う事《こと》を、よく御存《ごぞん》じでありますから、其《そ》の傍《そば》に寄《よ》ってお尋《たず》ねになった。何《なに》が為《た》めに御泣《おな》きになるのか。そうすると火遠理命《ほおりのみこと》は、我《われ》は猟具《りょうぐ》と釣鉤《つりばり》を換《か》えて漁《すなど》りした所《ところ》が、其《そ》の釣鉤《つりばり》を失《うしな》って了《しま》った。そこで色々《いろいろ》の鉤《はり》を作《つく》ったけれども、元《もと》の鉤《はり》を返《かえ》せと云《い》って責《せ》められる。それで泣《な》くのである。実《じつ》に日本《にっぽん》の現状《げんじょう》は、行《ゆ》きも戻《もど》りも出来《でき》ない事《こと》になって来《き》た。今日《こんにち》の日《にっ》本《ぽん》は外国《がいこく》の教《おしえ》を受《う》けた為《ため》に、皇祖皇宗《こうそこうそう》の御遺訓《ごいくん》を充分《じゅうぶん》に発揮《はっき》するどころか、其《そ》の日本人《にっぽんじん》の心《こころ》まで、海幸彦《うみさちひこ》の釣鉤《つりばり》にかゝつて了《しま》って居《お》るのであります。

是《ここ》に於《おい》て塩椎翁《しほつちのおきな》は無間勝間《まなしかたま》の船《ふね》を造《つく》り、そうしてそれに火遠理命《ほおりのみこと》を御乗《おの》せ申《もう》した。メナシは、水《みず》も漏《もら》さぬと云《い》う事《こと》。カタマは、堅《かた》くして叩《たた》いても崩《くず》れぬと云《い》う事《こと》である。即《すなわ》ち皇祖皇宗《こうそこうそう》の御遺訓《ごいくん》を真解《しんかい》し賜《たま》わった所《ところ》の『大本神諭《おほもとしんゆ》』が夫《そ》れであろうと思《おも》うのであります。神様《かみさま》の教《おしえ》を指《さ》して．メナシカタマの舟《ふね》と云《い》う。何故《なぜ》かと云《い》えば此舟《このふね》に乗《の》って居《お》ったならば、如何《いか》なる狂瀾怒涛《きょうらんどとう》に遇《あ》うと雖《いえど》も、覆《くつが》える、溺《おぼ》れると云《い》う事《こと》は無《な》い、実《じつ》に世界《せかい》を済度《さいど》する所《ところ》の舟《ふね》である。之《これ》を作《つく》ってそうして之《これ》に乗《の》せて綿津見《わたつみ》の神《かみ》の宮《みや》へ、御出《おい》でなさいと申《もう》したのである。

綿津見《わたつみ》の宮《みや》は龍宮《りゅうぐう》の事《こと》であります。龍宮《りゅうぐう》には海《うみ》の龍宮《りゅうぐう》と、陸《あげ》の龍宮《りゅうぐう》とが在《あ》るのであります。

「故《かれ》、教《をし》へし随《まにま》に、少《すこ》し行《い》でましけるに、備《つぶさ》に其《そ》の言《こと》の如《ごと》くなりしかば、即《すなは》ち、其《そ》の香木《かつら》に登《のぼ》りて坐《ま》しましき。爾《こゝ》に、海神《わたのかみ》の女《みむすめ》、豐玉毘賣《とよたまひめ》の從婢《まかたち》、玉器《たまもひ》を持《も》ちて、水酌《みづく》まむとする時《とき》に、井《ゐ》に光《かげ》あり。仰《あふ》ぎて見《み》れば、麗《うるは》しき壯夫《をとこ》あり。甚異奇《いとあやし》と以爲《おも》ひき。爾《かれ》、火遠理命《ほをりのみこと》、其《そ》の婢《まかたち》を見《み》たまひて、水《みづ》を得《え》しめよと乞《こ》ひたまふ。婢《まかたち》乃《すなは》ち水《みづ》を酌《く》みて、玉器《たまもひ》に入《い》れて貢進《たてまつ》りき。爾《こゝ》に、水《みづ》をば飲《の》みたまはずして、御頸《みくび》の璵《たま》を解《と》かして、口《みくち》に含《ふく》みて、其《そ》の玉器《たまもひ》に唾入《つばきい》れたまひき。於是《こゝに》、其《そ》の璵《たま》い、器《もひ》に著《つ》きて、婢《まかたち》璵《たま》を得離《えはな》たず。故《かれ》、璵著《たまつ》けながら、豐玉毘賣命《とよたまひめのみこと》に進《たてまつ》りき。爾《かれ》、其《そ》の璵《たま》を見《み》て婢《まかたち》に、若《も》し門《かど》の外《と》に人《ひと》有《あ》りやと、問《と》いたまへば、我《あ》が井上《ゐのへ》の香木《かつら》の上《うへ》に人在《ひといま》す、甚麗《いとうるわ》しき壯夫《をとこ》にます。我《あ》が王《きみ》にも益《まさ》りて、甚貴《いとたふと》し。故其《かれそ》の人《ひと》、水《みづ》を乞《こ》はせる故《ゆゑ》に、奉《たてまつ》れば、水《みづ》をば飲《の》まさずて、此《こ》の璵《たま》をなも唾入《つばきい》れたまへる。是《こ》れ得離《えはな》たぬ故《ゆゑ》に、入《い》れながら將來《もちまゐき》て、獻《たてまつ》りぬとまをしき。

爾《かれ》、豐玉毘賣命《とよたまひめのみこと》、奇《あや》しと思《おもほ》して、出《い》で見《み》て、乃《すなは》ち見感《みめで》て目合《まぐはひ》して、其《そ》の父《ちゝ》に、吾《あ》が門《かど》に、麗《うるは》しき人《ひと》有《いま》すと白《まを》したまひき。爾《こゝ》に、海神《わたのかみ》自《みづか》ら出見《いでみ》て、此《こ》の人《ひと》は、天津日高《あまつひこ》之《の》御子《みこ》、虚空津日高《そらつひこ》にませりと云《い》ひて、即《すなは》ち内《うち》に率《ゐ》て入《い》れ奉《まつ》りて、美智《みち》の皮《かわ》の疊《たゝみ》八重《やへ》を敷《し》き、亦絁疊《またきぬたゝみ》八重《やへ》を、其《そ》の上《うへ》に敷《し》きて其《そ》の上《うへ》に坐《ま》せまつりて、百取机代物《もゝとりのつくゑしろもの》を具《そな》へて御饗《みあへ》して、即《すなは》ち、其《そ》の女《みむすめ》豊玉毘賣《とよたまひめ》を婚《あわ》せまつりき。故《か》れ三年《みとせ》といふまで、其《そ》の國《くに》に住《す》みたまひき。

於是《こゝに》、火遠理命《ほをりのみこと》、其《そ》の初《はじめ》の事《こと》を思《おもほ》して、大《おほき》なる歎《なげき》一つしたまひき。故《かれ》、豊玉毘賣命《とよたまひめのみこと》、其歎《そのなげき》を聞《き》かして、其《そ》の父《ちゝ》に白《まを》したまはく、三年《みとせ》住《す》みたまへども、恆《つね》は歎《なげ》かすことも無《な》かりしに、今夜大《こよひおほき》なる歎《なげき》一つ爲《し》たまひつるは、若《も》し何《なに》の由故《ゆゑ》あるにかと言《まを》したまへば、其《そ》の父《ちゝ》の大神《おほかみ》、其《そ》の聟夫《みむこのきみ》に問《と》ひまつらく、今旦《けさ》、我《あ》が女《むすめ》の語《かた》るを聞《き》けば、三年坐《みとせま》しませども、恆《つね》は歎《なげ》かすことも無《な》かりしに、今夜大《こよひおほき》なる歎爲《なげきし》たまひつと云《まを》せり。若《も》し由《ゆゑ》ありや。亦《また》、此間《こゝ》に到《き》ませる由《ゆゑ》は奈何《いか》にぞ、ととひ奉《まつ》りき。爾其《かれそ》の大神《おほかみ》に、備《つぶ》さに、其《そ》の兄《いろせ》の、失《う》せにし鉤《つりばり》を罰《はた》れる狀《さま》を語《かた》りたまひき。

是《こゝ》を以《も》て、海神《わたのかみ》、悉《ことぐ〵》に海之大小魚《はたのひろものはたのさもの》を召集《よびあつ》めて、若《も》し此《こ》の鉤《つりばり》を取《と》れる魚《うを》ありやと問《と》ひ給《たま》ふ。故《かれ》、諸《もろ〳〵》の魚《うを》ども白《まを》さく、頃者《このごろ》、赤海鯽魚《たひ》なも、喉《のみど》に鯁《のぎ》ありて物得食《ものえく》はずと愁《うれ》ふるなれば、必《かなら》ず是《こ》れ取《と》りつらむとまをしき。於是《こゝに》、赤海鯽魚《たひ》の喉《のみど》を探《さぐ》りしかば、鉤《つりばり》あり。乃《すなは》ち取出《とりい》でて、清洗《すま》して、火遠理命《ほをりのみこと》に奉《たてまつ》る時《とき》に、其《そ》の綿津見大神《わたつみのおほかみ》、誨《をし》へまつりけらく此《こ》の鉤《はり》を、其《そ》の兄《いろせ》にたまはむ時《とき》に、言《の》りたまはむ狀《さま》は、此《こ》の鉤《はり》は、淤煩鉤《おぼち》、須須鉤《すすち》、貧鉤《まぢち》、宇流鉤《うるち》と云《い》ひて、後手《しりへで》に賜《たま》へ。然《しか》して、其《そ》の兄《いろせ》高田《あげた》を作《つく》らば、汝《な》が命《みこと》は下田《くぼた》を營《つく》りたまへ。其《そ》の兄下田《いろせくぼた》を作《つく》らば、汝《な》が命《みこと》は高田《あげた》を營《つく》りたまへ、然爲《しかし》たまはば、吾《あれ》、水《みづ》を掌《し》れば、三年《みとせ》の間《あひだ》、必《かなら》ず其《そ》の兄《いろせ》、貧窮《まづし》くなりなむ。若《も》し、其《そ》れ、然爲《しかし》たまふ事《こと》を恨怨《うら》みて、攻戰《せめ》なば、鹽盈珠《しほみつたま》を出《いだ》して溺《おぼ》らし、若《も》し、其《そ》れ、愁請《うれひまを》さば、鹽乾《しほひる》珠《たま》を出《いだ》して活《いか》し、如此《かく》して惚苦《たしな》めたまへと云《まを》して、鹽盈珠《しほみつたま》、鹽乾珠《しほひるたま》、併《あは》せて兩箇《ふたつ》を授《さづ》けまつりて、即《すなは》ち、悉《ことごと》に、和邇《わに》魚どもを召集《よびあつ》めて、問曰《とひ》たまはく、今《いま》、天津日高《あまつひだか》の御《み》子《こ》、虚空津日高《そらつひだか》、上國《うはつくに》に出幸《いで》まさむとす。誰《たれ》は幾日《いくか》に送《おく》り奉《まつ》りて覆奏《かへりごとまを》さむととひ給《たま》ひき。故《かれ》各《おのも〳〵》、己身《おのがみ》の尋長《ながき》の隨《まにま》に、日《ひ》を限《かぎ》りて白《まを》す中《なか》に、一尋和邇《ひとひろわに》、僕《あれ》は一日《ひ》に送《おく》りまつりて還《かへ》り來《き》なむと白《まを》す。故爾《かれ》、其《そ》の一尋和邇《ひとひろわに》に、然者汝送奉《しからばなれおくりまつ》りてよ、若《も》し海中《わだなか》を渡《わた》る時《とき》に、な惶畏《かしこま》せまつりそとのりて、即《すなは》ち其《そ》の和邇《わに》の頸《くび》に載《の》せまつりて、送《おく》り出《だ》しまつりき。

故如期《かれいひしがごと》、一日《ひとひ》の内《うち》に送《おく》り奉《まつ》りき。其《そ》の和邇《わに》返《かへ》りなむとせし時《とき》に、所佩紐小刀《みはかせるひもがたな》を解《と》かして、其《そ》の頸《くび》に著《つ》けてなも返《かへ》し給《たま》ひける。故《かれ》、其《そ》の一尋和邇《ひとひろわに》をば、今《いま》に、佐比持神《さひもちのかみ》とぞいふなる。

　是《こ》を以《も》て、備《つぶ》さに海神《わたのかみ》の教《をし》へし言《こと》の如《ごと》くして、其《そ》の鉤《つりばり》を與《あた》へ給《たま》ひき。故《かれ》、爾《それ》より後《のち》、稍愈貧《いよよまづ》しくなりて、更《さら》に荒《あら》き心《こゝろ》を起《おこ》して迫來《せめく》。攻《せ》めむとする時《とき》は鹽盈珠《しほみつたま》を出《いだ》して溺《おぼ》らし、其《そ》れ、愁《うれ》ひを請《まを》せば鹽乾珠《しほひるたま》を出《いだ》して救《すく》ひ、如此《かく》して惚苦《たしな》めたまふ時《とき》に、稽首白《のみまを》さく、僕《あ》は、今《いま》より以後《ゆくさき》、汝《な》が命《みこと》の、夜晝《よるひる》の守護人《まもりびと》と爲《な》りてぞ仕《つか》へ奉《まつ》らむとをしき。故《かれ》、今《いま》に至《いた》るまで、其《そ》の溺《おぼ》れし時《とき》の種種《くさぐ》の態《わざ》、絶《た》えず仕《つか》へ奉《まつ》るなり。

於是《こゝに》、海神《わたのかみ》の女《みむすめ》、豐玉毘賣命《とよたまひめのみこと》、自《みづか》ら參出《まゐで》て白《まを》したまはく、妾《あれ》已《はや》くより姙身《はらめ》るを、今《いま》產《みこう》むべき時《とき》に爲《な》りぬ。此《こ》を念《おも》ふに、天神《あまつかみ》の御子《みこ》を海原《うなばら》に生《う》みまつるべきにあらず。故《かれ》、參出到《まゐでき》つと白《まを》したまひき。爾卽《かれすなは》ち、その海邊《うみべた》の波限《なぎさ》に、鵜《う》の羽《は》を葺草《かや》に爲《し》て、產殿《うぶや》を作《つく》りき。於是《こゝに》、其《そ》の產殿《うぶや》未《いま》だ葺合《ふきあ》へぬに、御腹《みはら》忍《た》へがたくなりたまひければ、產殿《うぶや》に入坐《いりま》しき。爾《こゝ》に、產《みこう》みまさむとする時《とき》に、其《そ》の日子《ひこぢ》に白言《まを》したまはく、凡《すべ》て、佗國《あだしくに》の人《ひと》は、產時《こうむをり》に臨《な》れば、本國《もとつくに》の形《かたち》になりてなも產生《うむ》なる。故妾《かれあれ》も今《いま》、本《もと》の身《み》になりて產《う》みなむとす。妾《あ》を勿見給《なみたま》ひそとまをし給《たま》ひき。

於是《こゝに》、其《そ》の言《こと》を奇《あや》しと思《おも》ほして、其《そ》の方《まさかり》に產《みこう》み給《たま》ふを竊伺《かきま》みたまへば、八尋和邇《やひろわに》に化《な》りて、匍匐委蛇《はひもこよ》ひき。卽《かれ》見《み》驚《おどろ》き畏《かしこ》みて、遁退《にげそ》きたまひき。爾《こゝ》に、豊玉毘賣命《とよたまひめのみこと》、其《そ》の伺見《かきまみ》たまひし事《こと》を知《し》らして、心恥《うらはづ》かしと以爲《おもほ》して、乃《すなは》ち其《そ》の御子《みこ》を生置《うみお》きて、妾恆《あれつね》は、海道《うみつぢ》を通《とほ》して往來《かよ》はむとこそ欲《おも》ひしを、吾《あ》が形《かたち》を伺見給《かきまみたま》ひしが、甚怍《いとはづ》かしきことと白《まを》して、卽《すなは》ち、海坂《うなさか》を塞《せ》きて返入《かへりい》りましき。是《こゝ》を以《も》て、其《そ》の所産御子《あれませるみこ》の名《みな》を、天津日高《あまつひこ》日子波限建鵜葺草葺不合命《ひこなぎさたけうがやふきあへずのみこと》と謂《まを》す。

然《しか》れども後《のち》は、其《そ》の伺《かきま》み給《たま》ひし情《みこゝろ》を恨《うら》みつゝも、戀《こひ》しき心《こゝろ》に得忍《えた》へ給《たま》はずて、其《そ》の御子《みこ》を治養《ひた》しまつる縁《よし》に因《よ》りて、其《そ》の弟《いろと》、玉依毘賣《たまよりひめ》に附《つ》けて、歌《うた》をなも獻《たてまつ》りける。

其《そ》の歌曰《うた》、

阿加陀麻波《あかだまは》　袁佐閇比迦禮抒《をさへひかれど》　斯良多麻能《しらたまの》　岐美何餘曾比斯《きみがよそひし》　多布斗久阿理祁理《たふとくありけり》

爾《かれ》其《そ》の比古遲答《ひこぢこた》へたまひける歌曰《みうた》、

意岐都登理《おきつとり》　加毛度久斯麻邇《かもどくしまに》　和賀韋泥斯《わがゐねし》　伊毛波和須禮士《いもはわすれじ》　餘能許登碁登邇《よのことごとに》」

○

そうして龍宮《りゆうぐう》に行《い》ってから、自分《じぶん》の落《おと》した釣鉤《つりばり》の事《こと》に就《つ》いて来《きた》れる所以《ゆえん》を御話《おはな》しになった。それから豊玉比売《とよたまひめ》を妃《きさき》として、三年間《ねんかん》海外《かいがい》に留学《りゆうがく》をせられたと云《い》う事《こと》になる。つまり日本国《につぽんこく》にメナシカタマの舟《ふね》が現《あらわ》れて来《き》て、それに乗《の》って、初《はじ》めて皇道《こうどう》の光《ひかり》が稍発揮《ややはつき》しかけて来《き》た。三年程《みとせほど》の間《あいだ》に、皇道《こうどう》の光《ひかり》が発揮《はつき》しかけて来《き》たのである。丁度今日《ちようどこんにち》の時代《じだい》に適応《てきおう》して居《い》るのであります。

そうして居《い》る中《うち》に、火遠理命《ほおりのみこと》は以前《いぜん》の事《こと》を思《おも》うて、大《おお》きな歎《なげ》きを一つし給《たま》うた。即《すなわ》ち昔《むかし》の事《こと》を思《おも》うて、斯《こ》う云《い》う結構《けつこう》な教《おしえ》が我国《わがくに》にある。

『和讃《わさん》』（注五）**に「澆季末法《ぎようきまつぽふ》**（注六）**の此世《このよ》には、諸善龍宮《しよぜんりうぐう》に入《い》り給《たま》ふ」**

と誌《しる》されてある通《とお》り、本当《ほんとう》に我国《わがくに》には誠《まこと》の教《おしえ》、本当《ほんとう》の大和魂《やまとだましい》、生粋《きつすい》の教《おしえ》があったのである。

そう云《い》う結構《けつこう》な教《おしえ》があったのを知《し》らずに、三年間居《ねんかんお》った。此《こ》の真直《まつすぐ》なる山幸《やまさち》を捨《す》てゝ、そうして海幸《うみさち》になって居《お》ったと云《い》う事《こと》を、初《はじ》めて悟《さと》られて、大《おお》いに誤《あやま》って居《お》ったと云《い》う事《こと》を、神界《しんかい》に於《おい》て歎《なげ》かれたのであります。

こゝに大《おお》いなる歎《なげ》きをせられたので、綿津見《わたつみ》の大神《おおかみ》は、豊玉姫《とよたまひめ》の命《みこと》に其《そ》の訳《わけ》を聞《き》かれると是々爾々《これこれしかじか》と云《い》う事《こと》であった。そこで綿津見《わたつみ》の神《かみ》は大小《だいしょう》の魚共《うおども》を悉《ことごと》く集《あつ》めて、鉤《はり》の行方《ゆくえ》を探《さが》した。

其《そ》の魚《うお》の中《なか》でも名《な》を知《し》られて居《お》る、例《たと》えばウイルソン（注七）の如《ごと》く、其《そ》の名《な》を世界《せかい》に知《し》られて居《お》ると云《い》うような魚《うお》の名主《なぬし》、此魚《このうお》の中《なか》の一番王様《ばんおうさま》というのが鯛《たい》であります。その鯛《たい》の喉《のど》に鉤《はり》が詰《つま》って居《お》った。つまり口《くち》では旨《うま》い事《こと》を云《い》って居《い》るけれども、何《なに》か奥歯《おくば》に物《もの》が詰《つま》った様《よう》な、舌《した》に劒《けん》がある様《よう》な、引《ひ》っかける所《ところ》の言葉《ことば》、釣鉤《つりばり》の様《よう》な言葉《ことば》がある。

国際連盟《こくさいれんめい》（注八）とか、平和《へいわ》とか、民族自決《みんぞくじけつ》とか、或《あるい》は色々《いろいろ》の事《こと》を言《い》って居《お》りますけれど、釣鉤《つりばり》というものを口《くち》の中《なか》に入《い》れて居《お》る。みな言葉《ことば》で釣《つ》って了《しま》うのであります。正義人道《せいぎじんどう》とか、平和《へいわ》とか云《い》って、戦《いくさ》はしないと言《い》って居《お》る。其《そ》の尻《しり》からどん〱軍備《ぐんび》を拡張《かくちょう》して、己《おのれ》の野心《やしん》を逞《たくま》しゅうせんとしつゝあるのであります。

所謂《いわゆる》此《こ》の鯛《たい》の喉《のど》に、海幸彦《うみさちひこ》の鉤《はり》が隠《かく》れて居《お》る。其《そ》の鉤《はり》を発見《はっけん》して之《これ》を持《も》ち帰《かえ》って来《き》た。つまり鯛《たい》の言《い》う事《こと》は当《あて》にはならぬ、総《すべ》て斯《こ》う云《い》うものを喉《のど》に引《ひ》っかけて居《お》る。斯《か》くして綿津見《わたつみ》の神《かみ》の力《ちから》に依《よ》って之《これ》を発見《はっけん》して、そうして之《これ》を貰《もら》って、御帰《おかえ》りになると云《い》う事《こと》になったのであります。

○

かくて其《そ》の兄《いろせ》に、此《こ》の鉤《はり》を渡《わた》す時《とき》に、憂鬱針《おぼち》、狼狽針《すいち》、貧窮針《まぢち》、痴呆針《うるち》と言《い》って、手《て》を後《しりえ》に廻《まわ》して御返《おかえ》しなさいと、綿津見《わたつみ》の神《かみ》が言《い》われた。兄《いろせ》とは兄《あに》の事《こと》で、外国思想《がいこくしそう》にかぶれたものである。今日《こんにち》は物質《ぶっしつ》の世《よ》であるから、外国《がいこく》が兄《あに》である。三つ位《くらい》の日本《にっぽん》の弟《おとうと》と、七つ位《くらい》の兄《あに》と喧嘩《けんか》すれば、何《ど》うしても弟《おとうと》が負《ま》けるにきまって居《い》る。

それから此《こ》の大《おお》きな鯛《たい》の、所謂《いわゆる》ウイルソンか何《なに》か知《し》らぬけれども、其《そ》の中《なか》の鉤《はり》を持《も》って帰《かえ》ったという事《こと》であります。それで世界《せかい》の平和《へいわ》とか、文明《ぶんめい》とか言《い》って居《い》るけれども、これを有難《ありがた》がって居《お》る連中《れんちゅう》の気《き》が知《し》れないのであります。

○憂鬱《おぼち》針——今日《こんにち》は所謂《いわゆる》憂鬱《おぼち》針に釣《つ》られて居《い》るのであります。即《すなわ》ち物質《ぶっしつ》文明《ぶんめい》と云《い》うもので、世《よ》が乱《みだ》れて来《き》た。或《あるい》は（注九）マッソンの手下《てした》となって居《お》るという有様《ありさま》である。精神的に弱くなり、自殺《じさつ》したり、或《あるい》は鉄道往生《てつどうおうじょう》をしたり、もう悲観《ひかん》し切《き》ってしまって、何《なに》をしても面白《おもしろ》くないと云《い》う人間《にんげん》計《ばか》りであります。

○狼狽《すいち》針——是《これ》は非常《ひじょう》に狼狽《ろうばい》して居《お》るという状態《じょうたい》で、例《たと》えば政治界《せいじかい》を見《み》ても、外交上《がいこうじょう》の狼狽《ろうばい》、即《すなわ》ち支那問題《しなもんだい》とか、朝鮮問題《ちょうせんもんだい》とか、其《そ》の他思想上《たしそうじょう》の問題《もんだい》一切《さい》のものが、皆狼狽《みなろうばい》をして居《お》る。是《これ》が狼狽針《すいち》であります。

○貧窮《まぢ》針《ち》——是《これ》は申《もう》すまでもなく貧乏《びんぼう》の事《こと》であります。

○痴呆《うるち》針——馬鹿《ばか》を見《み》る事《こと》であります。日本人全体《にっぽんじんぜんたい》には大和魂《やまとだましい》があるけれども、外国《がいこく》の横文字《よこもじ》にはほうけて阿呆《あほう》になって居《お》る。横文字《よこもじ》も必要《ひつよう》ではあるが、それにほうけて自分《じぶん》の懐《ふところ》には何《なに》もない。大和魂《やまとだましい》がないというのは、所謂《いわゆる》痴呆針《うるち》にかゝつたという事《こと》であります。

折角《せつかく》龍宮《りゆうぐう》迄《まで》行《い》って、何《ど》んな釣鉤《つりばり》を持《も》って帰《かえ》ったかというと、こんなもの計《ばか》りであった。

○

綿津見神《わたつみのかみ》が続《つづ》けて申《もう》されるのには、是等《これら》の鉤《はり》を兄上《このかみ》に返《かえ》すには後手《しりえで》に御渡《おわた》しなさい。そうして若《も》し兄《いろせ》が怒《おこ》って高田《たかた》を作《つく》ったならば、汝《な》が命《みこと》は下田《しもた》を営《つく》り給《たま》え。若《も》し兄《いろせ》が下田《しもた》を作《つく》ったならば、汝《な》が命《みこと》は高田《たかた》を営《つく》り給《たま》えと申《もう》されたのは、何《なん》でも反対《はんたい》に行《い》けという意味《いみ》であります。

つまり外国《がいこく》が若《も》しも笠《かさ》にかかって出《で》てきて戦争《せんそう》をしかけたならば、此方《こちら》は慎《つつし》んで戦争《せんそう》をせない様《よう》にせよ。若《も》し又《また》日本《にっぽん》に向《むか》って無理《むり》な事《こと》を言《い》って来《く》る、人道《じんどう》に反《はん》した事《こと》を言《い》って来《く》るならば、此方《こちら》は充分《じゅうぶん》に皇道《こうどう》に基《もとづ》いて、正々堂々《せいせいどうどう》誠《まこと》の道《みち》に高《たか》く止《とま》って、其《そ》の手段《しゅだん》を取《と》れ。斯《こ》ういう様《よう》な事《こと》であります。

○

そうして**潮満珠**《しおみつたま》と**潮乾珠**《しおひるたま》という二つの宝《たから》を持《も》たされました。若《も》し飽《あ》くまで先方《せんぽう》が反対《はんたい》して来《く》るならば、**潮満珠**《しおみつたま》を御出《おだ》しになれば、必《かなら》ず水《みず》が湧《わ》き起《おこ》って兄様《あにさま》を溺《おぼ》れさせますし、若《も》しあやまったならば、**潮乾珠**《しおひるたま》の方《ほう》を出《だ》して活《い》かしてやり、活殺自在《かつさつじざい》にたしなめておやりなさい、と申《もう》されました。即《すなわ》ち是《これ》は佛教《ぶつきょう》で申《もう》しますと、**如意宝珠**《にょいほっしゅ》の**珠**《たま》という事《こと》であります。

此《こ》の**潮**《しお》という事《こと》は、火水相合致《ひみずあいがっち》したものでありまして、吾々《われわれ》は皆一人〱《みなひとりひとり》(注一〇)**潮乾珠**《しおひるたま》、**潮満珠**《しおみつたま》を持《も》って居《お》るのであります。之《これ》を言霊学上《げんれいがくじょう》からいいますと、**伊都能売魂**《いづのめのみたま》という事《こと》になります。

天帝《てんてい》＝直霊《ちょくれい》

荒《あら》魂《みたま》　和《にぎ》魂《みたま》　奇《くし》魂《みたま》　幸《さち》魂《みたま》

伊都能売魂《いづのめのみたま》

直霊《ちょくれい》（省《かえりみる》）

勇《ゆう》　親《しん》　智《ち》　愛《あい》

　我々《われわれ》の霊魂《れいこん》は天帝《てんてい》の分霊《ぶんれい》であります。此《こ》の天帝《てんてい》には四魂《こん》がある。又《また》四魂《こん》の中《うち》に各自《かくじ》直霊《ちょくれい》があります。此《こ》の天帝《てんてい》いうものは、所謂元《いわゆるもと》であって、何処《どこ》でも彼処《かしこ》でもあらざる所《ところ》なきが如《ごと》きもので、何処《どこ》にでも充満普遍《じゅうまんふへん》して居《い》る所《ところ》のものであります。

即《すなわ》ち天之御中主《あめのみなかぬし》御様《かみさま》の事《こと》であると言《い》えば何処《どこ》にでもある。小《ちい》さい石《いし》の中《なか》にも含《ふく》まれて居《い》ます。

比処《ここ》に火打石《ひうちいし》と鋼鉄《はがね》とあって、之《これ》を打《う》ったならば火花《ひばな》か出《で》ます。即《すなわ》ち此《こ》の中《なか》には火《ひ》になるという素質《そしつ》を持《も》って居《お》る。之《これ》が天之御中主神《あめのみなかぬしのかみ》の霊《れい》である。

神《かみ》は万物普遍《ばんぶつふへん》の霊《れい》でありまして、人《ひと》は天地経綸《てんちけいりん》の主宰者《しゅさいしゃ》である。

火打石《ひうちいし》と鋼鉄《はがね》とをカチンと打合《うちあわ》せると火《ひ》が出《で》る。それを火口《ほくち》につけると、それから世《せ》界中《かいじゅう》を焼《や》くだけの事《こと》が出来《でき》るのであります。此《こ》の火《ひ》の出《で》た輝《かがや》きというものが神《かみ》でありま す。……。

○

天帝《てんてい》は、全智全能《ぜんちぜんのう》というけれど、実《じつ》は全智全能《ぜんちぜんのう》の素質《そしつ》を有《ゆう》し賜《たま》うのであって、まだ全《ぜん》智全能《ちぜんのう》という所《ところ》まで行《ゆ》きませぬ。所謂天照大神《いわゆるあまてらすおおかみ》となって、初《はじ》めて全智全能《ぜんちぜんのう》の素質《そしつ》を発揮《はっき》したまうのであります。ここになって荒魂《あらみたま》、和魂《にぎみたま》、奇魂《くしみたま》、幸魂《さちみたま》、これらの直霊《なおひ》を超越《ちょうえつ》してしまう。そうして伊都能売魂《いづのめのみたま》となる。

我々《われわれ》の霊魂《れいこん》もその通《とお》りで、矢張《やは》り主《しゅ》たる天帝《てんてい》がある、即《すなわ》ち一霊《れい》四魂《こん》があるのでありま す。我々《われわれ》の本霊《ほんれい》は本守護神《ほんしゅごじん》といい、次《つぎ》に正守護神《せいしゅごじん》というのがあります。この本守護神《ほんしゅごじん》は伊都能売魂《いづのめのみたま》で、天照大神《あまてらすおおかみ》となり、また天之御中主大神《あめのみなかぬしのおおかみ》ともなります。

我々自身《われわれじしん》の天帝《てんてい》が完全《かんぜん》に発揮《はっき》すれば、天照大神《あまてらすおおかみ》となり、また本守護神《ほんしゅごじん》を充分《じゅうぶん》に発揮《はっき》すれば、天之御中主神《あめのみなかぬしのかみ》、伊都能売魂《いづのめのみたま》となるのであります。

この直日《なおひ》というものは、時《とき》に省《かえり》みるという事《こと》があります。また悔《く》ゆる、覚《さと》る、恥《は》じる、畏《おそ》れるの働《はたら》きがある。これらは正守護神《せいしゅごじん》の働《はたら》きであります。

再思三省《さいしさんせい》、沈思熟考《ちんしじゅっこう》というようによく考《かんが》えて物《もの》をするというのが正守護神《せいしゅごじん》の働《はたら》きであります。神人合一《しんじんごういつ》したならば、何《なに》も考《かんが》える余地《よち》はないのであります。

この間《あいだ》、A総裁《そうさい》と私《わたくし》と二人《ふたり》で、あの新聞《しんぶん》（＝『大正日日新聞《たいしょうにちにちしんぶん》』買収の件）の事《こと》を相談《そうだん》した時《とき》の如《ごと》きはそれでありました。唯《ただ》の一分間《ぷんかん》に六十万円《まんえん》の大金《たいきん》を投《とう》じて経営《けいえい》するという事《こと》を、一度《ど》に決議《けつぎ》したという事《こと》は、決《けっ》して直日《なおひ》の働《はたら》きではない、省《かえり》みてはおらない。もしこれを省《かえり》みていたならば、今《いま》この普請《ふしん》の最中《さいちゅう》（＝神苑建設中）であるのにと考《かんが》えたりして、到底決《とうていき》まらないのでありましょう。またこの不景気《ふけいき》の時代《じだい》に、こういう事《こと》はどうであろうと覚《さと》る心《こころ》があったならば、また失敗《しっぱい》に終《おわ》りはせぬか後《あと》で悔《く》ゆる事《こと》が出来《でき》はせぬか、人《ひと》に笑《わら》われる様《よう》な事《こと》になりはしないかと、省《かえり》みておったならば到底出来《とうていでき》ませぬ。

こういうように省《かえり》みるのが正守護神《せいしゅごじん》であります。この正守護神《せいしゅごじん》は肉体《にくたい》を容物《いれもの》として、その範囲内《はんいない》で活動《かつどう》し、本守護神《ほんしゅごじん》は宇宙《うちゅう》の本体《ほんたい》と合一《ごういつ》して神《かみ》と同《おな》じ働《はたら》きになる。これが即《すなわ》ち伊都能売魂《いづのめのみたま》であります。

この直霊《ちょくれい》が反対《はんたい》に働《はたら》くと曲霊《きょくれい》になります。

我々個人《われわれこじん》というものは小天之御中主《しょうあめのみなかぬし》であるから、自分《じぶん》の本守護神《ほんしゅごじん》と、宇宙《うちゅう》の本体《ほんたい》と合《がっ》体《たい》して行《ゆ》かなければなりません。とかく我々《われわれ》の正守護神《せいしゅごじん》は余《あま》りにも賢《かしこ》すぎて本守護神《ほんしゅごじん》の活動《かつどう》の邪魔《じゃま》をしているのであります。

伊都能売魂《いづのめのみたま》は直霊《なおひ》の魂《みたま》であります。ですから、我々《われわれ》は日々何卒《ひびどうぞ》「直霊《なおひ》の魂《みたま》をして伊都《いづ》能売魂《のめのみたま》となさしめ給《たま》へ」とお願《ねが》いするのであります。……話《はなし》が思《おも》わず岐路《きろ》に入《はい》りました。

〇

火遠理命《ほおりのみこと》は一尋鰐《ひとひろわに》に乗《の》って、愈々本《いよいよもと》の国日《くにひ》の本《もと》の国《くに》へ帰《かえ》られたのであります。此《こ》の一《ひと》尋鰐《ひろわに》という事《こと》には、非常《ひじょう》に重大《じゅうだい》な意味《いみ》があります。又此《またこ》の火遠理命《ほおりのみこと》は、日子穂々出見命《ひこほほでみのみこと》の事《こと》であります。御筆先《おふでさき》にも「日子穂々出見命《ひこほゝでみのみこと》の世《よ》になるぞよ」ということがありますが、愈々《いよいよ》火《ひ》の燃《も》え上《あが》った如《ごと》く中天《ちゅうてん》に輝《かがや》く所《ところ》の御盛徳《ごせいとく》を持《も》った、日子穂々出見命《ひこほほでみのみこと》が、海《うな》原《ばら》を御渡《おわた》りになる。其《そ》の時《とき》に一尋《ひとひろ》もある大鰐《おおわに》が、之《これ》を助《たす》けたと云《い》う事《こと》になって居《お》るのであります。

其《そ》の時《とき》に豊玉姫《とよたまひめ》も共《とも》に御連《おつ》れ帰《かえ》りになりました。そうすると豊玉姫《とよたまひめ》は妊娠《にんしん》せられた。御子《みこ》さんが出来《でき》たのであります。併《しか》し子《こ》と云《い》う事《こと》は原子分子《げんしぶんし》一切《さい》の子《こ》である。それから、非常《ひじょう》に腹《はら》が膨《ふく》れるという事《こと》になって子《こ》を産《う》む。龍宮《りゅうぐう》も海《うみ》を離《はな》れた島《しま》ですから、地《ち》の龍宮《りゅうぐう》と云《い》う事《こと》になります。

それでお二人《ふたり》の間《あいだ》に一人《ひとり》の子《こ》が出来《でき》た。そうすると豊玉姫《とよたまひめ》は、子《こ》を産《う》まむとする時《とき》に夫《おっと》に向《むか》って、妾《わらわ》は国津神《くにつかみ》の子《こ》であるから、元《もと》の姿《すがた》になって児《こ》を産《う》みますから、産屋《うぶや》を御《ご》覧《らん》ならないように、何処《どこ》かへ行《い》って居《い》て下《くだ》さい、と堅《かた》く申《もう》されました。

そこで鵜葺草葺不合命《うがやふきあえずのみこと》を産《う》まれました。未《ま》だ鵜《う》の羽《はね》の屋根《やね》が葺《ふ》き合《あ》えない中《うち》に御生《おうま》れになったから、そう申《もう》すのであります。

此《こ》の鵜《う》の羽《はね》という中《うち》には、深《ふか》い意味《いみ》があるのであります。鵜《う》の羽《はね》を以《もつ》て屋根《やね》を葺《ふ》く、此《こ》の鵜《う》という事《こと》は、稚比売君命《わかひめぎみのみこと》(注二)と深《ふか》き因縁《いんねん》のある事《こと》であります。此《こ》の神様《かみさま》は非常《ひじょう》に烏《からす》と因縁《いん》がある。鵜《う》と云《い》う事《こと》は烏《からす》と云《い》う事《こと》であります。烏《からす》は羽《はね》なくては駄目《だめ》である。それで其《そ》の羽《はね》で以《もつ》て屋根《やね》を葺《ふ》く、其《そ》の出来《でき》ない中《うち》に御子《みこ》が生《うま》れたのであります。

○

火遠理彦命《ほおりひこのみこと》は恐《こわ》いもの見《み》たさで、そっと御窺《おうかが》いになると、立派《りっぱ》な玉《たま》の様《よう》な御子《みこ》が御出《おで》来《き》に成《な》って居《お》る。御子《みこ》は生《うま》れて居《お》りますが、其《そ》の母《はは》の豊玉姫《とよたまひめ》は龍神《りゅうじん》の本体《ほんたい》を現《あらわ》して居《お》る。大《おおい》なる龍神《りゅうじん》が玉《たま》の様《よう》な児《こ》を抱《だ》いて居《お》る。それを見《み》て大《おおい》に驚《おどろ》いた。龍神《りゅうじん》というものは、天《あま》津神《つかみ》計《ばか》りと思《おも》って居《い》たが、地津神《くにつかみ》にもあるかと云《い》う事《こと》でお驚《おどろ》きになった。寧《むし》ろ此《こ》の驚《おどろ》きは恐怖《きょうふ》の驚《おどろ》きでなくして、感心《かんしん》の余《あま》り吃驚《びっくり》せられたのであります。そうすると豊玉姫《とよたまひめ》の命《みこと》は、自分《じぶん》の姿《すがた》を見《み》られたものですから、恥《はず》かしくてもう御目《おめ》にかゝれませぬと言《い》って、元《もと》の海《うみ》へ隠《かく》れた。

此《こ》の御子《みこ》さんの事《こと》を、天津日高日子波限建鵜葺草葺不合命《あまつひこひこなぎさたけうがやふきあえずのみこと》と申《もう》し上《あ》げるのであります。此《こ》の神《かみ》は皇室《こうしつ》の為《た》めに尽《つく》さんとして居《お》るのであります。又豊玉姫《またとよたまひめ》は還元《かんげん》して居《お》る現《げん》状《じょう》を見《み》られて、申訳《もうしわけ》がないと云《い》う事《こと》になって再《ふた》び海《うみ》に隠《かく》れて、元《もと》の所《ところ》に潜伏《せんぷく》せられ、其《そ》の御産《おうま》れになった鵜葺草葺不合命《うがやふきあえずのみこと》を御育《おそだ》てする為《ため》に、玉依姫《たまよりひめ》と云《い》う龍宮《りゅうぐう》で一番良《ばんよ》い所《ところ》の、選《え》りに選《え》った神様《かみさま》を御遣《おつか》わしになって、御育《おそだ》てになったのであります。

其《そ》の時《とき》に斯《こ》う云《い》う歌《うた》を御言《おこと》附《づ》けになりました。此《こ》の歌《うた》は中々意味《なかなかいみ》があります。

「赤珠《あかだま》は緒《を》さへ光《ひか》れど白珠《しらたま》の　君《きみ》が装《よそ》ひし貴《たふと》くありけり」

赤珠《あかだま》——日《ひ》の大神《おおかみ》、**白珠《しらたま》**——月《つき》の大神《おおかみ》、其《そ》の珠《たま》の緒《お》が、冴《さ》え光《ひか》って居《お》ったという事である。

君《きみ》——伊邪那岐伊邪那美《いざなぎいざなみ》とか、神漏岐神漏美《かむろぎかむろみ》とかのキミで、………。「**キ**」は**太陽《たいよう》で「ミ」は月《つき》の事《こと》**であります。

厳《いづ》の魂《みたま》は日《ひ》、瑞《みづ》の魂《みたま》は月《つき》、即《すなわ》ち天辰日月《てんしんじつげつ》が輝《かがや》いて、完全無欠《かんぜんむけつ》なる美《うつく》しい、且《か》つ尊《とうと》い国《くに》が出来《でき》た事《こと》を、非常《ひじょう》に御喜《およろこ》びになったのであります。

此《こ》の玉依姫《たまよりひめ》の事《こと》を　龍宮《りゅうぐう》の乙姫様《おとひめさま》と云《い》うて居《お》ります。此《こ》の神様《かみさま》が御育《おそだ》てした、鵜葺草《うがや》葺不合命《ふきあえずのみこと》が立《た》たれると、天下《てんか》は良《よ》く治《おさ》まって、日月《じつげつ》は皓々《こうこう》として輝《かがや》き、陰陽上下《いんようしょうか》共《とも》に一致《ち》する。即《すなわ》ち**「貴《とうと》くありけり」**と謂《い》われたのは**天下泰平《てんかたいへい》に宇宙《うちゅう》が治《おさ》まった所《ところ》の形《かたち》をば、讃美《さんび》されたのであります。**

○

其《そ》の以前《いぜん》に日子穂々出見命《ひこほほでみのみこと》、亦《また》の名《な》火遠理命《ほおりのみこと》が、豊玉姫《とよたまひめ》に御送《おおく》りになった歌《うた》があります。

「沖《おき》つ鳥鴨《どりかも》着《ど》く嶋《しま》に吾率寝《わがゐね》し　妹《つま》は忘《わす》れじ世《よ》のこと〴〵に」

沖《おき》つ鳥《とり》――と云《い》う事《こと》は、沖《おき》の嶋《しま》という事《こと》であります。此《こ》の日本《にっぽん》以外《いがい》の外国《がいこく》を指《さ》して云《い》うのであります。或《あるい》は龍宮《りゅうぐう》の嶋《しま》を指《さ》して言《い》ったのであります。

鴨《かも》着《ど》く嶋《しま》——嶋《しま》と云《い》う事《こと》は、山扁《やまへん》に鳥《とり》である。嶋《しま》には鴨《かも》とか、鴎《かもめ》とか言《い》う鳥《とり》が沢《たく》山《さん》群《むら》がって居《お》る。若《も》しも鳥《とり》が居《い》なかったならば嶋《しま》ではない。女島男《めしまお》島《しま》は真白《まつしろ》けに鳥《とり》が群《むら》がって居《お》る。鳥《とり》が沢山《たくさん》居《い》る嶋《しま》が鴨《かも》どく島《しま》である。

吾《わが》率《い》寝《ね》し——という事《こと》は共《とも》に暮《くら》したいという事《こと》であります。

妹《つま》は忘《わす》れじ——ツは大津《おおつ》という事《こと》で、大《おお》きな海《うみ》の水《みず》の事《こと》であります。マは廻《まわ》って居《い》るという意《い》である、例《たと》えば島《しま》のシと言《い》う事《こと》は水《みず》であって、マと言《い》う事《こと》は廻《まわ(めぐ)》る事《こと》、即《すなわ》ち水《みず》が廻《まわ》って居《い》ると言《い》う事《こと》で、小《ちい》さい島《しま》の意味《いみ》になります。或《あるい》は又《また》シメと言《い》うのも、ぐる〱水《みず》が廻《まわ》って居《い》る形《かたち》である。又真中《またまんなか》に建造物《たてもの》のあるのは、城《しろ》とも言《い》うのである。故《ゆえ》に日本国《にっぽんこく》を秀津真《ほつま》の国《くに》と言《い》うのである。………。

シ

ツマ

ツとシとは反対であって、ツは外国の事である。潮流なども日本と反対に流れております。

忘れじ世のこと〲に—という事は、万国を一つに平定される事である。世のことごとに、は守るという事である。幾万年変わっても、この国は忘れないで、この御神勅に依って治めなければならない。日月星辰のある限り、あくまで治めるということであります。

（大正九年八月二四日　亀岡大道場にて講演筆記、『出口王仁三郎全集』第五巻「海幸山幸之段」、『神霊界』大正九年九月一一日号）

（注一）**火遠理命**　素盞嗚尊と天照大神との誓約《うけい》により生れた長男神・正勝吾勝勝速日天《まさかあかつかちはやひあめの》忍穂耳命《おしほみみのみこと》から、天孫・天火明命《あめのほあかりのみこと》（『先代旧事本紀』では、天照国照彦天火明櫛玉饒速日尊）、次に日子番能邇邇芸命《ひこほのににぎのみこと》の二柱が生まれる。この天孫である邇邇藝命から火照命（またの名海幸彦）、次いで火須勢理命、次いで火遠理命（またの

名・天津日高日子穂穂手見命、虚空津日高命、山幸彦）の三柱が生れる。火遠理命から鵜葺草葺不合命が生れる。葺不合命から五瀬命、次に稲氷命《いなひのみこと》、次に御毛沼《みけぬの》命《みこと》、次に若御毛命《わかみけのみこと》（またの名・豊御毛沼命《とよみけぬのみこと》・神倭伊波礼毘古命・神武天皇）の四柱が生れ皇祖となる。（『古事記』）

○

『古事記』、そして『日本書紀』に「海幸彦山幸彦」の神話は、「一書《あるふみ》に曰《い》はく」、と何度も出てくる。この海幸山幸の時代は、日本と朝鮮半島がほとんど陸続きの時代であろうか。対馬には、和多都美神社や住吉神社が島内各地に祭祀され、和多都美発祥の地をうかがわせる。火遠理命と豊玉姫が海神《わだつみ》の宮（＝対馬市豊田町仁位の和多都美神社）から遷りて鵜葺草葺不合命を出産される。これらの伝承が福岡市の志賀島、関門海峡に近い福岡県京都郡苅田町の宇原神社（新門司港の南約30キロ）九州各地、丹波・丹後・但馬等に残る。また福井県小浜市の地名由来が、火遠理命が塩土翁に導かれ竜宮に出かけた渚《なぎさ》が小浜になったと『小浜町誌』に記され、若狭彦神社に祭祀される。出口聖師の故郷・亀岡市曽我部町の走田神《はせだじん》社《じゃ》にも火遠理命・豊玉姫・葺不合尊は祭祀され、丹波が丹《に》の海《うみ》であったことを窺わせる。

（注二）**和光同塵**　『老子』にある言葉。すぐれた才徳を隠して、俗世間に交わり合うこと。

（注三）**太公望**　中国の周王朝の創業の功臣。名は呂尚《りょしょう》。文王に登用され、武王を補佐して殷《いん》を滅ぼし、斉《せい》に封じられた。釣りをしていて文王に見いだされたという故事は有名。兵書『六韜《りくとう》』の著書。釣り好きの人。釣りをする人。

（注四）**千松**　歌舞伎脚本・浄瑠璃「伽羅先代萩」中の人物。政岡の子。また、その「侍というものは腹がへってもひもじゅうない」という台詞から、空腹の人のたとえ。

（注五）**和讃**　仏教歌謡の一つ。和語による仏教讃歌。仏・菩薩やその教え、祖師先徳の偉業をたたえる。七五調四句を一節とする。

（注六）**澆季末法**　道徳が衰え、風俗、人情が軽薄になる末法の世。

（注七）**ウイルソン**　アメリカの第二八代大統領（在位 1856~1924）。第一次大戦には初め中立であったがのち参戦。一九一八年一四か条の平和原則を発表し、講話会議に活躍。国際連盟創立に尽力。一九年ノーベル平和賞受賞。

（注八）**国際連盟**　世界最初の国際的平和機構。第一次大戦後アメリカのウイルソン大統領の提唱により、ベルサイユ条約に基づいて成立した。一九一〇年から四六年まで存続。当時日本の外交官・松岡洋右は、連盟脱退時の全権。第二次近衛内閣の外相として、日独伊三国軍事同盟・日ソ中立条約を締結。第二次大戦後、A級戦犯として獄中で病死。大本の『昭和』誌に投稿するなど、当時の日本外交に王仁三郎の影響大なるものが伺える。

（注九）**マッソン** 自由、平等、博愛、民主、四海同胞等の標語を掲げる思想団体。シオンの決議書、魔素《まつそん》の秘密結社のこと。「午頭天王《ごずてんのう》とは言霊学上《ことたまがくじよう》、午頭天王《マツソン》と成るのである。古伝に曰く、午頭天王、龍王の娘頗梨采女《ばりぬめ》を妻とし以って八王子を得たり。……八尾八頭也。その眷属八万千六百五十四神あり。午頭天王《まつそん》后妬《こうき》及び八王子諸眷属を率いて、廣遠国《ひろとほのくに》（日本）に到り彼の鬼館に入り、諸々の眷属と共に乱入して巨旦《きよたん》を滅ぼすとあるのは、大日本国の国祖、艮《うしとら》の大金神《だいごんじん》を征伐した事の意義なり。」（『出口王仁三郎全集』5巻「随筆」（8））

（注一〇）**伊都能売魂** 伊都能売魂の神格について「第一神王、伊都能売大神の大威徳と大光明は最尊最貴にして諸神の光明の及ぶところにあらず。あるひは神光の百神の世界、あるひは万神の世界を照明するあり。要するに東方日の出の神域を照らし、南西北、四維《しい》上下また〱かくの如し。ア、盛んなるかな、伊都能売に顕現したまふ厳瑞二霊の大霊光、この故に天之御中主大神、大国常立大神、天照皇大御神、伊都能売の大神、弥勒大聖御稜威の神、大本大御神、阿弥陀仏、無《む》礙《げ》光《こう》如来、超日月光仏と尊称し奉《たてまつ》る。………。」（物語67巻・第5章「浪の鼓」）天地の大神霊を伊都能売神と奉唱し、人間にはその分霊が各自に付与される。付与された一霊四魂五情をもって天地の経綸に奉仕するを人生の目的とする。

（注一一）**稚比売君命** 稚姫君命。天照大神の聖霊を大日靈尊と云い。妹君を稚比売君命という。出口直を国照姫と云い、昇天されて、その精霊を厳霊・稚姫君命と復帰され、惟神眞道弥廣大出口国直霊主命《かんながらまみちいやひろおおいづきくになおひぬしのみこと》と奉唱される。

◆「沖つ鳥鴨着く島に吾率《わがゐ》寝《ね》し、妹は忘れじ世のことぐにとうたひたまひき……。」の続きに「故《か》れ、日子穂々出見命（＝火遠理命）は、高千穂の宮に五百八十歳《いほちまりやそとせ》坐しき。御《み》陵《はか》はやがてその高千穂の山の西にあり。この天津日高日子波限建鵜葺草葺不合命《あまつひこひこなぎさたけうがやふきあえずのみこと》、その姨《みをば》玉依姫に娶《みあ》ひまして生みませる御子の名を五瀬命《いつせのみこと》、次に稲氷命《いなひのみこと》、次に御毛沼命《みけぬのみこと》、若御毛沼命《わかみけぬのみこと》、またの名豊御毛沼命《とよみけぬのみこと》、またの名神倭伊波禮毘古命《かむやまといわれびこのみこと》。……。」と記される。

◆天皇はおくり名であって「時代」のことである。鵜葺草葺不合命は、『富士文庫』「神皇紀」の「神皇御歴代表」（八幡書店刊）によると第一代・鵜葺草葺不合尊から第五十一代まで続いたことが記される。

天照大神から神武天皇迄の系図（『古事記』）

- 速須佐之男命 ＝ 天照大神
  - 正勝吾勝勝速日天忍穂耳命 ＝ 万幡豊秋津師比売命（高御産巣日神・高木神の娘）
    - 天火明命（饒速日命）
    - 日子番能迩迩芸命 ＝ 木花之佐久夜毘売（大山津見神の娘）
      - 火照命（海幸彦）
      - 火須勢理命
      - 火遠理命（天津日高日子穂穂手見命・山幸彦） ＝ 豊玉毘売（大綿津見神の娘）
        - 鵜葺草葺不合命 ＝ 玉依毘売（豊玉姫の妹）
          - 五瀬命（戦死）
          - 稲氷命（妣《みはは》の国の海へ）
          - 御毛沼命（波の穂をふんで常世の国へ）
          - 若御毛沼命（豊御毛沼命、神倭伊波禮毘古命、初代・神武天皇）

第二章　神武天皇東征へ

『日本書紀《にほんしょき》』にある神武天皇御東征《じんむてんのうごとうせい》の一節《せつ》を講演致《こうえんいた》します。

『日本書紀《にほんしょき》』の一節《せつ》に

「神日本磐餘彦天皇《かむやまといはれひこのすめらみこと》（神武天皇《じんむてんわう》）……年四十五歳《みとしよそぢあまりいつとせ》に及《およ》びたまふ。諸《もろもろ》の兄《いろせ》及《およ》び子等《みこたち》に謂《かた》りて曰《のり》たまはく。昔《むかし》我《あ》が天神高皇產靈尊《あめのかみたかみむすびのみこと》、大日孁尊《おほひろめのみこと》、此《こ》の豐葦原瑞穗國《とよあしはらのみづほのくに》を擧《のたまひあ》げて、我天祖《あがあまつみおや》、彦火瓊瓊杵尊《ひこほのににぎのみこと》に授《あた》へり。於是《ここに》、彦火瓊瓊杵尊《ひこほのににぎのみこと》、天《あめ》の關《いはくら》を闢《ひきひら》きて、雲《くも》路《ち》を披《おしわ》け、駈仙蹕《みさきはらひおひ》以《も》て戾止《いたりま》す」

とあります。神武天皇《じんむてんのう》の御年《おんとし》四十五歳《さい》の時《とき》は、今年《こんねん》の去《さ》る二千五百八十六年前《ねんぜん》の甲寅《きのえとら》の年《とし》で、月日《つきひ》は十月《がつ》五日《か》に当《あた》るのであります。この甲寅《きのえとら》の年《とし》というものは、恰《あたか》も大正《たいしょう》三年《ねん》世界戦争《せかいせんそう》の始《はじ》まった年《とし》であります。

畏《おそ》れ多《おお》くも天《あめ》の下《した》を平《たい》らけく治《しろし》めし給《たま》う、御天職《ごてんしょく》を惟神《かむながら》に享有《きょうゆう》し給《たま》う、天津日嗣天皇《あまつひつぎてんのう》様《さま》が、大日本神国《だいにっぽんしんこく》に君臨遊《くんりんあそ》ばされて、豊葦原《とよあしはら》の瑞穂国《みづほのくに》即《すなわ》ち地球上《ちきゅうじょう》を、道義的《どうぎてき》に統《とう》一せらるゝ機運《きうん》に向《む》かったのであります。大日本皇国《だいにっぽんこうこく》の国体《こくたい》の御本義《ごほんぎ》、御天職《ごてんしょく》たる皇道《こうどう》の精髄《せいずい》精華《せいか》は、未《いま》だ充分《じゅうぶん》に発揮《はっき》されて居《お》りませぬ何《なん》となれば古往今来《こおうこんらい》、全《まった》く暗黒無明《あんこくむみょう》の世界《せかい》で、天《あま》の岩戸隠《いわとがく》れの状態《じょうたい》であったからであります。

○

物質文明《ぶつしつぶんめい》の結果《けつか》は世界戦争《せかいせんそう》となりて、海外《かいがい》の諸強国《しょきょうこく》は、一旦経済的《たんけいざいてき》、精神的《せいしんてき》に滅《ほろ》んでしまったので、これから新《あらた》に建設《けんせつ》しなければならぬ破目《はめ》に成《な》って来《き》たのであります。しかし我日本国《わがにっぽんこく》は、幸《さいわい》にその暗黒《あんこく》な、ひどい影響《えいきょう》を受《う》けませんでしたから、世界戦《せかいせん》争《そう》の起《おこ》りつゝある間《あいだ》に、十分《ぶん》の準備《じゅんび》をして、世界《せかい》を道義的《どうぎてき》に統《とう》一する機会《きかい》を与《あた》えられたので、日本国《にっぽんこく》は愈々改造《いよいよかいぞう》の時機《じき》に向《む》かって来《き》たのであります。彼《か》の日露戦争《にちろせんそう》は日《ひ》の暮《くれ》の鐘《かね》、世界戦争《せかいせんそう》は暗夜《あんや》の鐘声《しょうせい》であって、日本国《にっぽんこく》が日《ひ》の出《で》の守護《しゅご》になるに就《つ》いて、世界《せかい》は総《すべ》て、統《とう》一的機運《てききうん》に向《む》かって居《お》ります。

総《すべ》てのものが、世界統一《せかいとう》でありますから、外国《がいこく》の暗黒《あんこく》なる経済的影響《けいざいてきえいきょう》は、日本《につぽん》に映《うつ》り、日本《につぽん》の経済上《けいざいじょう》に不安定《ふあんてい》なる荒波《あらなみ》は、米国《べいこく》へうつり、米国《べいこく》の影響《えいきょう》は欧州《おうしゅう》にうつり、だんだん波《なみ》が広《ひろ》がって高《たか》まって行《ゆ》き、その波《なみ》が向岸《むこうぎし》に突《つ》き当《あた》って層《そう》一層激浪《そうげきろう》を巻《ま》き起《おこ》し、再《ふたた》び日本《につぽん》へ跳《は》ね返《かえ》って来《く》る。今度《こんど》の波《なみ》は強《つよ》いのであるから、日本《につぽん》も一層今《そういま》より不景気《ふけいき》になって来《き》ます。

故《ゆえ》に各自《かくじ》に注意《ちゅうい》をして、その荒波《あらなみ》を避《さ》ける工夫《くふう》をいたさねばなりませぬ。今迄《いままで》五年間《ねんかん》の甘味《うまみ》を嘗《な》めて来《き》た人々《ひとびと》は、この不景気《ふけいき》は持直《もちなお》すかも知《し》れんと云《い》うものがあるが、決《けっ》して楽観《らっかん》すべきでは無《な》い。もっと〱ひどい激浪怒濤《げきろうどとう》が襲来《しゅうらい》するものと覚悟《かくご》せねばなりませぬ。而《しか》して日本国《につぽんこく》の皇道《こうどう》の光《ひかり》が、八紘《こう》に輝《かがや》くのはこれからであって、今《いま》まで殆《ほとん》ど二千年来《ねんらい》、和光同塵的御政策《わこうどうじんてきごせいさく》の結果《けっか》として、皇運発展《こううんはってん》の時機《じき》が来《こ》なかったのであります。

○

崇神天皇《すじんてんのう》（＝第一〇代・前97～前30）が国体《こくたい》の尊厳《そんげん》を秘《ひ》して、和光同塵《わこうどうじん》の政策《せいさく》をとられたのは、今日《こんにち》のあるを知《し》り給《たま》うて、天津日嗣《あまつひつぎ》天皇《てんのう》の御天職《ごてんしょく》の発展《はってん》を期待《きたい》されて居《お》られたからであります。世界各国《せかいかくこく》も時節到来《じせつとうらい》せぬために、権謀《けんぼう》が発生《はっせい》したり、個人主義《こじんしゅぎ》が隆盛《りゅうせい》になって、体主霊従《たいしゅれいじゅう》の悪土《あくど》となり、人《ひと》の国《くに》を奪《と》る英雄《えいゆう》が出《で》たりして、昔《むかし》から治乱興《ちらんこう》廃《はい》は何遍《なんべん》あったかわからぬ。国《くに》が立《た》ったり、倒《たお》れたり、併合《へいごう》されたり、或《あるい》は占領《せんりょう》されたり、数《かぞ》え尽《つく》されぬ位《くらい》であります。

従来人生《じゅうらいじんせい》の不安《ふあん》、世路《せろ》の困難《こんなん》は此《こ》の上《うえ》なく、実《じつ》に暗黒無明《あんこくむみょう》の世《よ》の中《なか》であった。即《すなわ》ち天《あま》の岩戸《いわと》隠《がく》れの現状《げんじょう》であります。昔《むかし》から王道《おうどう》とか、覇道《はどう》とか、又憲法政治《またけんぽうせいじ》とか、共和政治《きょうわせいじ》であるとか、デモクラシーとか、マルクス主義《しゅぎ》とか、その他聖人《たせいじん》や賢哲《けんてつ》が唱《とな》える総《すべ》ての社会経綸説《しゃかいけいりんせつ》や、また釈迦《しゃか》、孔子《こうし》、基督《キリスト》の道義的教義《どうぎてききょうぎ》は、たゞ今日《こんにち》までの世界《せかい》の破滅《はめつ》、人《じん》心《しん》の堕落《だらく》を彌縫補綴《びほうほてい》すべく、用《もち》いられた位《くらい》にすぎず今後《こんご》の社会政策《しゃかいせいさく》に対《たい》しては、何等《なんら》の権力《けんりょく》も効力《こうりょく》もない。たゞその教《おしえ》は、何《いず》れも人心《じんしん》の不安《ふあん》を和《やわ》らげ、凶悪《きょうあく》なる人心《じんしん》を矯正《きょうせい》し、世道人心《せどうじんしん》を導《みちび》き、治国安民《ちこくあんみん》の道《みち》を立《た》て、天下泰平《てんかたいへい》を企《くわだ》てたのでありますが、併《しか》し孔子《こうし》の生《うま》れた支那《しな》の現状《げんじょう》は、あの通《とお》り暗黒《あんこく》で、百鬼昼行《ひやつきちゅうこう》の状態《じょうたい》。又釈迦《またしやか》の生《うま》れた印度《いんど》は、此地《このち》に極楽浄土《ごくらくじょうど》を出現《しゅつげん》せしめようとしたのに、今《いま》は某国《ぼうこく》の圧迫《あつぱく》を受《う》け、僅《わずか》に人民《じんみん》はその命脈《めいみやく》を保《たも》って、無限地獄《むげんじごく》の有様《ありさま》。又基督《またキリスト》の出《で》た猶太《ユダヤ》国は、天国《てんごく》を地上《ちじょう》に樹《た》てんと考《かんが》えたけれど、二千年《ねん》を経過《けいか》した今日《こんにち》に於《おい》て暗黒無明《あんこくむみょう》の地獄《じごく》の状態《じょうたい》であります。これを考《かんが》えると、世界《せかい》の人心《じんしん》を緩和《かんわ》した利益《りえき》はあったけれどもこれから日《ひ》の出《で》の世《よ》の中《なか》になれば、少《すこ》しも間《ま》に合《あ》わぬ時代錯誤《じだいさくご》の教義《きょうぎ》となってしまうのであります。

○

これを譬《たと》えて云《い》えば、月《つき》が出《で》ると星《ほし》の光《ひかり》が薄《うす》くなり、太陽《たいよう》が出《で》ると、月《つき》も星《ほし》も光《ひかり》を失《うしな》うのと同《おな》じであります。この星的位置《せいてきいち》にある古今諸賢哲《ここんしょけんてつ》の道義的諸説《どうぎてきしょせつ》は、今後《こんご》は影《かげ》を没《ぼつ》するのであります。それを和光同塵《わこうどうじん》の政策《せいさく》により、崇神天皇《すじんてんのう》は我国《わがくに》に引《ひ》き入《い》れ給《たま》うたのであります。

何故《なぜ》かと申《もう》せば、今日《こんにち》の世《よ》の中《なか》の物質文明《ぶつしつぶんめい》を、一旦日本《たんにつぽん》に入《い》れて、日本《につぽん》は世界《せかい》の中心《ちゅうしん》国《こく》でありますから、精神的《せいしんてき》文明《ぶんめい》と物質的《ぶっしつてき》文明《ぶんめい》の調和《ちょうわ》を図《はか》り、霊主体従《れいしゅたいじゅう》に惟神《かむながら》の大道《だいどう》を発《はつ》揮《き》し、所謂《いわゆる》皇祖《こうそ》皇宗《こうそう》の御遺訓《ごいくん》により、世界万民《せかいばんみん》を安《やす》らけく平《たい》らけく、治《おさ》める時機《じき》を待《ま》たせられたのであります。天運循環《てんうんじゅんかん》の神律《しんりつ》に依《よ》って、そがいよ〳〵実現《じつげん》される時機《じき》に到達《とうたつ》した次第《しだい》であります。由来《ゆらい》総《すべ》ての大道《だいどう》、即《すなわ》ち治国平天下《ちこくへいてんか》の道《みち》は、我《わが》日本国《にっぽんこく》に日月《じつげつ》の如《ごと》く、炳《へい》として厳存《げんそん》して居《お》るのであります。

○

神倭磐余彦命

神武《じんむ》天皇《てんのう》即《すなわ》ち神日本磐余彦尊《かむやまといはれひこのみこと》が、御年《おんとし》四十五歳《さい》の時《とき》、諸兄《しょけい》及《およ》び皇子達《みこたち》を集《あつ》めて申《もう》されるには、昔天津御祖神《むかしあまつみおやのかみ》、高皇産靈尊《たかみむすびのみこと》、大日孁尊《おほひるめのみこと》、即《すなわ》ち高木神《たかぎのかみ》、天照大御神《あまてらすおほみかみ》が、この豊葦《とよあし》原《はら》の瑞穂国《みづほのくに》を挙《あ》げて我天津御祖彦火瓊瓊杵尊《わがあまつみおやひこほのににぎのみこと》に授《さず》けられた。そこで彦火瓊瓊杵尊《ひこほのににぎのみこと》は天《あめ》の磐座放《いわくらはな》ち、天《あめ》の八重雲《やえぐも》を押《お》し分《わ》けて、日向《ひむか》の串觸峯《くしぶるのたけ》に天《あめ》の宇受売命《うずめのみこと》、猿田彦神《さるたひこのかみ》を先駈《さきはら》仙蹕《い》にして天降《あも》りました。

○

「是《こ》の時《とき》に、運鴻荒《よあらき》に合《あ》い、時草昧《ときくらき》に鍾《あた》れり。故蒙《かれくら》くして以《もっ》て正《ただ》しきを養《やしな》ひて、此《こ》の西《にし》の偏《ほとり》を治《し》らす。皇祖皇考《みおや》、乃神乃聖《かみひじり》にして、慶《よろこび》を積《つ》み、暉《ひかり》を重《かさ》ね、多《さは》に年所《とし》を歴《へ》たり。天祖《あまつみおや》の降跡《あまくだり》ましてより以逮于今《このかた》、一百七十九萬二千四百七捨餘歳《よさい》」

この時世《ときよ》は鴻荒《あらき》にあい、草昧《くらき》に鍾《あた》り云々《うんぬん》の御詔《おんみことのり》は、丁度今日《ちょうどこんにち》の世《よ》の現状《ありさま》そのまゝであります。

今日天《こんにちあめ》の八重雲《やえぐも》は十重二十重《とえはたえ》に包《つつ》まれ、総《すべ》てのものに磐座《いわくら》というものがあり、岩戸《いわと》がしまって居《お》る即《すなわ》ち閥《ばつ》があって、一歩《ぽ》も中《なか》へ入《い》れぬのであります。この曇《くも》りに曇《くも》った総《すべ》ての思想《しそう》で、世《よ》は荒《あら》きに逢《あ》い時《とき》は昧《くら》きに錘《あた》れり、所謂国体《いわゆるこくたい》に反《はん》する外来思想《がいらいしそう》のために、人《ひと》の心《こころ》は一層荒《そうすさ》びに荒《すさ》び、群集心理的《ぐんしゅうしんりてき》の焼討事件《やきうちじけん》や米騒動《こめそうどう》や労働者《ろうどうしゃ》の同盟怠業《どうめいたいぎょう》罷業《ひぎょう》や種々《しゅじゅ》の不詳事《ふしょうじ》があると同《おな》じような乱世《らんせい》であったのであります。

この暗黒《あんこく》の世《よ》の中《なか》に交《まじわ》って、正《ただ》しきを養《やしな》い誠《まこと》の道《みち》を立《た》て、西九州《にしきゅうしゅう》の地《ち》に於《お》いて、善《ぜん》の鏡《かがみ》を出《だ》して居《お》られたのであります。丁度今日《ちょうどこんにち》の暗黒無明《あんこくむみょう》の世《よ》の中《なか》に於《お》いて、実《じつ》に畏《おそ》れ多《おお》き譬《たと》えでありますが、皇道大本《こうどうおおもと》が誠《まこと》の道《みち》を説《と》いて、この日本国《にっぽんこく》の下津岩根《したついわね》に於《お》いて、皇国発《こうこくはつ》詳《しょう》の時機《じき》を待《ま》ちつゝあるのと同《おな》じ状態《じょうたい》であります。

皇祖皇考《こうそこうこう》は即《すなわ》ち神即《かみすなわ》ち聖《ひじり》であって、慶《よろこび》を積《つ》み、暉《ひかり》を重《かさ》ねて、多《おお》くの年所《とし》を歴来《へこ》られたのであります。即《すなわ》ち天照大御神《あまてらすおほみかみ》より皇孫瓊瓊杵尊《こうそににぎのみこと》、鵜萱草萱不合尊《うがやふきあへずのみこと》まで慶《よろこび》を積《つ》み、暉《ひかり》を重《かさ》ねて居《お》られたので、神代《かみよ》は実《じつ》に立派《りっぱ》に治《おさ》まり、天照大御神《あまてらすおほみかみ》の御威徳《ごいとく》が神武天皇《じんむてんのう》まで光《ひか》り輝《かがや》いたのであります。

○

お筆先《ふでさき》に神代《かみよ》は立派《りっぱ》な世《よ》であったと出《で》て居《お》りますが、その通《とお》りであります。ところが昔《むかし》の神代《かみよ》は木《き》の皮《かわ》を着《き》て穴居《けつきょ》し、石器時代《せっきじだい》を経《へ》て、今日《こんにち》に開《ひら》けたのでありますが、併《しか》しながら当時人民《とうじじんみん》の生活《せいかつ》は、実《じつ》に安静平穏《あんせいへいおん》、至清至美《しせいしび》、実《じつ》に立派《りっぱ》な世《よ》の中《なか》であったことが御詔勅《ごしょうちょく》に依《よ》って証明《しょうめい》されるのであります。

天孫瓊瓊杵尊《てんそんににぎのみこと》が、この地球上《ちきゅうじょう》に降臨《こうりん》ましましてより、一百七十九万二千四百七拾余《よ》歳《さい》を経《へ》て居《お》ります。日本歴史《にっぽんれきし》では、神武天皇即位紀元《じんむてんのうそくいきげん》二千五百八十何年《なんねん》と、いうことになって居《お》りますが、日本《にっぽん》の国体《こくたい》の古《ふる》くして、尊《とうと》きことを知《し》るには、天孫瓊瓊杵尊《てんそんににぎのみこと》の御降《ごこう》臨《りん》から算《かぞ》えて、一百七十九万二千何年《なんねん》とせねばなりませぬ。実《じつ》に惜《お》しいことをしたものです。

○

「而《しか》るを遼《とほ》く邈《はるか》かなるの地《くに》、猶未《なほいま》だ王澤《みうつくしび》に霑《うるほ》はず、遂《つひ》に邑《むら》に君《きみ》あり、村《ふれ》に長《ひとこのかみ》あり、

各自《おのもおのも》彊《さかい》を分《わか》ちて、用《もっ》て相凌轢《あいしのぎきしろ》う」

しかしそういう工合《ぐあい》に、理想的《りそうてき》の世《よ》の中《なか》であったけれども、遠《とお》い遙《はる》かなる地《ち》は、未《いま》だ王化《おうか》に霑《うるお》わず即《すなわ》ち日本《にっぽん》から申《もう》せば海外《かいがい》が霑《うるお》わないのでありますが、これを日本国内《にっぽんこくない》だけについて申《もう》すと、九州《きゅうしゅう》以外《いがい》の中国《ちゅうごく》や東海《とうかい》、東山《とうざん》、北陸《ほくりく》、その他《た》の国《くに》が王化《おうか》に霑《うるお》わないで、邑《むら》に君《きみ》あり、村《むら》に長《おさ》ありて、各自境界《かくじきょうかい》を分《わか》って、互《たがい》に相凌轢《あいりょうれき》して居《い》たのであります。

今日《こんにち》から申《もう》せば、何《なん》でもない事《こと》の様《よう》に思《おも》いますが、しかし学者《がくしゃ》は学閥《がくばつ》を作《つく》り、学者同志《がくしゃどうし》議論《ぎろん》を闘《たたか》わして互《たがい》に相凌《あいしの》ぎ、政治家《せいじか》は政治家《せいじか》で又閥《またばつ》を作《つく》り、政府党《せいふとう》と在野党《ざいやとう》で互《たがい》に鎬《しのぎ》を削《けず》り、軍人《ぐんじん》は軍人《ぐんじん》で閥《ばつ》を作《つく》り、所謂邑《いわゆるむら》に君《きみ》あり、村《むら》に長《おさ》ありで、支那《しな》は支那《しな》、米国《べいこく》は米国《べいこく》、各国々《かくくにぐに》に主権者《しゅけんしゃ》があって、皆自分《みなじぶん》の国《くに》の勝手《かって》の良《よ》いようにと考《かんが》えて居《お》るのであります。丁度《ちょうど》二千五百八十六年前《ねんまえ》の現状《げんじょう》は、今日《こんにち》の世界《せかい》の現状《げんじょう》によく似《に》て居《お》るのであります。

現代世界列強《げんだいせかいれっきょう》が、各《おのおの》互《たがい》に領土《りょうど》を獲得《かくとく》せんとし、領土欲《りょうどよく》のために鎬《しのぎ》を削《けず》る有様《ありさま》は、古《こ》今相等《こんあいひと》しいのである。これが古今《ここん》を通《つう》じて謬《あやま》らず、中外《ちゅうがい》に施《ほどこ》して悖《もと》らざる**御神書《ごしんしょ》**の権威《けんい》ある所以《ゆえん》で、**何時《いつ》の世《よ》に合《あ》わして考《かんが》えて見《み》ても、神典《しんてん》の記録《きろく》に、符号《ふごう》する**ものは此処《ここ》であります。

凡《およ》そ窮《きゅう》すれば必《かなら》ず通《つう》ずで、今日《こんにち》の如《ごと》き、天下無道《てんかぶどう》の状態《じょうたい》となったのを救済《きゅうさい》するのは、実《じつ》に日本国《にっぽんこく》で始《はじ》めて我日本国《わがにっぽんこく》の天職《てんしょく》を発揮《はっき》して、世界《せかい》を修斎《しゅうさい》する時代《じだい》が来《き》たのであります。世界《せかい》の各国民《かくこくみん》は世界戦争《せかいせんそう》で非常《ひじょう》な打撃《だげき》を受《う》け、何千万《なん》という生霊《せいれい》を捨《す》て、何百億《なんおく》という財《ざい》を擲《なげう》ってその苦《くる》しみを受《う》け、戦争《せんそう》の惨苦《さんく》をよく嘗《な》めて居《お》るので、此上《このうえ》もう戦《たたか》う気《き》はなくて、何《ど》うかして、この地上《ちじょう》に有力《ゆうりょく》なものが現《あらわ》れて治《おさ》めてくれることを、各自期待《かくじきたい》して居《お》るのであります。今日我日本《こんにちわがにっぽん》では、外交上《がいこうじょう》の状況《じょうきょう》を総《すべ》て憂《うれ》えて居《お》って、今国交《いまこっこう》が破《は》裂《れつ》した場合《ばあい》には、外国《がいこく》から進《すす》んで戦《いくさ》をしかけるように思《おも》っているが、併《しか》し外国人《がいこくじん》の腹《はら》の中《なか》は、これまでの戦争《せんそう》に懲《こ》り果《は》てヽ、戦争《せんそう》というものは詰《つ》まらぬものであるという事《こと》を、心《こころ》から悟《さと》って居《お》るのであります。

○「抑又《はたまた》鹽土翁《しほつちのおきな》に聞《き》きしに、曰《いは》く東《ひむがし》に美地《よきくに》あり、青山《あおやま》四方《も》に周《めぐ》れり。其《そ》の中《なか》に亦天《またあめの》磐船《いはふね》に乗《の》りて飛《と》び降《お》る者《もの》ありといひき。餘謂《われおも》ふに、彼地《かのくに》は、必《かなら》ず當《まさ》に以《も》て天業《あまつひつぎ》を恢弘《ひろめの》べて、天《あめ》の下《した》に光宅《みちを》るに足《た》りぬべし。蓋《けだ》し六合《くに》の中心《もなか》乎《か》。厥《その》飛降《とびお》るといふものは、謂《おも》ふに是《こ》れ饒速日《にぎはやひ》をいう歟《か》。何《なん》ぞ就《ゆ》いて都《みやこ》つくらざらむ」

これは神武天皇《じんむてんのう》の御言葉《おことば》でありまして、又塩土翁《またしほつちのおきな》に東国《とうごく》によき国《くに》ありて、青山四方《あおやまも》にめぐり、天《あめ》の磐船云々《いわふねうんぬん》と聞《き》いたと仰《おお》せられたのでありますが、此《こ》の塩土翁《しほつちのおきな》は彦火々出《ひこほほで》見尊《みのみこと》を綿津見《わたつみ》の宮《みや》に、目無堅間《めなしかたま》の船《ふね》で御案内《ごあんない》せられた神《かみ》と同《おな》じ神様《かみさま》であります。

シは水《みづ》、ホは火《ひ》、ツチは地《ち》で、この土は地球《ちきゅう》を意味《いみ》し、シホは地《ち》を廻《めぐ》る海水《かいすい》である。即《すなわ》ち塩土《しほつち》の翁《おきな》は地《ち》を創造《そうぞう》して、目無堅間《めなしかたま》の船《ふね》を造《つく》った神様《かみさま》であります。塩《しお》は総《すべ》てのものを清《きよ》める力《ちから》を持《も》ったもので祭典《まつり》にも塩水行事《えんすいぎようじ》を行《おこな》い、墓参後塩《ぼさんごしお》で浄《きよ》めるのもこのわけで、塩《しお》は世《よ》の中《なか》を洗濯《せんたく》する力《ちから》がある。夏魚《なつうお》の腐敗《ふはい》を防《ふせ》ぐにも、この塩《しお》を用《もち》いる如《ごと》く、総《すべ》ての物《もの》の腐敗《ふはい》を止《と》める力《ちから》を持《も》って居《お》るものであります。世《よ》の中《なか》がだん〱腐《くさ》敗りに腐《くさ》敗って、絶滅《ぜつめつ》せんとする有様《ありさま》になって来《き》たが、この塩《しお》で汚《けが》れを浄《きよ》め、腐敗《ふはい》を止《と》めるのであります。又塩《またしお》の味《あじ》は食物《しょくもつ》の中《なか》で、一番《ばん》うまいもので、沢山《たくさん》に食《く》えば血《ち》を吐《は》く位《くらい》に、ピリ〱致《いた》して、マヅイものであるけれども、適度《てきど》に用《もち》うれば、砂糖《さとう》よりもうまく、又食物《またしょくもつ》は総《すべ》て塩《しお》がなければ味《あじ》はつくものではありませぬ。

土《つち》はつぶらなる地で、円満《えんまん》なる土《ち》という意味《いみ》である。万物《ばんぶつ》はこの地球《ちきゅう》の土《つち》より、天然《てんねん》力《りょく》を吸《す》うて、大《おお》きくなるのである。大便《だいべん》でも小便《しょうべん》でも土《つち》にかけると、土《つち》は汚《きた》なきものを吸収《きゅうしゅう》して浄《きよ》め、伊吹払《いぶきはら》って不浄《ふじょう》を無《な》くする、これが土《つち》であります。

○

塩土《しおつち》の翁《おきな》は公《きみ》という意味《いみ》であり、この羽《はね》は両翼《りょうよく》ということである。即《すなわ》ち鳥《とり》も翼《つばさ》がなくては立《た》つことが出来《でき》ぬ。又鳥《またとり》の霊《みたま》はスでありますから、烏《からす》、雀《すずめ》、杜鵑《ほととぎす》などいって、皆スの言霊《ことたま》である。スは所謂皇御国《いわゆるすめらみくに》のスである。即《すなわ》ち両翼《りょうよく》が必要《ひつよう》である。翁《おきな》は大地《おきな》とも大名《おきな》とも申《もう》して、名《な》は天《てん》に属《ぞく》し、土《な》は地《ち》に属《ぞく》し、左右《さゆう》の大臣《だいじん》である。即《すなわ》ち高皇産霊神《たかみむすびのかみ》と神皇《かむみ》産霊神《むすびのかみ》となり、厳《いづ》の御魂《みたま》・瑞《みづ》の御魂《みたま》になる。翁《おきな》は君《きみ》の御働《おはたら》きを助《たす》ける人《ひと》である。今《いま》は高《こう》徳《とく》な老人《ろうじん》を称《しょう》して翁《おきな》という、この翁《おきな》の真《まこと》の解釈《かいしゃく》は、国常立尊《くにとこたちのみこと》となるのであります。

○

その翁《おきな》の云《い》われるには、此処《ここ》より東《ひがし》の方《ほう》に美《うつく》しき国《くに》があると、日向《ひゅうが》の国《くに》から見《み》られたのでありますから、それは大和《やまと》の国《くに》になる。此大和《このやまと》の国《くに》は青山《あおやま》が四方《しほう》に廻《めぐ》って、三種《しゅ》の神《じん》

五　瀬　命

器《ぎ》に譬《たと》えられた、大和三山《やまとざん》というのがある。神武天皇《じんむてんのう》はそこに御越《おこ》しになりました。四方山《ほうやま》をめぐらす国《くに》の中心《ちゅうしん》で、都《みやこ》を造《つく》り給《たま》うに適《てき》した大和《やまと》の地《ち》を指《さ》されたのであります。

○

御筆先《おふでさき》も綾部《あやべ》の地《ち》、青山四方《あおやまよも》にめぐらしとありますが、昔《むかし》は大和《やまと》で、今《いま》は国常立尊《くにとこたちのみこと》の現《あらわ》れた聖地《せいち》とも思《おも》われます。これは我田引水《がでんいんすい》でもなければ、牽強府会《けんきょうふかい》でもない。御本文《ごほんぶん》から考《かんが》えて、その通《とお》りになります。

其中《そのなか》に天《あめ》の磐船《いわふね》に乗《の》って飛降《とびお》りるものがある。余謂《われおも》うに、彼地《かのくに》は、必《かなら》ず天業《あまつひつぎ》を恢弘《ひろめの》べて天《あめ》の下《した》に光宅《みちを》るにたる。これ六合《くに》の中心平《もなかか》とありますが、これを委《くわ》しく申《もう》すと又綾部《またあやべ》を曳《ひ》き出《だ》すようになりますから、止《や》めて置《お》きます。

○

「飛降《とびくだ》るものは、是《こ》れ饒速日歟《にぎはやひか》、何《なん》ぞ就《ゆ》いて都《みやこ》をつくらざる」

との御本文《ごほんぶん》がありますが、その天《あめ》の磐船《いわふね》というのは、磐楠船《いわくすぶね》とか、飛行船《ひこうせん》とか、飛行機《ひこうき》の事《こと》にもなりますが、此処《ここ》では艮《うしとら》の金神《こんじん》の教《おしえ》であります。即《すなわ》ち磐楠船《いわくすぶね》の如《ごと》く砕《くだ》けない、固《かた》い教《おしえ》ということである。

この船《ふね》に乗《の》って中心《ちゅうしん》に飛降《とびお》りるというので、高《たか》い所《ところ》から低《ひく》い所《ところ》へ、一足飛《そくと》びに飛《と》び下《お》りるという事《こと》になる。これ饒速日歟《にぎはやひか》といふニギは、賑々《にぎにぎ》しくとか、弥栄《いやさか》えに栄《さか》えるとかいうことで、日《ひ》は日輪《にちりん》の日《ひ》で、天津日嗣《あまつひつぎ》の日《ひ》であります。即《すなわ》ち天津日嗣《あまつひつぎ》の御子《みこ》の坐《いま》す国《くに》が、速《すみや》かに賑々《にぎにぎ》しく、弥栄《いやさか》えに栄《さか》え行《ゆ》くようにする神様《かみさま》が、降《くだ》るということになります。その饒速日《にぎはやひ》の所《ところ》に、都《みやこ》を作《つく》るのは如何《どう》であろうかと、神武天皇《じんむてんのう》は御尋《おたず》ねになったのであります。

○

「諸《もろもろ》の皇子《みこたち》、對《こたへ》て曰《まを》さく、理《ことわり》、實《まこと》に灼然《いやちこ》なり。我等《われら》も亦恒《またつね》に以《もつ》て念《おもひ》と爲《し》つ、宜早《むべすみや》かに行《おこな》ひたまへ。是年《ことし》や太歳甲寅《おほとしきのえとら》……」

そこで皇子等《みこたち》は、対《こた》て曰《まお》さるゝには、天皇《すめらみこと》の御言葉《みことば》は誠《まこと》に道理《どうり》に適《かな》ったことで、鏡《かがみ》の如《ごと》く灼然《しゃくぜん》と輝《かがや》いて居《お》ります。私達《わたくしたち》も其処《そこ》に都《みやこ》を作《つく》り給《たま》わば、結構《けっこう》だと恒《つね》に思《おも》って居《お》りました。速《すみやか》に御進発《ごしんぱつ》あって、天《あめ》の下《した》を治《おさ》め給《たま》いますようにと申《もう》されたのであります。

この年《とし》即《すなわ》ち甲寅《きのえとら》の十月《がつ》五日《か》で、大正《たいしょう》三年《ねん》の十月《がつ》五日《か》に当《あた》りまして、今《いま》より二千五百八十六年前《ねんまえ》のことでありますが、実《じつ》に古今《ここん》を通《つう》じて、同《おな》じ事《こと》が出《で》て来《く》るのは不《ふ》思議《しぎ》であります。

それから筑紫《つくし》、吉備《きび》、安芸《あき》、浪速《なにわ》へゆかれます。瀬戸内海御進軍《せとないかいごしんぐん》の模様《もよう》は略《りゃく》して、浪《なに》速《わ》から先《さき》を述《の》べます。道中記《どうちゅうき》は、言霊学上本講《げんれいがくじょうほんこう》について無意義《むいぎ》であり、また興味少《きょうみすく》ないのであります。……。

○

「皇師《みいくさ》、遂《つひ》に東《ひむがし》に征《ゆ》く、舳艫《ともへ》相接《あいつ》げり。方《まさ》に難波《なには》の埼《みさき》に到《いた》るときに、奔潮《はやきなみ》ありて、太《はなは》だ急《はや》きに會《あ》いぬ。因《よ》って以《も》って名《な》づけて浪速國《なみはやのくに》と爲《な》す。……流《かわ》より遡上《さかのぼ》りて、ただに河内國草香邑《かはちくにくさかむら》の青空《あおくも》の白肩《しろかた》の津《つ》に至《いた》ります。……皇師《みいくさ》、兵《つわもの》を勒《ととの》へて、歩《かち》より龍田《たった》に趣《おもむ》く。而《しか》して其《そ》の路《みち》狭《さ》く嶮《さか》しく、人《ひと》、竝行《なみゆ》くを得《え》ず。卽《すなは》ち還《かへ》りて更《さら》に東《ひむがし》のかた生駒《いこま》の山《やま》を越《こ》えて、中洲《うちつくに》に入《い》らむと欲《おぼ》す。時《とき》に長髄彦《ながすねひこ》聞《き》きて曰《いは》く、天神《あまつかみ》の子等《みこたち》の來《いで》ます所以《ゆえ》は、必《かなら》ず將《まさ》に、我《わ》が國《くに》を奪《うば》はむというて、盡《ことごと》に屬《したが》へる兵《つはもの》を起《おこ》して、孔舍衙坂《くさかのさか》に徼《さへぎ》りて、與《とも》に合戰《あひたたか》ふ。流矢《いたやぐし》ありて、五瀨命《いつせのみこと》の肱脛《ひぢ》に中《あた》れり。皇師《みいくさ》進《すす》み戰《たたか》ふこと能《あた》はず」

これまで今《いま》の大阪《おおさか》を浪速《なには》というのであります。浪速《なには》の渡《わた》しを経《へ》て白肩《しらかた》の津《つ》に、船《ふね》を泊《と》められました。白肩《しらかた》を今《いま》はひらかたと申《もう》します。昔《むかし》は枚方《ひらかた》まで海《うみ》になって居《い》たのでありま す。この時長髄彦《ときながすねひこ》が待《ま》ち迎《むか》い戦《たたか》いました。長髄彦《ながすねひこ》は豪族《ごうぞく》であって、神武天皇《じんむてんのう》の神軍《しんぐん》を防《ふせ》ぎました。神武天皇《じんむてんのう》は矢《や》を防《ふせ》ぐ楯《たて》を、船《ふね》から御出《おだ》しになって防《ふせ》がしめられました。現代《げんだい》では長髄彦《ながすねひこ》というのは、大地主《おおじぬし》とか、大富豪《だいふごう》ということになる。手長彦《てながひこ》となる。警察《けいさつ》の前《まえ》を通《とお》れぬ盗人《ぬすびと》になります。或《あ》る国《くに》がインドを奪《と》るということは、足《あし》を伸《の》ばして居《い》ると同《おな》じで、世界各国《せかいかっこく》に足《あし》を伸《の》ばして日《ひ》の没《ぼっ》せぬ国《くに》、某国《ぼうこく》のようになって居《い》るのが長髄彦《ながすねひこ》である。小《ちい》さな長髄彦《ながすねひこ》は大地主《おおじぬし》であった。唯手《ただて》でとるか足《あし》で取《と》るかの差《さ》があるだけであります。長髄彦《ながすねひこ》は足《あし》を以《もつ》て土地《とち》を蹂躙《じゅうりん》するので、手長彦《てながひこ》は手《て》を以《もつ》て物《もの》を盗《と》るのであります。即《すなわ》ち手《て》は天《てん》に属《ぞく》し、足《あし》は地《ち》に属《ぞく》する。大地主《おおじぬし》とか、各国《かっこく》の土地《とち》を占領《せんりょう》して居《い》る国《くに》とかを、長髄彦《ながすねひこ》というので、この長髄彦《ながすねひこ》が皇軍《こうぐん》に刃向《はむか》うた。今日《こんにち》で云《い》うと、丁度《ちょうど》大和《やまと》一円《えん》の豪族《ごうぞく》が、反抗《はんこう》したと同《おな》じ有様《ありさま》であります。その皇軍《こうぐん》と長髄彦《ながすねひこ》と戦《たたか》うた時《とき》に、皇兄《こうけい》五瀬《いつせの》命《みこと》が、流矢《ながれや》に中《あた》って国替《くにがえ》をなされました。この五瀬命《いつせのみこと》は厳兄《いつせ》で、皇兄《こうけい》ということになります。

○

「天皇《てんわう》憂《うれ》ひたまふ、乃《すなは》ち神策《あやしきはかりごと》を沖衿《みこころうち》に運《さだ》めたまひて曰《のたまは》く、今《いま》我《わ》れは是《こ》れ日神《ひのかみ》の子孫《うみのこ》にして、日《ひ》に向《むか》ひて虜《あだ》を征《う》つは、此《こ》れ天《あめ》の道《みち》に逆《さか》れり。退《しりぞ》き還《かえ》りて弱《よわ》きことを示《しめ》して、神祇《あまつかみくにつかみ》を禮祭《ゐやひいは》ひて、背《そびら》に日神《ひのかみ》の威《みいさほひ》を負《お》ひたてまつり、影《みかげ》の隨《まま》に壓《おそ》ひ踏《ふ》まむに若《し》かじ。如此《かくあ》らば則《すなは》ち曾《かつ》て刃《は》に血《ち》ぬらずして、虜《あだ》必《かなら》ず自《おのづか》らに敗《やぶ》れなむ。僉《みな》曰《いは》く然《しか》りと。於是《ここに》、軍中《みいくさ》に令《のりご》ちて曰《のたまは》く、且《しば》らく停《とゞ》まれ、復《また》な進《すゝ》みそ。乃《すなは》ち軍《いくさ》を引《ひ》いて還《かへ》りたまふ。虜《あだ》、亦敢《またあへ》て逼《せ》めまつらず。卻《しりぞ》いて草香津《くさかのつ》に至《いた》りて、盾《たて》を樹《た》てゝ雄叫《をたけ》びを爲《な》す……」

そこで神武天皇《じんむてんのう》は、更《さら》に神《かみ》にうかがはれました。即《すなわ》ち直霊《なおひ》に省《かえり》み給《たま》いて、我《われ》はこれ日《ひ》の神《かみ》の御子《みこ》である。然《しか》るに日《ひ》に向《むか》って戦《たたか》ったのが敗戦《はいせん》の原因《げんいん》であろう。即《すなわ》ち西《にし》より東《ひがし》に向《むか》うのは、朝日《あさひ》に向《むか》い、太陽《たいよう》に向《むか》うことになりますから、日《ひ》を背《せ》に負《お》うために、道《みち》を転《てん》じて、紀伊《きい》の方《ほう》から大和《やまと》に出《で》ることにされました。これを今日《こんにち》の軍事《ぐんじ》から云《い》えば、日本《にっぽん》の軍法《ぐんぽう》は、中昔《ちゅうせき》のことは知《し》りませぬが、明治以後《めいじいこう》は海外《かいがい》から教《おそ》わったもので、ドイツの軍隊編制《ぐんたいへんせい》だとか、戦法《せんぽう》だとか、その他各国《たかっこく》から取《と》った、それを混同《こんどう》したもので、即《すなわ》ち各《かっ》国戦法《こくせんぽう》の長所《ちょうしょ》を採用《さいよう》したということになります。

日本《にっぽん》も今《いま》では八八艦隊《かんたい》も出来《でき》かけたし、また陸軍《りくぐん》も多《おお》くなりましたが、しかし体《たい》を以《もっ》て体《たい》に対《たい》するという事《こと》になれば、吾々《われわれ》の如《ごと》き小《ちい》さな人間《にんげん》と、常陸山《ひたちやま》と角力《すもう》をとるようなもので、必《かなら》ず敗《やぶ》れるのであります。今日本《いまにっぽん》がある一国《こく》（＝アメリカのことか。）と戦《たたか》うのにも、金《かね》の上《うえ》に於《おい》て、また兵員《へいいん》とか、艦船《かんせん》とか飛行機等《ひこうきなど》の上《うえ》に於《おい》て、外国《がいこく》は常《つね》に常陸山《ひたちやま》で、吾々《われわれ》が日本《にっぽん》という有様《ありさま》で、到底勝《とうていか》つことは出来《でき》ない。即《すなわ》ち皇祖皇宗《こうそこうそう》の御遺訓《ごいくん》に反《はん》した、外国《がいこく》の戦法《せんぽう》を用《もち》いては、敗《やぶ》れるのでありますが、しかし言霊《ことたま》の力《ちから》をもって日《ひ》を背《せ》に負《お》うて戦《たたか》う、即《すなわ》ち皇祖皇宗《こうそこうそう》の御遺訓《ごいくん》に随《したが》って戦《たたか》えば勝《か》つのであります。

実《じつ》に神軍《しんぐん》の兵法《へいほう》は、『古事記《こじき》』の中《なか》に立派《りっぱ》に、各所《かくしょ》に明記《めいき》されてありますが、今日《こんにち》はただ泰西《たいせい》の真似《まね》をして居《お》る戦法《せんぽう》であるから役《やく》に立《た》たぬ。今度《こんど》仮《か》りに某国《ぼうこく》と戦《たたか》うという時《とき》に、今《いま》までのようなやり方《かた》をして居《お》っては勝《か》てぬのであります。

今《いま》までの日清戦争《にっしんせんそう》や、日露戦争《にちろせんそう》などと同《おな》じに見《み》て居《お》ってはとても勝《か》つことは出来《でき》ませぬ。以前《まえ》には日本《にっぽん》を侮《あなど》って、日本《にっぽん》を指導啓発《しどうけいはつ》しょうとした某国《ぼうこく》なども、今日《こんにち》では日本《にっぽん》を侮《あなど》れなくなって、日本《にっぽん》に対《たい》して万一《まんいち》の備《そな》えをして居《お》る有様《ありさま》であります。もし某国《ぼうこく》の飛行《ひこう》機《き》が、今日人戸密集《こんにちじんこみっしゅう》の都会《とかい》の空《そら》に来《き》て、爆弾《ばくだん》を一つ落《おと》しましても、五百間《けん》四方《ほう》は忽《たちま》ち燃《も》えるのであるから、四つ、五つも落《おと》されようものなら、一遍《ぺん》にやられてしまいます。それは所謂《いわゆる》皇祖皇宗《こうそこうそう》の御遺訓《ごいくん》に反《はん》して、日《ひ》を背《せ》に負《お》わず、日《ひ》に向《むか》うからであって、皇祖皇宗《こうそこうそう》の御遺訓通《ごいくんどお》りに、日《ひ》を背《せ》に負《お》うて戦《たたか》えば、即《すなわ》ち皇祖皇宗《こうそこうそう》の御遺訓《ごいくん》たる神軍《しんぐん》の兵法《へいほう》に依《よ》りやれば、長髄彦《ながすねひこ》を討伐《とうばつ》し、外国《がいこく》に勝《か》つことが出来《でき》るのであります。

○

「軍《みいくさ》、茅渟《ちぬ》の水門《みなと》（亦《また》の名《な》は山井《やまのゐ》の水門《みなと》）に至《いた》る。時《とき》に五瀬命《いつせのみこと》、矢瘡《いたやぎしのきず》痛《いた》みますこと甚《はなはだ》だし。乃《すなは》ち剱《つるぎ》の手頭《たがみ》撫《とりしば》りて、雄叫《をたけび》したまひて、慨哉《うれたきかや》、大丈夫《ますらを》にして、虜手《いやしきやつこ》の被傷《てをおひ》て、報《むく》いずして死《や》みなむと曰《い》ふ。時《とき》の人《ひと》、因《よ》りて其《そ》の處《ところ》を號《なづ》けて、雄《を》の水門《みなと》と曰《い》ふ。進《すゝ》んで紀伊國竈山《きいのくにかまやま》に到《いた》りて、五瀬命《いつせのみこと》、軍《いくさ》に薨《かみさ》りましぬ。因《よ》りて竈山《かまやま》に葬《をさ》めたてまつる」

白肩《しらかた》の津《つ》から、南《みなみ》へ廻《まわ》ろうとして行《ゆ》かれると、五瀬命《いつせのみこと》が、御負傷《おいたで》の血《ち》を洗《あら》われましたので、今《いま》では茅渟《ちぬ》の海《うみ》と申《もう》します。それから紀州《きしゅう》の雄《お》の水門《みなと》へ船《ふね》で行《ゆ》かれますと、五瀬命《いつせのみこと》が、賤《いや》しき奴《やつこ》の手《て》を負《お》うて、今此処《いまここ》で死《し》ぬるかと雄《お》たけびなされて、残念《ざんねん》と云《い》いながら御薨去《おかくれ》になりました。それで今《いま》に雄《お》の水門《みなと》と申《もう》します。五瀬命《いつせのみこと》の御陵《みささぎ》は紀《き》の国《くに》の竈山《かまやま》にあります。

そこで神日本磐余彦尊《かむやまといわれひこのみこと》、即《すなわ》ち神武天皇《じんむてんのう》は廻《まわ》り出《い》でて、熊野《くまの》の浦《うら》に出《い》でられました。その時《とき》に大《おお》きな熊《くま》が出《で》てまた隠《かく》れた。この悪魔《あくま》のアは、言霊学上《げんれいがくじょう》言《い》わぬことが多《おお》いのであって、五大母音《ごだいぼおん》は、隠《かく》れて居《お》る場合《ばあい》が沢山《たくさん》あります。即《すなわ》ち伊達《いだて》を唯《ただ》ダテと云《い》い、悪魔《あくま》をクマと云《い》うのであります。この大悪魔《だいあくま》即《すなわ》ち、四《よ》つ足《あし》の悪魔《あくま》が出《で》て皇軍《みいくさ》を遮《さえぎ》った。世《よ》の中《なか》は総《すべ》て霊界《れいかい》が支配《しはい》して居《お》りますから、熊《くま》が一寸出《ちょうどで》て、また隠《かく》れたというのは、悪霊《あくれい》が憑《かか》ったということであります。

◯

「時《とき》に神《かみ》、毒氣《あしきき》を吐《は》いて、人物《ひと》、咸《ことごと》に瘁《をえ》ぬ。是《これ》に因《よ》りて、皇軍《みいくさ》、復《ま》た振《おこ》ること能《あた》はず」

この悪霊《あくれい》のために神日本磐余彦尊《かむやまといはれひこのみこと》は、身体《からだ》がフニャくになって一歩《ぽ》も進《すす》めず、倒《たお》れてしまわれました。後《あと》は野《の》となれ山《やま》となれ、戦《いくさ》などは、どうでもよい、それよりも寝《ね》たいと云《い》って、更《さら》に戦《たたか》う勇気《ゆうき》なく平太《へた》ってしまいました。

日清日露《にっしんにちろ》の戦《たたか》いに、脆《もろ》くも敵《てき》が敗《ま》けたのは、霊《れい》と霊《れい》との戦《たたか》いで、霊《れい》が向《むこ》うへ憑《うつ》て遁《のが》れたのであります。また此方《こちら》は神《かみ》がかゝって、生命《いのち》を構《かま》わず進《すす》むから敵《てき》を負《ま》かすことが出《で》来《き》るので、所謂《いわゆる》日《ひ》を背《せ》に負《お》うて戦《たたか》えば、鉄砲弾《てっぽうだま》も当《あた》らぬのであります。

○

「時《とき》に、彼處《そこ》に人《ひと》在《あ》り、號《な》を熊野《くまぬ》の高倉下《たかくらじ》と曰《い》ふ。忽《たちま》ちに夜夢《よゆめ》みらく、天照大神《あまてらすおほかみ》、武甕雷神《たけみかづちのかみ》に謂《い》ひて曰《の》りたまはく、夫《か》の葦原中國《あしはらのなかつくに》は、猶《なほ》、聞喧擾之響焉《さやげり》、汝更往《いましまたゆ》いて征《う》て。武甕雷神《たけみかづちのかみ》、對《こた》へて曰《まを》しき、豫《やつがれ》行《ま》からずて、豫《やつこ》が平國之劒《くにむけしつるぎ》を下《くだ》さば、則《すなは》ち國《くに》自《おのづか》らに平矣《むけなむ》。天照大神《あまてらすおほかみ》曰《の》りたまはく、諾《うべなり》時《とき》に武甕雷神《たけみかづちのかみ》、登《すなは》ち高倉下《たかくらじ》に謂《い》うて曰《いは》く、豫《あ》が劒《つるぎ》の號《な》を韴靈《ふつのみたま》と言《い》ふ。今《いま》、當《まさ》に汝《いまし》が庫裏《くらのうら》に置《お》く取《と》りて之《これ》を天孫《すめみまのみこと》に獻《たてまつ》れ。高倉下《たかくらじ》、唯々《おゝ》と曰《まを》すと夢《み》て寤《さ》めぬ。明旦《あくるあした》、夢《ゆめ》の中《なか》に教《をしへ》に依《よ》りて庫《くら》を開《あ》けて視《み》れば、果《はた》して落《お》ちたる剱有《つるぎあ》り。倒《さかしま》に庫《くら》の底板《しきいた》に立《た》てり。即《すなは》ち取《と》りて進之《たてまつる》。時《とき》に天皇《すめらみこと》、適《よ》く寐《みね》ませり。忽然《たちまち》にして寤《さ》めて曰《の》りたまはく、予何《あれなん》ぞ若此長眠《かくながい》しつるや。尋《つづ》いて毒《あしさき》に中《あた》りし士卒《いくさのひとども》、悉《ことごと》に復醒起《またおき》ぬ。」

この時《とき》に高倉下《たかくらじ》という人《ひと》があって、一つの神剱《しんけん》を持《も》って来《き》て、天皇《てんのう》に献《たてまつ》った。すると玉體《ぎょくたい》も、しゃんとせられ、総《すべ》ての軍隊《ぐんたい》もしゃんとして来《き》た。勇気《ゆうき》は平常《へいぜい》に百倍《ばい》して来《き》た。そこで高倉下《たかくらじ》に向《むか》って如何《どう》してこの霊剱《れいけん》を得《え》たかと問《と》われますと、対《こた》えて云《い》うのに、私《わたくし》は天照大神《あまてらすおほかみ》、高木神《たかぎのかみ》（＝高皇産霊神）が天上《てんじょう》で、武甕雷神《たけみかづちのかみ》を御呼《およ》び寄《よ》せになりましたのを夢《ゆめ》に見《み》ました。そうして天照大神《あまてらすおほかみ》が、豊葦原《とよあしはら》の中津国《なかつくに》はいたくさやぎておる。即《すなわ》ち大戦争《だいせんそう》をやっている。我子孫《あがすめみま》の皇軍《こうぐん》は、定《さだ》めて困《こま》って居《お》るであろう。葦原《あしはら》の中津国《なかつくに》は、汝《いまし》が専《もっぱ》ら言向《ことむ》けつる国《くに》であるから、再《ふたた》び降《くだ》って平定《へいてい》せよと仰《おお》せられました。

そこで武甕雷神《たけみかづちのかみ》が、云《い》うには、私《やつがれ》が中津国《なかつくに》に降《くだ》らなくとも、言向《ことむ》けして平定《へいてい》した剱《つるぎ》がありますから、その剱《つるぎ》を下《くだ》しましょうと申《もう》されました。この剱《つるぎ》は「平国《くにむけ》の剱《つるぎ》」、またの名《な》を「みかふつの神《かみ》」、また「ふつの御魂《みたま》」と申《もう》しますが、これは石上神宮《いそのかみじんぐう》に祭《まつ》ってあります。これを私《やつがれ》の代《かわ》りに、中津国《なかつくに》へ降《くだ》しますと申《もう》されて、天《てん》から御降《おくだ》しになった。

この剱《つるぎ》について武甕雷神《たけみかづちのかみ》の霊《れい》が加《くわ》わって居《お》ります。即《すなわ》ち天照大神《あまてらすおほかみ》、高木神《たかぎのかみ》から授《さず》けられた時《とき》に、鎮魂《ちんこん》が出来《でき》ておるのであります。これは天孫降臨《てんそんこうりん》の時《とき》、大国主命《おほくにぬしのみこと》に経津主神《ふつぬしのかみ》が、国土返上《こくどへんじょう》をせられて中津国《なかつくに》を平定《へいてい》せられたその時《とき》に、天照大神《あまてらすおほかみ》の神霊《しんれい》の宿《やど》った剱《つるぎ》でありますから、その剱《つるぎ》を下《くだ》してやれば、皇軍《こうぐん》は勝《か》つことが出来《でき》ますと云《い》うて、天《てん》から御下《おくだ》しになりました。如何《どう》して御下《おくだ》しになったかと申《もう》しますと、高倉下《たかくらじ》の庫《くら》の棟《むね》に穴《あな》を穿《うが》って神剱《しんけん》を下《くだ》して置《お》いたから、明朝早《みょうちょうはや》く起《お》きて、これを日《ひ》の御子《みこ》に献《たてまつ》れと申《もう》されました夢《ゆめ》を見《み》たのであります。そこで高倉下《たかくらじ》は夢《ゆめ》で教《おそ》わったように、翌朝早《よくちょうはや》く起《お》きて庫《くら》を開《あ》けると、夢《ゆめ》に見《み》た通《とお》り一本《ぽん》の剱《つるぎ》があったのであります。その剱《つるぎ》を取《と》りて神武天皇《じんむてんのう》に献《たてまつ》ったのであります。

何故《なぜ》この熊野《くまぬ》の高倉下《たかくらじ》に剱《つるぎ》を渡《わた》されたか、結構《けっこう》な御用《ごよう》をさせられたかと申《もう》すに、高倉《たかくら》は高御座《たかみくら》であります。高倉下《たかくらじ》は今《いま》では、この土地《とち》の住民《じゅうみん》になっておるが、元《もと》は天照大神《あまてらすおほかみ》様《さま》から分《わか》れた神様《かみさま》の子《こ》で、天孫《てんそん》に先立《さきだ》って天降《あまくだ》っていられたのであります。高御座《たかみくら》から下《くだ》ったから高倉下《たかくらじ》である。これは霊界《れいかい》の因縁《いんねん》であって、御筆先《おふでさき》にも、総《すべ》て神様《かみさま》の御用《ごよう》は、因縁《いんねん》の御魂《みたま》でなくては出来《でき》ぬ、と示《しめ》されて居《お》るのと同様《どうよう》であります。

明治《めいじ》二十五年《ねん》に開祖《かいそ》が、座敷牢《ざしきろう》に投《な》げ込《こ》まれなされた時《とき》に、矢張《やは》り高倉下《たかくらじ》と同《おな》じように、七寸《すん》五分《ぶ》の劔《つるぎ》を夢《ゆめ》で見《み》せられて、この劔《つるぎ》を以《も》って世界《せかい》を洗濯《せんたく》せよ荒《あら》ぶる邪神《じゃしん》を掃討《そうとう》せよと仰《おう》せられ、膝下《しっか》に置《お》いてあったというて、今《いま》なお大本《おおもと》の神宝《しんぽう》となっておりますが、実《じつ》に歴史《れきし》は繰《く》り返《かえ》すと云《い》われるように、繰返《くりかえ》し〱同《おな》じ事《こと》が出《で》て来《く》るのが不思議《ふしぎ》であります。開祖《かいそ》は何時《いつ》献《たてまつ》られるのか知《し》りませぬが、高倉下《たかくらじ》と同《おな》じ御用《ごよう》を為《な》されて居《お》られるのであるまいかと思《おも》うのであります。

○

「既《すで》に皇師《みいくさ》、中洲《うちつくに》に趣《おも》かむと欲《おもほ》す。而《しか》も山《やま》の中《なか》峻絶《さかしく》して、復行《またゆ》くべき路無《みちな》し。乃《すなは》ち棲遑《しじまひ》て、跋渉《ふみゆか》む所《ところ》を知《し》らず。時《とき》に夜《よ》、夢《ゆめ》みたまはく、天照大神《あまてらすおほかみ》、天皇《すめらみこと》に訓《をし》へまつりて曰《の》りたまはく、朕今《あれいま》、頭八咫烏《やあたからす》を遣《つか》はさむ。以《も》って郷導者《くにのみちびき》としたまへと。果《はた》して頭八《やあ》咫烏《たからす》有《あ》り。大空《おほぞら》より翔降《とびくだ》る。天皇《すめらみこと》曰《の》りたまはく、此《こ》の烏《からす》の來《く》ること、自《おのづか》らに祥夢《よきゆめ》に叶《かな》へり。大哉《よいかな》、赫哉《さかりなるかな》。……」

それで一時《じ》この神劍《しんけん》の徳《とく》によって、軍隊《ぐんたい》が元気《げんき》がついて来《き》て、昇天《しょうてん》の勢《いきお》いになって来《き》た。しかし高木神《たかぎのかみ》の御命令《ごめいれい》によれば、これから奥《おく》に入《はい》ってはならぬ。今劍《いまつるぎ》の徳《とく》に依《よ》って元気《げんき》づいて来《き》て進《すす》もうとするのを、勢《いきお》いにまかせて進《すす》めては危《あぶ》ない。今八咫烏《いまやあたがらす》を遣《つか》わして皇軍《こうぐん》を導《みちび》かしめるから、その後《あと》から行《ゆ》けばよい。そうすると皇軍《こうぐん》の勝利《しょうり》となる、と仰《おお》せられたのであります。

この八咫烏《やあたがらす》には大《おお》いに意味《いみ》があるので、鏡《かがみ》と同《おな》じ意味《いみ》、即《すなわ》ち八咫鏡《やあたかがみ》と同《おな》じ事《こと》になります。正《ただ》しく云《い》えばヤタガラスでなくして、ヤアタガラスである。前申《まえもう》しました通《とお》り、言《げん》霊上《れいじょう》五大母音《だいぼおん》のアが隠《かく》されるのであります。即《すなわ》ちこの八咫烏《やあたがらす》は天《てん》から降《くだ》ったもので、四方《ほう》八方《ぽう》を明《あき》らかにするというのであります。このガは輝《かがや》くであり、ラは巡《めぐ》るであり、スは統《すべ》るである。三千年間世《ねんかんよ》に落《お》ちて、世界《せかい》の隅々《すみずみ》までも調《しら》べられたということが神諭《しんゆ》に出《で》ておりますが、これがヤアタに調《しら》べられたという事《こと》なので、三千世界《せかい》一度《ど》に開《ひら》く梅《うめ》の花《はな》がカであり、天運循環《てんうんじゅんかん》がラであり、スは統《すべ》るで世界統《せかいとう》一の教《おしえ》であります。ヤアタガラスをかためて申《もう》せば、国常立尊様《くにとこたちのみことさま》が世界《せかい》を治《おさ》め遊《あそ》ばす教《おしえ》ということになる。神様《かみさま》の教《おしえ》が八《や》咫烏《あたがらす》である。元気《げんき》がついても軽々《かるがる》しく進《すす》むな、神《かみ》の教《おしえ》に随《したが》えと高木神《たかぎのかみ》が云《い》われたのであります。（以下略）

（大正九・一〇・四　五六七殿講演筆記、『神霊界』一〇月二一日号、『出口王仁三郎全集』第五巻「日本書記と現代・神武天皇御東征之段」）

◆琵琶湖《あめのまない》におけるスサノオとアマテラスの「誓約」により生れた三女神と五男神の長男神・天忍穂耳命から天孫・天火明命とニニギ命の二柱が生れる。

『先代旧事本紀』によると天火明命である饒速日命は、天祖から統治権の天璽瑞宝《あまつしるしみずのたから》十種《とくさ》・①沖津鏡《おきつかがみ》（瀛都鏡《おきつかがみ》）、②辺津鏡《へつかがみ》（辺都鏡）、③八握剣《やつかのつるぎ》、④生玉《いくたま》、⑤死返玉《まかるかへしのたま》（孔《よみ》反玉《がへしのたま》)、⑥足玉《たるたま》、⑦道返玉《ちがへしのたま》、⑧蛇比礼《おろちのひれ》(へびのひれ)、⑨蜂比礼《はちのひれ》、⑩品物之比礼《くさぐさのもののひれ》が授えられて、伴の緒・北九州の三十二の武将(＝天日神命《あめのひのかみのみこと》―対馬県主祖《あがたぬしのおや》、月神命《つきたまのみこと》―壱岐県主祖等)と二十五部の物部(軍団)を率いて旧大和(当時は鳥見《トミ》、或は長髄《ながすね》)に降り、長髄彦の妹を妃とし、布瑠《ふる》の言《こと》(天の数歌・言霊)をもって統治し、御子の宇摩志麻治命によって継承されていた。

そこに天祖より三種の神器・①草薙《くさなぎ》の剱、②八咫《やあた》鏡、③八咫の勾玉・璽を授えられて降臨されるのがニニギ命。

◆国常立尊は天照大神の元であるが、下に降って働かれる。総理大臣がしっかりしているから治まるのである。天照大神は国常立尊の御分身である。ニギハヤヒはニニギ命の兄様であるが、先に十種の神宝をもって大和にお降りになって用意されたのである。十種の神宝を持った人が降って働かれるから神武天皇の位が保たれるのである。(『新月のかげ』「国常立尊と饒速日命」)

◆饒速日命は十種の神宝だ。ニニギ命は三種の神器を貰われた。王仁は饒速日だ。十種の神宝は天の数歌の一、二、三、四、五、六、七、八、九、十のことで、十種は十曜だから王仁は十曜の紋をつける。経の万世一系と緯の万世一系と揃うのが世界十字に踏みならすことだ。(『新月のかげ』「ニギハヤヒとニニギ命」)

◆ニニギ命は三種の神器で、ニギハヤヒ命は十種の神宝である。『古事記』の禊祓の段にある衝立戸神《つきたつどのかみ》は上下と衝立って遮る神様で、これを取り払われるのである。王仁が書いている通りである。**これから誠の天照大神が表れるのである。**……。(『新月のかげ』「三種の神器と十種の神宝」)

(十種の神宝について『霊界物語』第六巻・第一章「宇宙太元」、『神示の宇宙』みいづ舎刊128～129頁。第十三巻「総説」十種の神旗の由来、宇宙進化の理法。『善言美詞』「感謝祈願」を参照。)

第二編　龍宮島と鬼門島

第一章　冠《お》島《しま》出修

易《えき》に曰《いわ》く、書《しょ》は言《げん》を尽《つく》す能《あた》わず、言《げん》は意《い》を尽《つく》す能《あた》わず、意《い》は神《かみ》を尽《つく》す能《あた》わず、然《しか》れども言《げん》に非《あら》ざれば意《い》を現《あらわ》す能《あた》わず、書《しょ》に非《あら》ざれば言《げん》を載《の》す能《あた》わず、そもそも聖賢《せいけん》の言《げん》、偉人君《いじんくん》子《し》の行《こう》、忠臣義士《ちゅうしんぎし》の偉挙《いきょ》、貞女節婦《ていじょせつぷ》の美伝《びでん》、悉《ことごと》く文字《もんじ》に依《よ》って伝《つた》えらるるものである。

喜楽《きらく》（注一）は性来《しょうらい》の人間《にんげん》として鈍根劣機《どんこんれつき》、至愚至痴《しぐしち》とうてい教祖《きょうそ》の心言行《しんげんこう》を述《の》べんとするは、はなはだ僭越《せんえつ》の至《いた》りである。しかしながら、その一小部分《しょうぶぶん》にもせよ、教祖《きょうそ》の実行《じっこう》された心言《しんげん》を伝《つた》えておかなくては、あたら教祖《きょうそ》の心言《しんげん》を土中《どちゅう》に埋没《まいぼつ》する如《ごと》きものであるから、ここに教祖《きょうそ》が冠島《おしま》（注二）に始《はじ》めて神命《しんめい》を奉《ほう》じてお渡《わた》りになった事実《じじつ》の大要《たいよう》を述《の》べて見《み》ようと思《おも》う。

世《よ》かならず非常《ひじょう》の人《ひと》あって、しかして後非常《のちひじょう》の事《こと》あり、非常《ひじょう》の事《こと》ありて而《しか》して後《のち》に非常《ひじょう》の功《こう》ありと、司馬《しば》（注三）相丞《しょうじょう》が言《い》った。自分《じぶん》がここに口述《こうじゅつ》する出口直子《でぐちなおこ》もまた非常《ひじょう》の人《ひと》たるを信《しん》ずる。いな貴《とうと》き神《かみ》の代表者《だいひょうしゃ》たるを堅《かた》く信《しん》じて、茲《ここ》にその一端《たん》を物語《ものがた》らむとするのである。

○ 日清戦役《にっしんせんえき》の後《のち》、独逸《どいつ》が膠州湾《こうしゅうわん》（注四）を占領《せんりょう》し、露国《ろこく》が旅順《りょじゅん》（注五）大連《たいれん》（注六）を租借《そしゃく》した行動《こうどう》は、はなはだ列強国《れっきょうこく》の精神《せいしん》を刺激《しげき》し、各《かく》その均霑《きんてん》を希望《きぼう》する結果《けっか》、英国《えいこく》は威海衛《いかいえい》（注七）を、仏国《ふっこく》は広州湾《こうしゅうわん》（注八）をおのおの占領《せんりょう》し、露国《ろこく》が鉄道布設権《てつどうふせつけん》を満洲《まんしゅう》に得《え》たるに倣《なら》い、争《あらそ》うて鉄道布設権《てつどうふせつけん》を清国各地方《しんこくかくちほう》に獲得《かくとく》せんとし、各自《かくじ》にいわゆる勢力範囲《せいりょくはんい》を策定《さくてい》し、陰然《いんぜん》、支那分割《しなぶんかつ》の状勢《じょうせい》を馴致《じゅんち》し、東洋《とうよう》の危機《きき》正《まさ》にこの時《とき》より甚《はなは》だしきはなしと思《おも》われた。しかのみならず義和団《ぎわだん》（注九）と称《しょう》する時勢《じせい》の大勢《たいせい》を知《し》らざる忠臣義士《ちゅうしんぎし》の一団《だん》、これを憤慨《ふんがい》すること甚《はなはだ》しく、ついに興清滅洋《こうしんめつよう》の旗幟《きし》を翻《ひるがえ》して、山東省《さんとうしょう》の各地《かくち》に蜂起《ほうき》し、あらゆるキリスト教徒《きょうと》を虐殺《ぎゃくさつ》し、鉄道《てつどう》を破壊《はかい》し、明治《めいじ》三十三年《ねん》（1901）四月初旬《がつしょじゅん》、進《すす》んで直隷省《ちょくれいしょう》に入《い》り、たちまち清国《しんこく》の宗室《そうしつ》端郡王《たんぐんおう》を擁《よう》し、将軍《しょうぐん》董福祥《とうふくしょう》を中堅《ちゅうけん》とし、五月以来《がついらい》勢《いきおい》ますます猖獗《しょうけつ》をきわめ、六月《がつ》におよんで、北京《ペキン》は全《まった》く重囲《じゅうい》の中《なか》に陥《おちい》り、独逸公使《どいつこうし》ケットレルまず惨殺《ざんさつ》せられ、わが公使館書記生《こうしかんしょきせい》杉山某《すぎやまぼう》また殺害《さつがい》せられた。日本《にほん》をはじめ列国《れっこく》は、ついに独逸元帥《どいつげんすい》ワルデルデーを総指揮官《そうしきかん》となし、聯《れん》合軍《ごうぐん》を組織《そしき》して、太估《ターク》より並進《へいしん》し、将《まさ》に北京《ペキン》の団匪《だんぴ》に迫《せま》らんとする間際《まぎわ》であった。

○

開闢以来《かいびやくいらい》、未曾有《みぞう》の世界《せかい》の力比《ちからくら》べともいうべき晴《は》れの戦争《せんそう》である。この檜舞台《ひのきぶたい》に立《た》って、神国神軍《しんこくしんぐん》の武勇《ぶゆう》を現《あら》わし、列国《れっこく》の侮《あなど》りを防《ふせ》ぐ必要《ひつよう》があるとの御神勅《ごしんちょく》で、教祖《きょうそ》は六十五歳《さい》の老躯《ろうく》を起《おこ》して、昔《むかし》から女人《にょにん》の渡《わた》ったことのない丹後沖《たんごおき》の無人島《むじんとう》冠島《おしま》、俗《ぞく》に大島《おおしま》へ、東洋平和《とうようへいわ》のため、皇軍大勝利《こうぐんだいしょうり》の祈願《きがん》をなさんと、陰暦《いんれき》の六月八日《がつか》をもって、上田会長《うえだかいちょう》（王仁三郎）、出口澄子《でぐちすみこ》、四方平蔵《しかたへいぞう》、木下慶太郎《きのしたけいたろう》の四人《にん》を引《ひ》き連《つ》れ、五里半《りはん》の路程《みちのり》を徒歩《とほ》して、黄昏《たそがれ》ごろ舞鶴《まいづる》の船問屋《ふなどんや》、大丹生屋《おおにゅうや》に着《ちゃく》し、渡島《ととう》の船頭《せんどう》を雇《やと》い、これからいよいよ漕《こ》ぎ出《だ》そうとする時《とき》しも、今《いま》まで快晴《かいせい》にして極穏《ごくおだや》かであった青空《あおぞら》が俄《にわか》にかき曇《くも》り、満天墨《まんてんすみ》を流《なが》したごとく、風《かぜ》は海面《かいめん》をふきつけ、波浪《はろう》の猛《たけ》り狂《くる》う声《こえ》、刻々《こくこく》に激《はげ》しく聞《きこ》えてきた。大丹生屋《おおにゅうや》の主人《しゅじん》は、

「この天候《てんこう》は確《たしか》に颶風《ぐふう》の襲来《しゅうらい》なれば、今晩《こんばん》の舟出《ふなで》は見合《みあ》わしましょう。まして海上《かいじょう》十里《り》の荒《あら》い沖中《おきなか》の一つ島《じま》へ、こんな小《ちい》さい釣舟《つりぶね》にては、とうてい安全《あんぜん》に渡《わた》ることは出来《でき》ませ

ぬ、一つ違《ちが》えば、あたら貴重《きちょう》の生命《せいめい》を捨《す》てねばならぬ。明日《あす》の夜明《よあけ》を待《ま》って、天候《てんこう》を見《み》きわめ、これで大丈夫《だいじょうぶ》ということがきまってからお参《まい》りなさい」としきりにとどめる。また舟人《ふなびと》も異口同音《いくどうおん》に、とうてい海上《かいじょう》の安全《あんぜん》に渡《わた》り得可《うべ》からざることを主張《しゅちょう》して、舟《ふね》を出《だ》そうとは言《い》わぬのみか、一人減《りへ》り二人減《りへ》り、コソコソとどこかへ逃《に》げて行《い》ってしまうのであった。教祖《きょうそ》は、

「神様《かみさま》の御命令《ごめいれい》だから、そんなことをいって一時《とき》の間《ま》も猶予《ゆうよ》することは出来《でき》ませぬ。是《ぜ》が非《ひ》でも今《いま》から舟《ふね》を拵《こしら》えて出《で》てもらいたい。今晩海《こんばんうみ》のあれるのは、竜宮様《りゅうぐうさま》が私《わし》らの一行《こう》を、喜《よろこ》び勇《いさ》んでお迎《むか》えに来《き》て下《くだ》さるために、荒《あら》い風《かぜ》が吹《ふ》いたり、雨《あめ》が降《ふ》ったりするのだ。浪《なみ》の高《たか》いのは当然《とうぜん》だ。船頭《せんどう》サン、大丈夫《だいじょうぶ》だ、神《かみ》さまがついてござるから、少《すこ》しも恐《おそ》れず、早《はや》く舟《ふね》を漕《こ》ぎ出《だ》して下《くだ》さい。博奕ケ崎《ばくちがさき》まで漕《こ》いで行《ゆ》けば、きっと風《かぜ》はなぎ、雨《あめ》はやみ、波《なみ》も静《しず》まります。天下危急《てんかききゅう》の場合《ばあい》だから、一刻《こく》も躊躇《ちゅうちょ》することは出来《でき》ぬ。死《し》ぬるのも生《い》きるのも、みな神様《かみさま》の思召《おぼしめし》によるものだ。神様《かみさま》が死《し》なそまいと思召《おぼしめ》すなら、どんなことが

丹後の若狭湾に浮かぶ竜宮島「冠島」

あっても死《し》ぬものぢゃない、信仰《しんこう》のない者《もの》は一寸《ちょっと》したことに恐《おそ》れるものだ、が今度《こんど》は大《だい》丈夫《じょうぶ》だから、是非是非《ぜひぜひ》行っておくれ」

と雄健《をたけ》びして船頭《せんどう》は主人《しゅじん》の言葉《ことば》を聞《き》き入《い》れる気色《けしき》もなかった。

大丹生屋《おおにゅうや》の主人《しゅじん》を始《はじ》め、一同《どう》の舟人《ふなびと》らは小《ちい》さい声《こえ》で、

「金《かね》もほしいが命《いのち》が大事《だいじ》だ。こんな気違《きちが》い婆《ば》アさんの命《いのち》知《し》らずの馬鹿者《ばかもの》に相手《あいて》になっておってはたまらぬ」

と嘲笑的《ちょうしょうてき》に囁《ささや》き、ただの一人《り》も応《おう》ずるものがない。一行《こう》五人《にん》は如何《いかん》ともすること能《あた》わず、ひたすら一時《ひととき》も早《はや》く出舟《でぶね》の都合《つごう》をつけて下《くだ》さいと橋《はし》の上《うえ》に合掌《がっしょう》して祈《いの》りつつあった。

○

木下《きのした》は操舟《そうしゅう》に鍛練《たんれん》の聞《きこ》えある漁師《りょうし》、田中岩吉《たなかいわきち》、橋本六蔵《はしもとろくぞう》の二人《り》を甘《うま》く説《と》きつけて帰《かえ》り来《き》たり、

「ただ今《いま》より冠島《おしま》へ連《つ》れて行《い》てくれ」

と改《あらた》めて頼《たの》み込《こ》むと、二人《り》は目《め》を丸《まる》うして、

「なんぼ神《かみ》さまの命令《めいれい》でもこの空《そら》では行《ゆ》けませぬ。私《わし》らも永《なが》らくの間《あいだ》、舟《ふね》の中《なか》を家《いえ》のように思《おも》い、海上生活《かいじょうせいかつ》をやっておりますゆえ、大抵《たいてい》の荒《あ》れならこぎ出《だ》してみますが、この気色《けしき》ではとうてい駄目《だめ》です。一体《たい》あんたらはどこの人《ひと》ぢゃ、本当《ほんとう》に無茶《むちゃ》な人《ひと》ですなア」

と呆《あき》れて一行《こう》の顔《かほ》を見《み》つめている。教祖《きょうそ》はしきりに促《うなが》し、

教祖「早《はや》く早《はや》く」

と急《せ》き立《た》てられる。船頭《せんどう》は返事《へんじ》をせぬ。かくては果《は》てじと、二人《り》の船頭《せんどう》に向《むか》って、

「海上《かいじょう》一町《ちょう》でも半里《はんみち》でもよいから、冠島《おしま》までの賃金《ちんぎん》を払《はら》うから、マア中途《ちゅうと》から帰《かえ》るつもりで往《い》ってくれ」

と木下《きのした》が言《い》った。二人《り》の船頭《せんどう》は、

「お前《まえ》さまたちが、そこまで強《し》いて仰《おっ》しゃるのならば、キッと神様《かみさま》の教《おしえ》でありましょう。

確信《かくしん》がなければ、到底《とうてい》この気色《けしき》に行《ゆ》くという気《き》にはなれますまい。私《わたし》もちょっと冠島《おしま》さまに伺《うかが》ってみて決心《けつしん》します」

といいながら、新橋《しんばし》の上《うえ》に立《た》って、冠島《おしま》の方《ほう》に向《む》かい、合掌《がっしょう》祈願《きがん》しつつ、俄作《にわかづく》りのみくじを引《ひ》いて見《み》て、

「ヤッパリ神様《かみさま》は行《ゆ》けとありますから、ともかく行《い》ける所《ところ》まで漕《こ》ぎつけてみましょう」

と半安半危《はんあんはんき》の気味《きみ》で承諾《しょうだく》の意《い》を洩《も》らしつつ、早速用意《さっそくようい》を整《ととの》え、五人《にん》を乗《の》せて、潔《いさぎよ》く舞鶴港《まいづるこう》を後《あと》にして、屋根無《たなな》し小舟《おぶね》を操《あやつ》り、雨風《あめかぜ》の中《なか》を事《こと》ともせず、自他《じた》七人《にん》の生霊《せいれい》を乗《の》せ、舟唄《ふなうた》高《たか》く漕《こ》ぎ出《だ》した。

○

海上《かいじょう》二里《り》ばかり漕《こ》ぎ出《で》たと思《おも》うころ、教祖《きょうそ》のさしておられた蝙蝠傘《こうもりがさ》が如何《どう》したはずみか、にわかに波《なみ》にさらわれ取《とり》おとされたと見《み》る間《ま》に、舳《とも》に立《た》って艪《ろ》を操《あやつ》っていた、舟人《ふなびと》の岩吉《いわきち》が目《め》ざとく見《み》とめて、拾《ひろ》ひ上《あ》げた。時《とき》しも舟底《ふなぞこ》に肱《ひじ》を枕《まくら》にして、ウツウツ眠《ねむ》っていた

澄子《すみこ》はたちまち目《め》を醒《さ》まし、

「アヽ吃驚《びつくり》した。いま平蔵《へいぞう》サンが、誤《あやま》って海中《かいちゅう》に陥《おちい》り、命危《いのちあや》うい所《ところ》へ教祖《きょうそ》さまのうしろの方《ほう》から、威容凛然《いようりんぜん》たる神様《かみさま》が現《あら》われて、平蔵《へいぞう》サンを救《すく》い上《あ》げ、息《いき》を口《くち》から吹《ふ》き込《こ》んで蘇生《そせい》せしめられたと思《おも》えば、ヤッパリ夢《ゆめ》であったか」

と不思議《ふしぎ》そうに語《かた》り出《だ》す。一行《こう》一層異様《そういよう》の思《おも》いをなし、教祖《きょうそ》の持《も》ってこられた蝙蝠傘《こうもりがさ》をよくよく調《しら》べて見《み》れば、正《まさ》しく平蔵《へいぞう》サンの傘《かさ》であった。至仁至愛《しじんしあい》の大神《おおかみ》は、教祖《きょうそ》さまをして身代《みがわ》りのために、平蔵氏《へいぞうし》の傘《かさ》を海《うみ》におとさしめて、その危難《きなん》を救《すく》い、罪《つみ》を浄《きよ》め、新《あたら》しい人間《にんげん》と生《う》まれ変《か》わらして下《くだ》さったのでしょう……と各自《かくじ》に感歎《かんたん》しながら、狭《せま》い舟《ふね》の中《なか》に静座《せいざ》し、膝《ひざ》をつき合《あわ》せながら、一同《どう》が謝恩《しゃおん》の祝詞《のりと》を奏《そう》しつつ、勇《いさ》み進《すす》んで、雨中《うちゅう》を漕《こ》ぎ出《だ》した。

○

こんなことを述《の》べ立《た》てると、信仰《しんこう》なき人《ひと》は、あるいは狂妄《きやうもう》といい、迷信《めいしん》と誹《そし》り、偶然《ぐうぜん》の暗合《あんごう》と笑《わら》うであろう。神異霊怪《しんいれいかい》なるものの世《よ》にあるべき道理《どうり》はないと、一笑《しょう》に附《ふ》して顧《かえり》みないであろう。さりながら天地《てんち》の間《あいだ》は、すべて摩訶不思議《まかふしぎ》なものであることは、本居宣長《もとおりのりなが》(注一〇)の『玉鉾百首《たまほこひゃくしゅ》』(注一一)にもよまれた通《とお》りである。

あやしきを非《あら》じというは世《よ》の中《なか》の　怪《あや》しき知《し》らぬしれ心《ごころ》かも

しらゆべきものならなくに世《よ》の中《なか》の　くしき理《ことわり》神《かみ》ならずして

右《みぎ》の歌《うた》の意《い》のごとく、天地間《てんちかん》はすべて奇怪《きかい》にして、人心小智《じんしんしょうち》の伺《うかが》い知《し》るべき限《かぎ》りではない。しかるに中古《ちゅうこ》より聖人《せいじん》などいう者《もの》出《い》で来《き》たりてより、怪力乱神《かいりきらんしん》を語《かた》らずとか、正法《しょうほう》に不思議《ふしぎ》なしとか、悟《さと》り顔《がお》に屁理屈《へりくつ》を振《ふ》りまわしてより、世人《せじん》の心《こころ》は漸次無神論《ぜんじむしんろん》に傾《かたむ》き、神《しん》霊《れい》や霊界《れいかい》を無視《むし》し、宇宙《うちゅう》の真理《しんり》を得悟《さと》らざるに至《いた》り、至尊至貴《しそんしき》、万邦無比《ばんぽうむひ》の神国《しんこく》を知《し》らざるに立《た》ちいたったのである。また『玉鉾百首《たまほこひゃくしゅ》』に、

からたまのさかしら心《ごころ》うつりてぞ　世人《よびと》の心《こころ》悪《あ》しくなりぬる

しるべしと醜《しこ》の物知《ものし》りなかなかに　よこさの道《みち》に人《ひと》まどわすも

とよまれてあるのも実《じつ》に尤《もっと》もな次第《しだい》である。

○

さて舟人《ふなびと》の一生懸命《しょうけんめい》にこぐ舟《ふね》は、早《はや》くも博奕《ばくち》ケ岬《がさき》についた。教祖《きょうそ》の言《こと》あげせられたごとく、ここまで来《く》ると、雨《あめ》はにわかに晴《は》れ、風《かぜ》はなぎ波《なみ》は静《しず》まって、満天《まんてん》の星《ほし》の光《ひかり》は海《うみ》の底《そこ》深《ふか》く宿《やど》って、波紋銀色《はもんぎんしょく》を彩《いろ》どり、雲《くも》の上《うえ》も海《うみ》の底《そこ》も合《あ》わせ鏡《かがみ》のごとく、昔《むかし》の男《お》の子《こ》の、

棹《さを》はうがつ波《なみ》の上《うえ》の月《つき》を　波《なみ》はおそふ海《うみ》の中《なか》の舟《ふね》を

を思《おも》いうかべ、実《じつ》に壮快《そうかい》の気分《きぶん》に打《う》たれた。

影《かげ》見《み》れば浪《なみ》のそこなる久方《ひさかた》の　空《そら》こぎわたる我《われ》ぞわびしき

という紀貫之《きのつらゆき》（注一二）の歌《うた》まで思《おも》い出《だ》され、一《ひと》しほ感興深《かんきょうふか》く進《すす》むおりしも、ボーッと海《うみ》のあなたに黒《くろ》い影《かげ》が月《つき》を遮《さえぎ》った。舟人《ふなびと》は、

「あゝ冠島《おしま》さまが見《み》えました」

と叫《さけ》んだ時《とき》の一同《どう》の嬉《うれ》しさは、沖《おき》の鴎《かもめ》のそれならで、飛立《とびた》つばかり、竜神《りゅうじん》が天《てん》に昇《のぼ》るの時《とき》を得《え》たる喜《よろこ》びもかくやあらんと思《おも》われ、得《え》も言《い》われぬ爽快《そうかい》の念《ねん》にうたれた。

しばらくあって、東《ひがし》の空《そら》は燦然《さんぜん》として茜《あかね》さし、若狭《わかさ》の山《やま》の上《うえ》より黄金《こがね》の玉《たま》をかかげたるごとく、天津日《あまつひ》の神《かみ》は豊栄昇《とよさかのぼ》りに輝《かがや》きたまい、早《はや》くも冠島《おしま》は手《て》に取《と》るばかり、目《め》の前《まえ》に塞《ふさ》がり、囀《さえず》る百鳥《ももどり》の声《こえ》は、百千万《ひやくせんまん》の楽隊《がくたい》の一斉《せい》に楽《がく》を奏《そう》したるかと疑《うたが》わるるばかりであった。

毎年６月１日に冠島島内で近隣の漁師により営まれる神事　（京都新聞より）

かの昔語《むかしがたり》にとくところの浦島子《うらしまし》が亀《かめ》に乗《の》って、竜宮《りゆうぐう》に往《ゆ》き、乙姫様《おとひめさま》(注一三)に玉手箱《たまてばこ》を授《さづ》かって持《も》ち帰《かえ》ったと伝《つた》うる竜宮島《りゆうぐうじま》も、安部《あべ》の童子丸《どうしまる》がいろいろの神宝《しんぽう》や妙《みよう》術《じゆつ》を授《さづ》けられたという竜宮島《りゆうぐうじま》も、また『古事記《こじき》』などに記載《きさい》せられたる**彦火々出見命《ひこほほでみのみこと》が塩土《しほつち》の翁《おきな》に教《おし》えられて、海《うみ》に落《お》ちたる釣針《つりばり》を捜《さが》し出《だ》さんと渡《わた》りましたる海神《わだつみ》の宮《みや》**も、みなこの冠島《おしま》なりといい伝《つた》うるだけあって、どこともなく、神仙《しんせん》の境《きよう》に進《すす》み入《い》ったる思《おも》いが浮《う》かんできた。

正像末和讃《しょうぞうまつわさん》にも

末法五濁《まっぽうごじょく》の有情《うじょう》の行証叶《ぎょうしょうかな》わぬ時《とき》なれば、釈迦《しゃか》の遺法《ゆいほう》悉《ことごと》く竜宮《りゅうぐう》に入《い》り玉《たま》いにき。

正像末《しょうぞうまつ》の三時《じ》には弥陀《みだ》の本願広《ほんがんひろ》まれり、澆季末法《ぎょうきまっぽう》のこの世《よ》には諸善竜宮《しょぜんりゅうぐう》に入《い》り玉《たま》う。

とあるをみれば、仏教家《ぶっきょうか》もまた非常《ひじょう》に竜宮《りゅうぐう》を有難《ありがた》がっているらしい、かかる目出《めで》たき蓬萊《ほうらい》(注一四)島《じま》へ恙《つつが》なく舟《ふね》は着《つ》いた。

○

翠樹鬱蒼《すいじゅうつそう》たる華表《とりい》の傍《かたわら》、老松特《ろうしょうとく》に秀《ひい》でて雲梯《うんてい》のごとく、幹《みき》のまわり三丈《じょう》にも余《あま》る名木《めいぼく》の桑《くわ》の木《き》は、冠島山《おしまやま》の頂《いただき》に立《た》ちそびえ、幾《いく》十万《まん》の諸鳥《もろとり》の声《こえ》は、教祖《きょうそ》の一行《こう》を歓迎《かんげい》するがごとくに思《おも》われた。実《じつ》に竜宮《りゅうぐう》の名《な》に負《お》う山海明媚《さんかいめいび》、風光絶佳《ふうこうぜっか》の勝地《しょうち》である。

教祖《きょうそ》は上陸早々《じょうりくそうそう》、波打際《なみうちぎわ》に禊《みそぎ》された。一同《どう》もこれに倣《なろ》うて禊《みそぎ》をなし、神威赫々《しんいかくかく》たる老人《おいと》島神社《じまじんじゃ》の神前《しんぜん》に静《しず》かに進《すす》みて、蹲踞敬拝《そんきょけいはい》し、綾部《あやべ》より調理《ちょうり》し来《き》たれる、山《やま》の物《もの》、川《かわ》の魚《うお》まし物《もの》くさぐさを献《たてまつ》り、治国平天下安民《ちこくへいてんかあんみん》の祈願《きがん》をこらす、祝詞《のりと》の声《こえ》は九天《きゅうてん》に達《たっ》し、拍手《はくしゅ》の声《こえ》は六合《りくごう》を清《きよ》むる思《おも》いがあった。これにて先《ま》ず冠島詣《おしまもう》での目的《もくてき》は達《たっ》し、帰路《きろ》は波《なみ》もしずかに、九日《か》の夕方《ゆうがた》、舞鶴港《まいづるこう》の大丹生屋《おおにゅうや》に立帰《たちかえ》り、翌《よく》十日《か》またもや徒歩《とほ》にて、数多《あまた》の信者《しんじゃ》に迎《むか》えられ、目出たく綾部本宮《あやべほんぐう》に帰《かえ》ることを得《え》たのである。あゝ惟神霊幸倍坐世《かむながらたまちはへませ》。

（『霊界物語』第三八巻　第一三章「冠島」大正一一・一〇・一七　旧八・二七）

（注一）**喜楽**　出口王仁三郎青年期（上田喜三郎）の別称。

（注二）**冠島**　舞鶴沖約二〇海里の沖合いに浮ぶ無人島、雄島・男島・大島、また竜宮島ともいわれる。東西約四一〇メートル、南北約一三〇〇メートル、標高一六九メートル、面積は二二万三千平方メートル。『丹後風土記』によると、「凡海《おおしあま》の郷《さと》　大宝元年（701）三月己亥《つちのとい》に地震が三日間続いた。この郷が一夜にして青い海となった。ようやく僅かに郷の高い山、二峰と立神岩のみが海上に残った。今それを、常世の島と呼んでいる。また俗に、男島・女島と称している。島に祠（老人島神社）がある。祭っているのは、火明の神（天火明命・饒速日命）と目子郎女《めこいらつめ》（血筋の女）の神である。これは海部直《あまべのあたい》と凡海連《おおしあまのむらじ》らが斎く祖神である」と記される。（『出雲と大和のあけぼの』＝丹後風土記の世界＝斎木雲州著、大元出版）。宮津市大垣の籠《かご》神社の奥の院とされ、斎主家・海部家には、天皇家よりも古い天火明命から始まる系図が今に伝えられる。沓島は、冠島の北二・二キロにある。冠島より小さく九七〇〇平方メートル、ウミネコの繁殖地。周囲は断崖で船着き場がほとんどない。冠島と沓島の間の「中津神岩」通称「トドグリ」と呼ばれる岩礁がある。水深八メートルの海底に高さ二メートル、幅六十センチの人が歩けるような階段状の岩が存在し「海底遺跡ではないか」との話もあるが、土器などの遺物は見つかっていない。大本では、竜神の修業の場所とされ、開祖一行が参拝された旧七月八日（現在新7月8日頃）、冠島・沓島の祭典とカボチャ流しの神事が行われる。

（注三）**司馬相丞**　中国前漢（前200年頃）の文学者。字《あざ》は長卿の漢代の賦文学の集大成者。

（注四）**膠州湾**　中国東部、山東半島南岸の湾。第一次大戦時は日本が占領。チャオチョウ湾。

（注五）**旅順**　中国、遼寧省《りょうねいしょう》の遼東半島南西端にある軍港。現在は大連市の一部。日清・日露戦争で日本が占領。第二次大戦後はソ連の管理を経て、中国海軍の基地となる。リィシュン。

（注六）**大連**　中国遼寧省、遼東半島南部の黄海に臨む港湾都市で、重工業都市。一九世紀末ロシアが租借し、日露戦争後は租借権が日本へ移り、大陸進出への拠点となった。第二次大戦後中国に復帰。ターリエン。

（注七）**威海衛**　山東半島北岸。渤海《ぼっかい》に臨む港湾。軍事都市。山東省北東部の商業の中心。天然の良港で、清朝末期の北洋艦隊の基地。一八九八～一九三〇年、イギリスが租借。

（注八）**広州湾**　中国、広東省南部、雷州半島東側の湾。南側は雷湾ともよばれる。コワンチョウ湾。

（注九）**義和団（事件）**　清代の白蓮《びゃくれん》教系の秘密結社。義和拳教徒が組織した自衛団。日清戦争後（1899）、キリスト教および列国の中国侵略に反抗、山東省で蜂起。翌年北京に入城し各国公使館区域を包囲したため、日・英・米・露・独・仏・伊・墺の八ヶ国は連合軍を組織してこれを鎮定（日本では北清事変と呼称）。清朝に巨額の賠償金を支払わせた。団匪《だんぴ》事件。

（注一〇）**本居宣長**　（1730～1801）江戸時代中期の国学者。伊勢松坂の人。号を鈴《すず》屋《のや》。賀茂真淵との出会いにより『古事記』研究に着手、三十余年を費やして『古事記伝』を完成。儒仏を廃し古道に帰るべきを説き、「もののあはれ」の文学評論を展開。日本国粋主義の基本となってゆく。

（注一一）**玉鉾百首**　天明二（1787）年刊。わが国の成立や惟神の道を百首の和歌で表わしたもの。

（注一二）**紀貫之**　平安前期の歌人・歌学者。三十六歌仙の一人。醍醐・朱雀天皇に仕え御書所預から土佐守、のち従四位下、木工権頭に至る。紀友則らと『古今集』を撰進。『貫之集』『古今集仮名序』『大堰川行幸和歌序』『土佐日記』『新撰和歌』などがある。

（注一三）**安部の童子丸**　平安中期に天文暦学と霊術を極めた陰陽家《おんみょうけ》安倍晴明（911～1005）の幼名。和泉国の阿倍野に住んでいた安倍保名（晴明の父）が安倍家の興隆を念じ信太《しのだ》明神に熱心に参詣の折、絶世の美女・葛《くず》の葉《は》という女性に出会い、契《ちぎ》りを結ぶ。この女性が白狐の化身で二人の間に男の子が生れ、童子丸と名付ける。成人してより朱雀、村上、冷泉、円融、花明山、一条の各天皇に仕える。と一般的には伝えられる。しかし、「葛の葉と名のる女は決して狐の変化ではないのであって、実は○○の娘なのである。差別思想の甚だしい時代の出来事なので、狐という事にしてしまったのである。」（『玉鏡』71頁）

（注一四）**蓬莱島**　中国の神仙思想で説かれる仙境の一つ。渤海湾に面した山東半島のはるか東方の海中にあり、不老不死の仙人が住むと伝えられる。大陸から見れば、日本列島は蓬莱島、竜宮島。結婚式の蓬莱台（島台）、松竹梅・鶴亀・尉と姥・白砂を飾る台はこれの雛形。

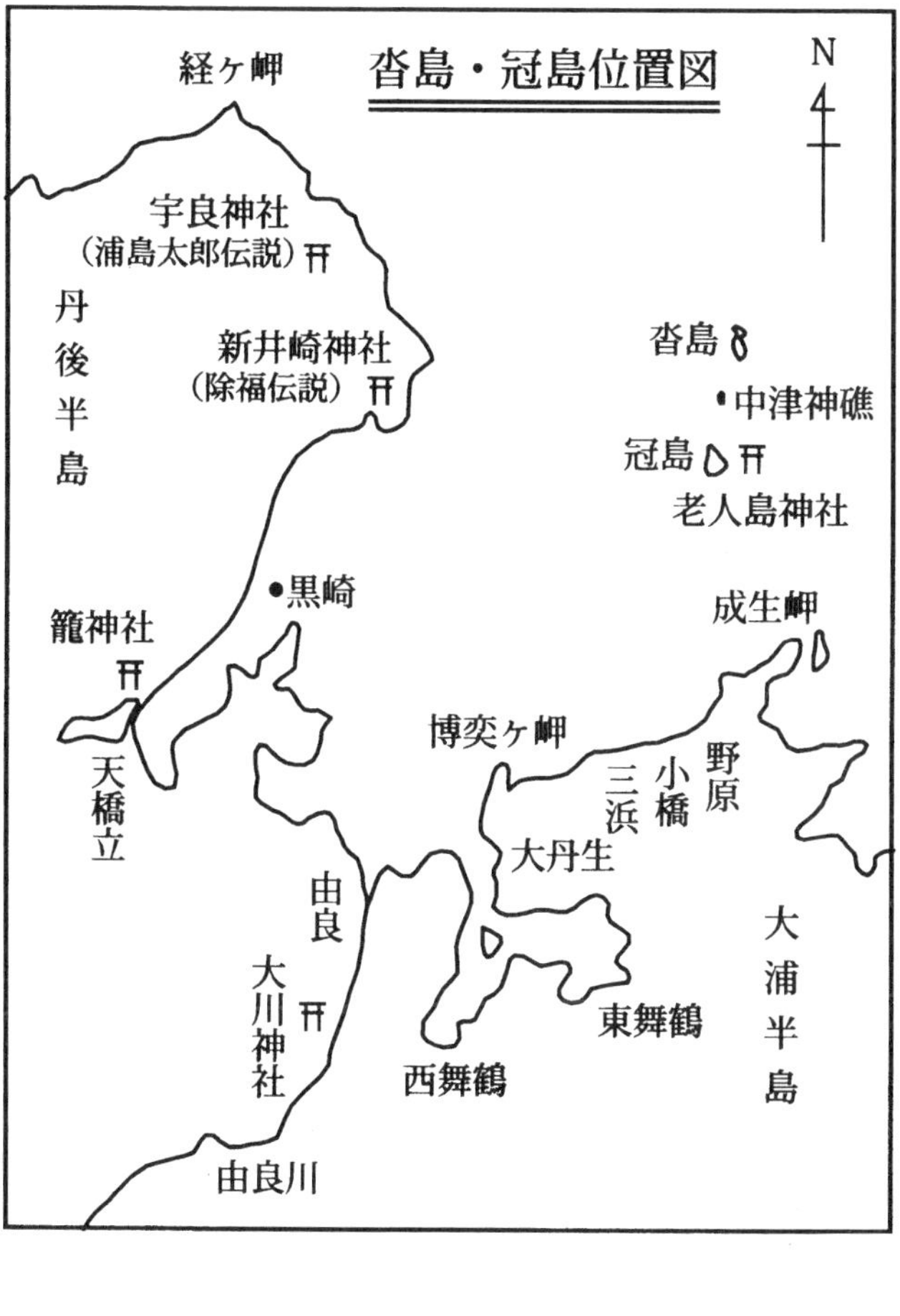
沓島・冠島位置図
N
経ヶ岬
宇良神社
（浦島太郎伝説）
丹後半島
新井崎神社
（除福伝説）
沓島
中津神礁
冠島
老人島神社
黒崎
籠神社
成生岬
天橋立
博奕ヶ岬
野原
小橋
三浜
大丹生
由良
大川神社
大浦半島
東舞鶴
西舞鶴
由良川

第二章　沓《め》島《しま》出修

丹後《たんご》の舞鶴《まいづる》からも、若狭《わかさ》の小浜《おばま》からも、縞《しま》の財布《さいふ》が空《から》になるという宮津《みやづ》からも、ちょうど十里《り》あるという沖中《おきなか》の一つ島《じま》で、昔《むかし》から「男《おとこ》は一生《しょう》に必《かなら》ず一度《ど》は参《まぬ》れ、二度《ど》は参《まい》るな、女《おんな》は絶対《ぜったい》に禁制《きんせい》、万《まん》一女《おんな》が参拝《さんぱい》しようものなら、竜宮《りゅうぐう》の乙姫《おとひめ》さまの怒《いか》りに触《ふ》れて、海上《かいじょう》が荒《あ》れ出《だ》し、いろいろの妖怪《ようかい》が出《で》たり、大蛇《おろち》が沢山《たくさん》現《あら》われて女《おんな》を丸呑《まるの》みにする、そうして子孫《しそん》の代《だい》まで神罰《しんばつ》を蒙《こうむ》る」という古来《こらい》の伝説《でんせつ》と迷信《めいしん》とを打破《だは》して、教祖《きょうそ》の一行《こう》は、恙《つつが》なく明治《めいじ》三十三年旧《ねんきう》六月《がつ》八日冠島参拝《かおしまさんぱい》を遂《と》げ、今度更《こんどさら》に古来人跡《こらいじんせき》なき神聖《しんせい》なる沓島《めしま》へ渡《わた》って、天神《てんしん》地祇《ちぎ》を初《はじ》め奉《たてまつ》り、生神艮《いきがみうしとら》の鬼門大金神《きもんだいこんじん》を奉祀《ほうし》して、天下《てんか》の泰平《たいへい》や皇軍《こうぐん》の大勝利《だいしょうり》を祈願《きがん》せんと、陰暦《いんれき》七月《がつ》八日《か》ふたたび本宮《ほんぐう》を出立《しゅったつ》、一行《こう》九人《にん》は前回同様《ぜんかいどうよう》、大丹生屋《おおにゅうや》で船《ふね》を雇《やと》い、穏《おだ》やかな海面《かいめん》を辷《すべ》りながら沓島《めしま》に向《むか》って漕《こ》ぎ出《だ》した。

○

埠頭《ふとう》の万灯《まんとう》は海水《かいすい》に映《えい》じて、その色赤《いろあか》く麗《うるは》しく、港門《みなと》の潮水《しおみず》は緑色《みどりいろ》をなし、海湾浪静《かいわんなみしず》かにして磨《みが》ける鏡《かがみ》のごとく、百鳥群《ももどりむら》がり飛《と》んで磯端静《いそばたしず》かに、青松浜頭《せいしょうひんとう》に列《つら》なり、梢《こずえ》を垂《た》れ、得《え》も言《い》われぬ月夜《つきよ》の景色《けしき》を眺《なが》めつつ、午後《ごご》八時半《じはん》二隻《せき》の小舟《こぶね》に乗《の》り、舟人《ふなびと》は前回《ぜんかい》のごとく橋本六蔵《はしもとろくぞう》、田中岩吉《たなかいわきち》の二名《めい》これに当《あた》り、声《こえ》も涼《すず》しく船唄《ふなうた》を唄《うた》いながら悠々《ゆうゆう》として漕《こ》ぎ出《だ》した。

満天梨地色《まんてんなしじいろ》に星輝《ほしかがや》き、波至《なみいた》って平穏《へいおん》に、あたかも海面《かいめん》は油《あぶら》を流《なが》したごとく、星《ほし》が映《うつ》ってキラキラと光《ひか》っている。海月《くらげ》が浮《う》いて行《ゆ》くのまでが判然《はんぜん》と見《み》える。銀砂《ぎんしゃ》を敷《し》いた上《うえ》におるような心持《こころもち》がして、きわめて安全《あんぜん》な航海《こうかい》である。博奕ケ岬《ばくちがさき》まで行《い》った頃《ころ》は、八日《か》の半絃《はんげん》の月《つき》は海《うみ》のかなたに西渡《かたむ》き、経ケ岬《きょうがみさき》の灯台《とうだい》は明々滅々浪《めいめいめつめつなみ》のまにまに漂《ただよ》うて見《み》える。頭《あたま》の上《うえ》にも足《あし》の下《した》にも、銀河《ぎんが》が横《よこ》たわって、その真中《まんなか》を敏鎌《とがま》のように冴《さ》えた月《つき》が静《しず》かに流《なが》れて、海《うみ》の果《は》てで合《がっ》するかと疑《うたが》われるばかりであった。舟人《ふなびと》の話《はなし》によれば、

「ここ三年《ねん》や五年《ねん》に、今夜《こんや》くらい静穏《せいおん》な海上《かいじょう》はない。おおかた、冠島《おしま》沓島《めしま》の神様《かみさま》の御守《ごしゅ》

護《ご》でありましょう。ほんに有《あ》り難《がた》い、勿体《もったい》ない」

と喜《よろこ》び勇《いさ》みながら、赤《あか》い褌《ふんどし》を締《し》め真裸《まっぱだか》となって、節面白《ふしおもしろ》く船唄《ふなうた》を唄《うた》い出《だ》した。

万波洋々《ばんぱようよう》たる海《うみ》の彼方《かなた》には、幾百《いくひやく》の漁火《いさりび》が波上《はじょう》に浮《う》かみ、甲艇乙舸《こうていおつか》競《きそ》うて海魚《かいぎょ》を漁《すなど》りする壮丁《そうてい》の声《こえ》は、波《なみ》の音《おと》を掠《かす》めて高《たか》く聞《きこ》えて来《く》る。この漁火《いさりび》を打《う》ち見《み》やれば、あたかも海上《かいじょう》のイルミネーシヨンを見《み》るようである。舟《ふね》は容赦《ようしゃ》なく東北《とうほく》さして漕《こ》ぎ出《だ》された。二三の釣《つり》舟《ぶね》が二三丁《ちょう》ばかり傍《かたわら》に通《とお》りかかるのを、二人《り》の船頭《せんどう》は大声《おおこえ》で呼《よ》びとめる。船頭同志《せんどうどうし》は互《たが》いに分《わ》け隔《へだ》てなき間柄《あいだがら》とて、きわめて乱雑《らんざつ》な挨拶《あいさつ》ぶり、はじめて聞《き》いたものは喧嘩《けんか》ではないかと疑《うたが》うばかりである。この釣舟《つりぶね》で一尺《しやく》二三寸《ずん》ばかりの鯖《さば》を二十尾《び》ばかり買《か》い求《もと》めて、冠島《おしま》、沓島《めしま》への供《そな》え物《もの》とした。東《ひがし》の空《そら》はソロソロと明《あか》くなり出《だ》した。舟人《ふなびと》は褌《まわし》一つになって、汗《あせ》をタラタラ流《なが》しつつ力《ちから》のきわみ、根《こん》かぎり漕《こ》ぎつける。午前《ごぜん》八時半《じはん》、無事《ぶじ》に冠島《おしま》の磯際《いそぎわ》についた。

「まあ一安心《ひとあんしん》だ」と上陸《じょうりく》し、神前《しんぜん》に向《むか》って教祖《きょうそ》以下《いか》八人《にん》は、天津祝詞《あまつのりと》（注二）を奏上《そうじょう》しおわって、木下慶太郎《きのしたけいたろう》、福林安之助《ふくばやしやすのすけ》、四方祐助《しかたゆうすけ》、中村竹蔵《なかむらたけぞう》の四名《めい》を冠島《おしま》に残《のこ》しおき、神社境内《じんじやけいだい》の掃除《そうじ》を命《めい》じおき、帰途《かえりみち》に改《あらた》めて参拝《さんぱい》することとし、教祖《きようそ》を始《はじ》め出口海潮《でぐちかいちよう》、出口澄子《でぐちすみこ》、四方平蔵《しかたへいぞう》、福島寅之助《ふくしまとらのすけ》の五人《にん》は、ただちに沓島《めしま》に向《むか》って出発《しゆつぱつ》する。福島寅之助《ふくしまとらのすけ》は冠島《おしま》から沓島《めしま》へ行《ゆ》く間《あいだ》の巨浪《きよろう》に肝《きも》を潰《つぶ》し、舟底《ふなぞこ》に喰《くら》いつき、時々発動気味《ときどきはつどうぎみ》になって唸《うな》っている。それきり同人《どうにん》はコリコリしたと見《み》え、沓島《めしま》へは再《ふた》び参《まい》らないといっていた。

○

さて冠島《おしま》に残《のこ》された連中《れんちゆう》が、一尺以上《しやくいじやう》も堆高《うづたか》く積《つも》っている庭《にわ》一面《めん》の鳥糞《ちようふん》を掻《か》き浚《さら》え、お庭《にわ》を清《きよ》める、枯木《かれき》や朽葉《くちば》を集《あつ》めて社《やしろ》の傍《かたわら》の林《はやし》の中《なか》に掃《は》き寄《よ》せるなど、大活動《だいかつどう》をやっていた。たちまち中村竹蔵《なかむらたけぞう》が激烈《げきれつ》な腹痛《ふくつう》を起《お》こし七顛八倒《しちてんばつとう》する。全《まつた》く神罰《しんばつ》が当《あた》つたのだと一同《どう》は恐《おそ》れ入《い》って謝罪《しやざい》をなし、塵芥《ちりあくた》を一層遠《そうとお》き林《はやし》の中《なか》へ持《も》ち運《はこ》んだ。神明聴許遊《しんめいちようきよあそ》ばしたか、にわかに痛《いた》みも止《と》まつたので頑固《がんこ》一辺《ぺん》の中村《なかむら》も、その神徳《しんとく》に感激《かんげき》したようであった。

○

教祖《きょうそ》の一行《こう》はようやくにして沓島《めしま》に漕《こ》ぎついた。さすがに昔《むかし》から人《ひと》の恐《おそ》れて近《ちか》づき得《え》ない神島《かみしま》だけありて、冠島《おしま》とは大変《たいへん》に趣《おもむき》が違《ちが》っている。今日《きょう》は格別穏《かくべつおだや》かな海《うみ》だというに拘《かか》わらず、山《やま》のごときウネリがしきりに打《う》ち寄《よ》せてくる。鴎《かもめ》や信天翁《あほうどり》、鵜《う》などが岩《いわ》一面《めん》に胡《ご》麻《ま》を振《ふ》りかけたように止《と》まって、不思議《ふしぎ》そうに一行《こう》を見下《みお》ろしている。波《なみ》の上《うえ》には数万《すうまん》の海鳥《かいちょう》が浮《う》きつ沈《しず》みつ、悠々《ゆうゆう》と遊《あそ》んでいる。音《おと》に名高《なだか》き断岩絶壁《だんがんぜつぺき》、小舟《こぶね》を漕《こ》ぎ寄《よ》せる場所《ばしょ》が見《み》つからぬ。

ともかくもこの島《しま》を一周《しゅう》して、適当《てきとう》な上陸点《じょうりくてん》を探《さぐ》ろうと評定《ひょうじょう》していると、教祖《きょうそ》が是非《ぜひ》に釣鐘岩《つりがねいわ》へ舟《ふね》を着《つ》けよといわれる。

命《めい》のまにまに釣鐘岩《つりがねいわ》の直下《ちょつか》へ漕《こ》ぎつけて見《み》ると、あたかも人《ひと》の背中《せなか》のごとく険峻《けんしゅん》な断岩《だんがん》で、どうしても掻《か》きつくことが出来《でき》ない。ぐずぐずしていると、激浪《げきろう》のために舟《ふね》を岩《いわ》に衝突《しょうとつ》させ、破壊《はかい》してしまう虞《おそれ》があるから、瞬時《しゅんじ》も躊躇《ちゅうちょ》しておる場合《ばあい》でない。

海潮《かいちょう》は「地獄《じごく》の上《うえ》の一足飛《そくと》び」というような肝《きも》を放《ほ》り出《だ》して、腰《こし》に八尋縄《やひろなわ》を結《むす》びつけたままま、舟《ふね》が波《なみ》にうたれて岩《いわ》に近《ちか》づいた一刹那《せつな》を睨《ねら》いすまして、岩壁《がんぺき》目《め》がけて飛《と》びついた。幸《さいわ》いにも粗質《そしつ》な岩《いわ》で手足《てあし》が滑《すべ》らぬ、一丈《じょう》四五尺《しゃく》ほどの上《うえ》の方《ほう》に、少《すこ》しばかりの平面《へいめん》なところがある。そこから舟《ふね》を目《め》がけて縄《なわ》の片端《かたはし》を投《な》げ込《こ》めば、舟人《ふなびと》が手早《てばや》く拾《ひろ》うて舟《ふね》に結《むす》びつける。もはや大丈夫《だいじょうぶ》だと、岩上《がんじょう》からは上田《うえだ》の海潮《かいちょう》が一生懸命《しょうけんめい》に縄《なわ》を手繰《たぐ》り寄《よ》せる。下《した》からは真正《しんせい》の海潮《かいちょう》が、教祖《きょうそ》を乗《の》せた舟《ふね》を目《め》がけて押《お》し寄《よ》せ、来《く》るや来《く》るや母《も》曾《そ》呂《ろ》母《も》曾《そ》呂《ろ》に持《も》ち渡《わた》す。教祖《きょうそ》は手早《てばや》く縄《なわ》に縋《すが》りながら漸《ようや》く上陸《じょうりく》された。つづいて三人《にん》も登《のぼ》って来《き》た。

鬼門島とも呼ばれる「沓島」

綾部《あやべ》で組《く》み立《た》てて持《も》って来《き》た神祠《ほこら》をといて、柱《はしら》一本《ぽん》づつ舟人《ふなびと》が縄《なわ》で縛《しば》る、四方《しかた》と福島《ふくしま》がひきあげる。ようやく百尺《ひゃくしゃく》ばかりもある高所《こうしょ》の二畳敷《じょうじき》ほどの平面《へいめん》の岩《いわ》の上《うえ》を鎮祭所《ちんさいじょ》となし、一時間《じかん》あまりもかかって、ようやく神祠《ほこら》を建《た》て上《あ》げ、艮《うしとら》の**大金神《だいこんじん》国常立尊《くにとこたちのみこと》**、**竜宮《りゅうぐう》の乙姫《おとひめ》**、**豊玉姫神《とよたまひめのかみ》**、**玉依姫神《たまよりひめのかみ》**を始《はじ》め、天地八百万《てんちやおよろず》の神等《かみたち》を奉斎《ほうさい》し、山野河海《さんやかかい》の珍物《うましもの》を供《そな》へおわり、教祖《きようそ》は恭《うやうや》しく祠前《しぜん》に静座《せいざ》して、声音朗《せいおんほが》らかに天下泰平《てんかたいへい》、神軍大勝利《しんぐんだいしようり》の祈願《きがん》の祝詞《のりと》を奏上《そうじよう》される。

〇

話《はなし》はちよっと後前《あとさき》になったが、第一着《だいちやく》に、海潮《かいちよう》が遷座式《せんざしき》の祝詞《のりと》を恐《かしこ》み恐《かしこ》み白《まお》し上《あ》げ、最《さい》後《ご》に一同《どうう》打《そろ》ち揃うて大祓《おおはらい》の祝詞《のりと》を奏上《そうじよう》した。島《しま》の群鳥《むらどり》は祝詞《のりと》を拝聴《はいちよう》するもののごとくである。何分北《なにぶんきた》は露西亜《ロシア》の浦塩斯徳港《ウラジオストツクこう》までつっ放《ぱな》しの島《しま》であるから、日本海《にほんかい》の激浪怒濤《げきろうどとう》はみなこの沓島《めしま》の釣鐘岩《つりがねいわ》に打《ぶ》つかるので一面《めん》に洗《あら》い去《さ》られて、この方面《ほうめん》は岩《いわ》ばかりで土《つち》の気《け》は見《み》たいと思《おも》うても見当《みあた》らなかった。

沖《おき》の方《ほう》から時々寄《ときどきよ》せ来《く》る山《やま》のように大《おお》きな浪《なみ》が、この釣鐘岩《つりがねいわ》に衝突《しようとつ》して、百雷《ひやくらい》の一時《じ》に鳴《な》り響《ひび》くように、ゴンゴン　ドドンドドンと烈《はげ》しき音《おと》が耳《みみ》を刺戟《しげき》する。舟人《ふなびと》は今日《きよう》は数年《すうねん》来《らい》に見《み》た事《こと》のない穏《おだ》やかの波《なみ》だといった浪《なみ》でさえも、これくらいの音《おと》がするのだもの、海《うみ》の荒《あ》れた日《ひ》にはどんなに烈《はげ》しかろうと思《おも》えば、凄《すご》いような心持《こころもち》がして来《き》た。

○

船人《ふなびと》の語《かた》るところによれば、この釣鐘岩《つりがねいわ》には、文禄年間《ぶんろくねんかん》に三種四郎左衛門《みくさしろうざえもん》という男《おとこ》、数《すう》百人《ひやくにん》の部下《ぶか》を引率《ひきつ》れ、冠島《おしま》を策源地《さくげんち》として陣屋《じんや》を構《かま》え、時《とき》の天下《てんか》を横領《おうりよう》せんと軍資金《ぐんしきん》を集《あつ》むるために、海上往来《かいじようおうらい》の船舶《せんぱく》を掠《かす》め海賊《かいぞく》を稼《かせ》いで、この岩《いわ》の頂上《ちようじよう》に半鐘《はんしよう》を釣《つ》り、斥候《せきこう》の合図《あいず》をし、冠島《おしま》との連絡《れんらく》をとっていたので、被害者《ひがいしや》は数《かぞ》うるに暇《ひま》なきまで続出《ぞくしゆつ》したので、武勇《ぶゆう》の誉《ほまれ》高《たか》き豪傑《ごうけつ》、岩見重太郎《いわみじゆうたろう》がこれを聞《き》いて捨《す》ておけぬと、計略《けいりやく》をもって呉服屋《ごふくや》に化《ば》け、

「国祖御神像」

一人《り》一人《り》舞鶴《まいづる》へ引《ひ》き寄《よ》せ、牢獄《ろうごく》に打《う》ち込《こ》み、悉皆退治《しつかいたいじ》したと伝《つた》うる有名《ゆうめい》な島《しま》で、その後《ご》は釣鐘島《つりがねしま》、鬼門島《きもんじま》と称《しょう》し、誰《たれ》もこの沓島《めしま》へは来《き》たものはないといっていた。

しかるに今回初《こんかいはじ》めて教祖《きょうそ》が世界万民《せかいばんみん》のために、百難《ひゃくなん》を排《はい》して渡《わた》り来《こ》られ、神々様《かみがみさま》を奉祀《ほうし》し、天下無事《てんかぶじ》の祈祷《きとう》をされたのは、実《じつ》に前代未聞《ぜんだいみもん》の壮挙《そうきょ》であるというので、東京《とうきょう》の富士新《ふじしん》聞《ぶん》や、福知山《ふくちやま》の三丹新聞《さんたんしんぶん》を始《はじ》めその他《た》の諸新聞《しょしんぶん》に連載《れんさい》されたことがある。

○

さてこの島《しま》を一周《ひとめぐ》りして、奇岩絶壁《きがんぜつぺき》を嘆賞《たんしょう》しつつ冠島《おしま》へ再《ふた》び舟《ふね》を漕《こ》ぎ寄《よ》せ、一行《こう》九人《にん》打《う》ち揃《そろ》うて神前《しんぜん》に拝礼《はいれい》し、供物《くぶつ》を献《けん》じ終《お》わってまたこの冠島《おしま》も一周《しゅう》することとなった。周囲《しゅうい》四十有余丁《ゆうよちょう》あり、世界《せかい》のあらゆる草木《そうもく》の種子《たね》は、みなこの島《しま》に集《あつ》まってあるといわれてある。

昔《むかし》は陸稲《おかぼ》も自然《しぜん》に出来《でき》ていたのを、大浦村《おおうらむら》の百姓《ひゃくしょう》が肥料《こやし》を施《ほどこ》して汚《けが》したので、その後《ご》は稲《いね》は一株《かぶ》も出来《でき》なくなり、雑草《ざっそう》が密生《みっせい》するようになったのだと、二人《り》が話《はな》しつつ覗《のぞ》き岩《いわ》まで漕《こ》ぎつけて見《み》れば、数十丈《すうじょう》の岩石《がんせき》に自然《しぜん》の隧道《トンネル》が穿《うが》たれてある。屏風《びょうぶ》を立《た》てたような岩《いわ》や書籍《しよせき》を積《つ》み重《かさ》ねたような岩立《いわた》ち並《なら》び、竜飛《りゆうと》び虎馳《とらはし》るごとき不思議《ふしぎ》の岩《いわ》が海中《かいちゆう》に立《た》っている。

少《すこ》しく舟《ふね》を西北《せいほく》へ進《すす》めると、一望《ぼう》肝《きも》を消《け》すの断巌《だんがん》、一瞻《いつせん》胸《むね》を轟《とどろ》かすの碧潮《へきちよう》に鯛魚《たいぎよ》の群《むれ》をなして縦《たて》に泳《およ》ぎ、緯《よこ》に潜《ひそ》み、翠紅《すいこう》、色《いろ》こもごも乱《みだ》れてあたかも錦綾《きんりよう》のごとく、感賞久《かんしようひさ》しゅうして帰《かえ》ることを忘《わす》れるに至《いた》る。ここに暫《しばら》く遊《あそ》んでいると、十年《ねん》も寿命《じゆみよう》がのびるようである。世《よ》の俗塵《ぞくじん》一切《さい》を払拭《ふつしよく》し去《さ》ったような観念《かんねん》が胸《むね》に湧《わ》いてくる。とにかく男女《だんじよ》を問《と》わず信《しん》徒《と》たるものは、一度《ど》は是非参詣《ぜひさんけい》すべきところである。

九日《か》の夕方《ゆうがた》、恙《つつが》なく舞鶴《まいづる》へ帰着《きちやく》し、翌《よく》十日《か》舞鶴京口町《まいづるきようぐちまち》で一行《こう》記念《きねん》の撮影《さつえい》をなし、目出《めで》たく本宮《ほんぐう》へ帰《かえ》る事《こと》となった。

（『霊界物語』第三八巻　第一四章「沓島」　大正一一・一〇・一七　旧八・二七）

―（注一）**天津祝詞と神言**　天津祝詞は岩戸開きの折、天之児屋根命が岩戸の前で奏上せ―

られたのが嚆矢《こうし》である。神言は神武天皇の時代、天之登美命が作られたもので、兒屋根命以来、この時代まで全然なかったのである。天津祝詞も神言も共に神世言葉で出来て居って、それを今のような言葉や、文字に翻訳したのは聖武天皇の時代、常盤《ときは》の大連《おおむらじ》がやったのである。（『水鏡』「天津祝詞と神言」58頁）

◆『霊界物語』には大本・日本・世界の三段の雛型がある。

国祖・国常立尊（艮の金神）は、陸の竜宮に神都を定め、細部にわたる厳しき規則のもとに神政を行っていた。その厳しさに神々より艮の方向にある冠島、沓島に三千年（＝神界の年数か）押し込められていた。一方妻神なる坤の金神（天地創造神・天のみろくの大神）は、高砂沖の神島に隠退していた。

明治二十五年（1892）旧正月、出口なお開祖に艮《うしとら》の金神（国祖・国常立尊）が間接内流により帰神され、三千世界の立替え立直しを宣言されると、綾部本宮の産土《うぶすな》・熊野神社にその由を披露される。産土神・速玉男命（＝日速玉之男神。比良坂でイザナミ命から生まれた神。『先代旧事本紀・訓註』）、事解男命《ことさきおのみこと》（＝天火明命・ニギハヤヒ命）は日本全国の神々様にその由を伝達されると、第一番に現れたのが竜宮の乙姫で、国祖神に奉仕することになる。『大本神諭』に大本綾部の聖地を「竜門」「竜宮館《やかた》」「陸《あげ》の竜宮」と示され、竜宮の乙姫が住む海底を海の竜宮と唱える。

出口王仁三郎聖師が大正三年、綾の聖地・神苑内に金竜池と名づけて世界の五大洲と海洋の縮図を造りあげる。先の冠島と沓島の間、中津神岩が海の竜宮の入口とされ、竜宮の乙姫の神霊が陸の竜宮「金竜池」へ移られると、池を「金竜海」と命名される。乙姫の眷属竜神たちもここに鎮まり、綾部の「金竜海」は竜神のために池水は濁り、澄むことがないといわれる。

◆この沓島出修では、竜宮の乙姫、豊玉姫、玉依姫が三柱別々の神となって祭祀されているように見える。竜宮の乙姫は、海神《わだつみ》の神から生まれた豊玉姫を潮満の珠（厳の御魂）、玉依姫を潮干の珠（瑞の御魂）といい、これを麻邇の珠と奉称する。この麻邇の珠は、世を治める政治・経済・宗教等にとって最も留意すべき天・火・水・地を結ばれる、有形であって無形、無形であって有形の大切な宝珠です。海洋・海底資源は、主神の玉留魂《たまつめむすび》・足魂《たるむすび》・生魂《いくむすび》により生れたもので伊邪那美命より迦具土神・火の文明が生れるとそこに黄泉神・八種の雷神が群がってゆく。………。

○皇道《くわうだう》の思想《しさう》に反《はん》する米英《べいえい》の物質主義《ぶつしつしゆぎ》をば盤古《ばんこ》といふなり

○本来《ほんらい》の日本固有《にほんこいう》の精神《せいしん》になるを昔《むかし》に返《かへ》すと言《い》ふなり

○厳瑞《げんづい》の二霊《れい》地上《ちじやう》に顕現《けんげん》して世《よ》の立直《たてなほ》し立替《たてかへ》を為《な》す

○霊界《れいかい》の世《よ》の立直《たてなほ》し立替《たてかへ》を現界《げんかい》なりと強《し》ゆる曲津見《まがつみ》

○霊界《れいかい》の立替《たてかへ》済《す》めば現界《げんかい》は自然《しぜん》に一切《さい》立替《たてかわ》るなり

○月《つき》の座《ざ》の教《おしへ》は政治的《せいじてき》ならず精神改造《せいしんかいぞう》の諭《さと》しなりけり

○個人的《こじんてき》弥勒神政成就《みろくしんせいじやうじゆ》あり世界的《せかいてき》にも神政成就《しんせいじやうじゆ》あるなり

（『朝嵐』）

第三編　龍宮の神秘

第一章　国祖神政時代の陸の龍宮

まだ地上に国という区画が現れていない時代、国祖・国常立尊は、天の大神の命により大地の修理固成に天降りになり、八王八頭を任じて神政を行っていた。しかし、盤古大神・大自在天の体主霊従、力主体従の行動に対して内面外面的規則を造り、数百年はよく治まっていた。だが年所を経るに次第に世の中が乱れ、国祖はついに艮の方向にある冠島・沓島（世界的には艮の国・日本）に隠退され、やがて国祖に代わって盤古大神が権力をにぎり神政をはじめる。

（注一）地《ち》の高天原《たかあまはら》は、（注二）**盤古大神塩長彦系**《ばんこだいじんしほながひこけい》と（注三）**大自在天大国彦系**《だいじざいてんおほくにひこけい》の反抗的活動《はんこうてきかつどう》によって、一旦《たん》は滅《め》茶々《ちゃめちゃ》に根底《こんてい》から覆《くつが》えされんとした。故《ゆえ》にその実状《じつじょう》を述《の》べるに先《さ》きだち、地《ち》の高天原《たかあまはら》の状《じょう》況《きょう》を概略《あらまし》述《の》べておく必要《ひつよう》がある。

○

自分《じぶん》の霊魂《みたま》は今《いま》まで須弥仙山《しゅみせんざん》(注四)の上《うえ》に導《みちび》かれて、総《すべ》て……を目撃《もくげき》していたが、天《てん》の一方《ぽう》より瀏喨《りゅうりょう》たる音楽聞《おんがくきこ》えて、自分《じぶん》の霊体《れいたい》は得《え》もいわれぬ鮮麗《せんれい》な瑞雲《ずいうん》に包《つつ》まれた。その刹那《せつな》、場《ば》面《めん》は一転《てん》して元《もと》の神界旅行《しんかいりょこう》の姿《すがた》に立返《たちかえ》っていた。

或《ある》いは細《ほそ》く、或《ある》いは広《ひろ》き瓢箪《ひょうたん》なりの道路《みち》を進《すす》んで行《ゆ》くと、そこには大《おお》きな河《かわ》が流《なが》れている。これは神界《しんかい》の大河《おおかわ》でヨルダン河《がわ》(注五)ともいい、又《また》これをイスラエルの河《かわ》ともいい、また五十《い》鈴《す》川《ずがわ》ともいうのである。そうしてそこには非常《ひじょう》に大《おお》きな反橋《そりばし》が架《か》っている。

この橋《はし》は、全部黄金造《ぜんぶこがねつく》りで丁度住吉神社《ちょうどすみよしじんじゃ》の反橋《そりばし》のように、勾配《こうばい》の急《きゅう》な、長《なが》い大《おお》きな橋《はし》であった。神界旅行《しんかいりょこう》の旅人《たびびと》は、総《すべ》てこの橋《はし》の袂《たもと》へ来《き》て、その荘厳《そうごん》にして美麗《びれい》なのと、勾配《こうばい》の急《きゅう》なのとに肝《きも》を潰《つぶ》してしまい、或《ある》いは昇《のぼ》りかけては橋《はし》から滑《すべ》り落《お》ちて河《かわ》に陥込《はまりこ》むものもある。また一面《めん》には金色燦爛《きんしょくさんらん》としているから、おのおの自分《じぶん》の身魂《みたま》が映《うつ》って本性《ほんしょう》を現《あら》わすようになっている。それで中《なか》には非常《ひじょう》な猛悪《もうあく》な悪魔《あくま》が現《あら》われて来《き》ても渡《わた》られないので、その橋《はし》を通《とお》らずに、橋《はし》の下《した》の深《ふか》い流《なが》れを泳《およ》いで彼岸《むこうぎし》に着《つ》く悪神《あくがみ》も沢山《たくさん》ある。それは千人《せんにん》に一人《り》くらいの比例《ひれい》であって、神界《しんかい》ではこの橋《はし》のことを黄金《こがね》の大橋《おおはし》と名《な》づけられてある。

自分《じぶん》はこの大橋《おおはし》を足《あし》の裏《うら》がくすぐったいような、眩《まぶ》しいような心持《こころもち》でだんだんと彼岸《むこうぎし》へ渡《わた》った。少《すこ》し油断《ゆだん》をすると上《のぼ》りには滑《すべ》り、下《くだ》りになれば仰向《あおむ》けに転倒《てんとう》するようなことが幾《いく》度《ど》もある。要《よう》するにこの黄金《こがね》の大橋《おおはし》は、十二の太鼓橋《たいこばし》が繋《つな》がっているようなもので、欄干《らんかん》が無《な》いから、橋《はし》を渡《わた》るには一切《さい》の荷物《にもつ》を捨《す》てて跣足《はだし》となり、足《あし》の裏《うら》を平《ひら》たく喰付《くつつ》けて歩《ある》かねばならぬ。

○

そうしてこの橋《はし》を渡《わた》ると直《すぐ》に、自分《じぶん》はエルサレムの聖地《せいち》に着《つ》いた。この聖地《せいち》には黄金《こがね》とか、瑪瑙《めのう》とかいう七宝《しっぽう》の珠玉《しゅぎょく》をもって雄大《ゆうだい》な、とても形容《けいよう》のできない大神《おおかみ》の宮殿《きゅうでん》が造《つく》られてある。

そうしてこの宮《みや》はエルサレムの宮《みや》ともいえば、また珍《うづ》の宮《みや》とも称《とな》えられている。ウというのはヴエルの返《かえ》し、サレムの返《かえ》しがスであるから、珍《めずら》しい宮《みや》という言霊《ことたま》の意義《いぎ》である。そ

綾部の大本「金龍海」『大本写真大観』より

うしてこの宮《みや》の建《た》っている所《ところ》は、蓮華台上《れんげだいじょう》（注六）である。この台上《だいじょう》に上《のぼ》って見《み》ると、四方《ほう》はあたかも屏風《びょうぶ》を立《た》てたような青山《せいざん》を廻《めぐ》らし、その麓《ふもと》にはヨルダン河《がわ》が、布《ぬの》をさらしたように長《なが》く流《なが》れている。また一方《ぽう》には金色《こんじき》の波《なみ》を漂《ただよ》わした湖水《みづうみ》が、麓《ふもと》を取囲《とりかこ》んでいる。その湖水《こすい》の中《なか》には、大小無数《だいしょうむすう》の島嶼《とうしょ》があって、その島《しま》ごとに宮《みや》が建《た》てられ、どれもこれも皆《みな》桧造《ひのきづく》りで、些《すこ》しの飾《かざ》りもないが非常《ひじょう》に清《きよ》らかな宮《みや》ばかりである。それからそこに黄金《こがね》の橋《はし》が架《か》けられてあり、その橋《はし》の向《むこ》うに大《おお》きな高殿《たかどの》があって、これも全部黄金造《ぜんぶこがねづく》りである。これを竜宮城《りゅうぐうじょう》という。

空《そら》には金色《こんじき》の烏《からす》が何百羽《なんびやくぱ》とも知《し》れぬほど高翔《こうしよう》し、またある時《とき》は、斑鳩《はんきゆう》が沢山《たくさん》に群《むれ》をなして飛《と》んでおる。そうして湖上《こじよう》には沢山《たくさん》の鴛鴦《おしどり》が、悠々《ゆうゆう》として游泳《ゆうえい》し、また大小無数《だいしようむすう》の緑毛《りよくもう》の亀《かめ》が遊《あそ》んでいる。

この島嶼《とうしよ》はことごとく色沢《いろつや》のよい松《まつ》ばかり繁茂《はんも》し、松《まつ》の枝《えだ》には所々《ところどころ》に鶴《つる》が巣《す》を構《かま》えて千歳《ち とせ》を寿《ことほ》ぎ、一眼《ひとめ》見《み》ても天国浄土《てんごくじようど》の形《かたち》が備《そな》わって、どこにも邪悪分子《じやあくぶんし》の影《かげ》だにも認《みと》められず、参集来往《さんしゆうらいおう》する神人《しんじん》は、皆喜悦《みなよろこび》に満《み》ちた面色《かおいろ》をしている。これは、国常立尊《くにとこたちのみこと》の治《おさ》めたまう神都《しんと》の概況《がいきよう》である。

○

そうしてこの竜宮《りゆうぐう》を占領《せんりよう》して、自《みずか》ら竜王《りゆうおう》となり、地《ち》の高天原《たかあまはら》の主権《しゆけん》を握《にぎ》らむとする一つの神《かみ》の団体《だんたい》が、**盤古大神系**《ばんこだいじんけい》である。この団体《だんたい》が、蓮華台上《れんげだいじよう》を占領《せんりよう》せむとする**大自在天**《だいじざいてん》（大国彦《おほくにひこ》）一派《ぱ》の悪神《あくがみ》と共《とも》に、漸次《ぜんじ》に聖地《せいち》に入《い》りこみ、内外相呼応《ないがいあいこおう》してエルサレムの聖地《せいち》を占領《せんりよう》せむと企《たく》らんでいた。

○蓮華台上《れんげだいじょう》に昇《のぼ》り、珍《うづ》の宮《みや》に到《いた》りうる身魂《みたま》は、既《すで》に神界《しんかい》より大使命《だいしめい》を帯《お》びたる神人《かみ》であり、また竜宮《りゅうぐう》に到《いた》りうるところの身魂《みたま》は、中位《ちゅうい》の神人《かみ》であって、今《いま》までの総《すべ》ての罪悪《ざいあく》を信仰《しんこう》の努《つと》めによりて払拭《ふっしき》し、御詫《おわび》を許《ゆる》され、始《はじ》めて人間《にんげん》の資格《しかく》を備《そな》え得《え》たものの行《ゆ》く処《ところ》である。この蓮華台上《れんげだいじょう》の珍《うづ》の宮《みや》は、天国《てんごく》のままを移写《いしゃ》されたものであって、天人天女《てんにんてんにょ》のごとき清《きよ》らかな身魂《みたま》の神人《かみがみ》らが、天地《てんち》の神業《しんぎょう》に奉仕《ほうし》する聖地《せいち》である。また竜宮《りゅうぐう》は主《しゅ》として竜神《りゅうじん》の集《あつ》まる所《ところ》で、竜神《りゅうじん》が解脱《げだつ》して美《うつく》しい男女《だんじょ》の姿《すがた》と生《うま》れ更《かわ》る**神界《しんかい》の修業所《しゅうぎょうしょ》**である。

○そうしてこの竜宮《りゅうぐう》の第《だい》一の宝《たから》は**麻邇《まに》（注七）の珠《たま》**である。**麻邇《まに》の珠《たま》**は一**名満干《めいみちひ》の珠《たま》**といい、風雨《ふうう》**電雷《でんらい》を叱咤《しった》し、自由《じゆう》に駆使《くし》する神器《しんき》である。**ゆえに総《すべ》ての竜神《りゅうじん》はこの竜宮《りゅうぐう》を占領《せんりょう》し、その珠《たま》を得《え》むとして非常《ひじょう》な争闘《そうとう》をはじめている。されどこの珠《たま》はエルサレムの珍《うづ》の宮《みや》に納《おさ》まっている**真澄《ますみ》（注八）の珠《たま》**に比《くら》べてみれば、天地雲泥《てんちうんでい》の差《さ》がある。また竜神《りゅうじん》は実《じつ》に美《うつく》しい男女《だんじょ》の姿《すがた》を顕現《けんげん》することを得《う》るといえども、天《てん》の大神《おおかみ》に仕《つか》え奉《まつ》る天人《てんにん》に比《くら》ぶれば、その神格《しんかく》と品位《ひんい》において著《いちじる》しく劣《おと》っておる。また何《なに》ほど竜宮《りゅうぐう》が立派《りっぱ》であっても、竜神《りゅうじん》は畜生《ちくしょう》の部類《ぶるい》を脱《だつ》することはできないから、人界《じんかい》よりも一段下《だんした》に位《くらい》している。ゆえに人間界《にんげんかい》は竜神界《りゅうじんかい》よりも一段《だん》上《うえ》で尊《とうと》く、優《すぐ》れて美《うるわ》しい身魂《みたま》であるから神《かみ》に代《かわ》って、竜神以上《りゅうじんいじょう》の神格《しんかく》を神界《しんかい》から賦与《ふよ》されているものである。

八千矛の神も国土を皇孫に譲りて地をたがやし米穫る

「八千矛の神」

しかしながら人間界《にんげんかい》がおいおいと堕落《だらく》し悪化《あっか》し、当然上位《とうぜんじょうい》にあるべき人間《にんげん》が、一段下《だんした》の竜神《りゅうじん》を拝祈《はいき》するようになり、ここに身魂《みたま》の転倒《てんとう》を来《きた》すこととなった。

（『霊界物語』第一巻・第二三章「黄金の大橋」大正一〇・一〇・二一　旧九・二一）

（注一）**地の高天原**　高天原とは全大宇宙の意、聖なる場所。ここでは三段の型として造化三神・主神を祭祀し神政を行う、綾部の大本の総称。

（注二）**盤古大神塩長彦**　国常立尊の後を襲うた神。日の大神の直系にして、太陽界より降誕したる神人。つまり日の大神の伊邪那岐命のご油断により、手の股より潜り出で、現今の中国の北方に生まれた人間姿の神人で塩長彦という（『霊界物語』第2巻「総説」）。元は善良な神だったが、露国あたりに天地の邪気が凝り固まった八頭八尾の邪霊が憑依する。この神を奉載する眷属なる荒ぶる神々も色々の計画をたて、国治立命の神政に対抗し種々の波乱を巻き起こす。和光同塵《わこうどうじん》的神策を布き、大国彦と結託し、世界を物質主義に悪化させ優勝劣敗、弱肉強食の端を開き、ついに収拾すべからず暗黒界を現出する。天の三体の大神は末法の世を短縮し再び国治立命に出現を命じられる。（物語第3巻「総説」）

（注三）**大自在天大国彦**　天王星より北米に降臨した剛勇の神人。しかし、盤古大神と同様、善神界の尊き神人であったが、地上に永住され永き歳月を経過するにしたがい、天足彦《あだるひこ》・胞場姫《えばひめ》の天命に背反せる結果、体主霊従の妖気地上に充満し、悪竜、悪狐（インドに発生した金毛九尾の極陰性の悪霊）、邪鬼（ユダヤに発生した邪霊）にいつとはなしに憑依され、強い者勝の行動をとることになり、地上の世界は混濁《こんだく》し、俗悪世界と化してしまう。（物語第2巻「総説」）

政治思想は力主体従。統治の基本は我意、徳は力徳、指導原理は名利栄達・生存競争・欲望、位は盛衰無常、社会心理は自己中心・科学万能・黄金万能。（『出口王仁三郎全集』第2巻「神政復古の本義」）。

大自在天は、神典にある大国主之神で、大国彦命、八千矛《やちほこ》神、大己貴《おおなむち》命、葦原醜《あしはらしこ》男《お》神、宇都志国魂《うつしくにたま》神などの御名を有し、武力絶倫の神。国平矛《くにむけのほこ》を天孫にたてまつり、君臣の大義を明らかにし、忠誠の道をよく守りた神。物語では大自在天、または常世神王という。大自在天とは、仏典にある仏の名。神界にては大国主神。八千矛の威力をふるって、天下を治めた英雄神。（物語第3巻「序文」）

（注四）**須弥仙山**　大宇宙の中心にある山。「仏教の世界観で、世界の中心に聳えるという高山。大海中にあり、高さ八万由旬《ゆじゅん》（1由旬は40里）、水に没している部分も八万由旬、縦・横もこれに等しく、金・銀・瑠璃・玻璃の四宝からなり、頂上には帝釈天、山腹には四天王が住し、日月がその周囲をめぐる。七つの香海と七つの金山がこれをとりまき、七金山の外に七つの鹹海《かんかい》を隔てて鉄囲山がこの世界の外郭をなし、鹹海の四方に瞻部洲など四大洲があって、衆生はここに住むとする。」（『国語大辞典』）現界的には神代の富士山に相応する。

（注五）**ヨルダン河**　中東イスラエルのヨルダン河。ここでは綾部に流れる由良川。

（注六）**蓮華台上**　弥勒如来のます兜卒天、薬師如来のます瑠璃光土・阿弥陀（無量寿）の西方浄土・極楽浄土ともいう。ここでは主神の坐す大本・綾部の本宮山（桶伏山）。

（注七）**麻邇の珠**　竜宮第一の宝で一名満干の珠。また、玉依姫が三〇〇〇年前に大神より預り、神政成就に必要な天火水地を結ぶ有形であって無形、無形であって有形の宝玉。この玉の精髄により円満な政治が行なわれる。『霊界物語』では、この宝玉は富士の神霊木花姫、また瑞霊の化身、言依別尊・国依別に渡される。

（注八）**真澄の珠**　宇宙一切を統御される神徳を納める宝玉。

第二章　神世開基《ヨハ子》と神息統合《キリスト》

神界《しんかい》においては国常立尊《くにとこたちのみこと》(注一)が厳《いづ》(注二)の御魂《みたま》と顕現《けんげん》され、神政発揚《ヨハ子》直の御魂《みたま》変性男子《へんじようなんし》(注三)を機関《きかん》とし、豊雲野尊《とよくもぬのみこと》(注四)は神息統合《キリスト》の御魂《みたま》を機関《きかん》とし、地《ち》の高天原《たかあまはら》より三千世界《ぜんせかい》を修理固成《しゆうりこせい》(注五)せんために竜宮館《りゆうぐうやかた》(注六)に現《あら》われたもうた。

竜宮界《りゆうぐうかい》においては、三千年《ぜんねん》の長《なが》き艱難苦労《かんなんくろう》を嘗《な》めた竜神《りゆうじん》の乙米姫命《おとよねひめのみこと》は、変性男子《へんじようなんし》の系《ひつ》統《ぽう》の肉体《にくたい》の腹《はら》をかりて現《あら》われ、二度目《どめ》(注七)の世《よ》の立替《たてかえ》の御神業《ごしんぎよう》に参加《さんか》すべく、すべての珍宝《ちんぽう》を奉《たてまつ》られた。

この乙米姫命《おとよねひめのみこと》は、竜神中《りゆうじんちゆう》でも最《もつと》も貪婪強慾《どんらんごうよく》な神《かみ》であって、自分《じぶん》の慾《よく》ばかりに心《こころ》を用《もち》いている、きわめて利己主義《りこしゆぎ》の強《つよ》い神《かみ》であった。それが現代《げんだい》の太平洋《たいへいよう》の海底深《かいていふか》く潜《ひそ》んでいたが、海底《かいてい》の各所《かくしよ》より猛烈《もうれつ》な噴火《ふんか》の出現《しゆつげん》するに逢《あ》い、身《み》には日々《にちにち》三寒《かん》三熱《ねつ》の苦《くる》しみを受《う》けるばかりでなく、その上《うえ》に猛烈《もうれつ》な毒熱《どくねつ》を受《う》けて身体《しんたい》を焼《や》かれ、苦《くる》しみにたえずして従来《じゆうらい》の凡《あら》ゆる慾望《よくぼう》を潔《いさぎよ》く打《う》ち棄《す》てて、国常立尊《くにとこたちのみこと》の修理固成《しゅうりこせい》の大業《たいぎょう》を感知《かんち》し、第《だい》一番《ばん》に帰順《きじゅん》された神《かみ》である。

かくて凡《すべ》ての金銀《きんぎん》、珠玉《しゅぎょく》、財宝《ざいほう》は、各種《かくしゅ》の眷族《けんぞく》なる竜神《りゅうじん》によって海底《かいてい》に持《も》ち運《はこ》ばれ、海《かい》底《てい》には宝《たから》の山《やま》が築《きず》かれてある。これは世界中《せかいじゅう》もっとも深《ふか》い海底《かいてい》であるが、ある時期《じき》において神業《しんぎょう》の発動《はつどう》により、陸上《りくじょう》に表現《ひょうげん》さるるものである。

要《よう》するに物質的《ぶっしつてき》の宝《たから》であって、神業《しんぎょう》の補助材料《ほじょざいりょう》とはなるが、本当《ほんとう》の間《ま》にあう宝《たから》とはならぬ。乙米姫命《おとよねひめのみこと》は大神《おおかみ》に初《はじ》めて帰順《きじゅん》した時《とき》、その宝《たから》を持《も》って来《こ》られたなれど、大神《おおかみ》はそれ以上《いじょう》の尊《とうと》き誠《まこと》の宝《たから》を持《も》っておられるので、人間《にんげん》の目《め》に結構《けっこう》に見《み》ゆるようなものは、余《あま》り神《しん》界《かい》では重宝《ちょうほう》なものと見《み》られない。しかしとに角生命《かくいのち》よりも大切《たいせつ》にしていた一切《さい》の宝《たから》を投《な》げだした其《そ》の改心《かいしん》の真心《まごころ》に愛《め》でて、従来《これまで》の罪《つみ》をお赦《ゆる》しになった。この神人《かみ》が改心《かいしん》して財宝《ざいほう》をことごとく捨《す》てて、本当《ほんとう》の神《かみ》の御神意《ごしんい》を悟《さと》り（注八）、**麻邇《まに》（麻邇の珠）**以上《いじょう》の宝《たから》を探《さぐ》りあて、はじめて崇高《すうこう》な神人《しんじん》の域《いき》に到達《とうたつ》し、ここに日《ひ》の出神《でのかみ》の配偶神《はいぐうしん》として顕現《けんげん》されたのである。

つぎに地底《ちてい》のもっとも暗黒《くら》い、もっとも汚《けが》れたところの地点《ちてん》に押込《おしこ》まれておられた大地《だいち》（注九）の金神《こんじん》、金勝要神《きんかつかねのかみ》が、国常立尊《くにとこたちのみこと》の出現《しゅつげん》とともに、天運循環《てんうんじゅんかん》して一切《さい》の苦《く》を脱《だつ》し、世界救済《せかいきゅうさい》のため陸《あげ》の竜宮館《りゅうぐうやかた》に顕現《けんげん》された。この神人《かみ》は稚姫君命《わかひめぎみのみこと》の第五女《だいじょ》の神《かみ》である。この金勝要神《きんかつかねのかみ》が地球中心界《ちきゅうちゅうしんかい》（注一〇）の全権《ぜんけん》を掌握《しょうあく》して修理固成《しゅうりこせい》の大業《たいぎょう》を遂《と》げ、国常立尊《くにとこたちのみこと》へ之《これ》を捧呈《ほうてい》し、国常立大神《くにとこたちのおほかみ》は地《ち》の幽界《ゆうかい》を総攬《そうらん》さるる御経綸《ごけいりん》である。

瑞《みづ》（注一一）の御魂《みたま》は、国常立尊《くにとこたちのみこと》の御神業《ごしんぎょう》の輔佐役《ほさやく》となり、天地《てんち》の神命《しんめい》により金勝要神《きんかつかねのかみ》と相並《あいなら》ばして、活動遊《かつどうあそ》ばさるるということに定《さだ》められた。これは、いまだ数千年《すうせんねん》の太古《たいこ》の神界《しんかい》における有様《ありさま》であって、世界《せかい》の国家《こくか》が創立《そうりつ》せざる、世界《せかい》一体《たい》の時代《じだい》のことであった。

そこで盤古大神《ばんこだいじん》（塩長彦《しほながひこ》）の系統《けいとう》と、大自在天《だいじざいてん》（大国彦《おほくにひこ》）の系統《けいとう》の神《かみ》が、大神《おおかみ》の経綸《けいりん》を破壊《はかい》し地《ち》の高天原《たかあまはら》を占領《せんりょう》せんため、魔神《まがみ》を集《あつ》めて一生懸命《しょうけんめい》に押寄《おしよ》せてきた。しかしながら地《ち》の高天原《たかあまはら》へ攻《せ》め寄《よ》せるには、どうしてもヨルダンの大河《おおかわ》を渡《わた》らねばならぬ。ヨルダン河《がわ》には、前述《ぜんじゅつ》のごとく、善悪正邪《ぜんあくせいじゃ》の真相《しんそう》が一目《ひとめ》にわかる黄金《こがね》の大橋《おおはし》がかかっている。それで真先《まっさき》に、その大橋《おおはし》を破壊《はかい》する必要《ひつよう》がおこってきた。ここに盤古大神《ばんこだいじん》の系統《けいとう》は武蔵彦《むさしひこ》を先頭《せんとう》に立《た》てて進《すす》んできた。これは非常《ひじょう》に大《おお》きな黒色《こくしょく》の大蛇《だいじゃ》である。つぎに春子姫《はるこひめ》という悪狐《あくこ》の姿《すがた》をした悪神《あくがみ》が現《あら》われ、次《つぎ》には足長彦《あしながひこ》という邪鬼《じゃき》が現《あら》われ、そして其《そ》の黄金《こがね》の大橋《おおはし》の破壊《はかい》に全力《ぜんりょく》を傾注《けいちゅう》した。

しかるに此《こ》の大橋《おおはし》は、金輪際《こんりんざい》の地底《ちてい》より湧《わ》きでた橋《はし》であるから、容易《ようい》に破壊《はかい》し得《う》べくもない。思案《しあん》に尽《つ》きたる悪神《あくがみ》は、地底《ちてい》における大地《だいち》の霊《れい》なる金勝要神《きんかつかねのかみ》を手《て》に入《い》れる必要《ひつよう》を感《かん》じてきた。これがために百方手段《ひゃっぽうしゅだん》をつくし奸計《かんけい》をめぐらして、瑞《みづ》の御魂《みたま》を舌《した》の剣《つるぎ》、筆《ふで》の槍《やり》はまだ愚《おろ》か凡《あら》ゆる武器《ぶき》を整《ととの》え、縦横無尽《じゅうおうむじん》に攻《せ》め悩《なや》め、かつ、一方《ぽう》には種々姿《しゅじゅすがた》を変《へん》じ善神《ぜんしん》の仮面《かめん》を被《かぶ》りて、厳《いづ》の御魂《みたま》にたいして讒訴《ざんそ》し、瑞《みづ》の御魂《みたま》の排斥運動《はいせきうんどう》を試《こころ》みた。厳《いづ》の御魂《みたま》は稍《やや》しばし考慮《こうりょ》を費《ついや》し、ついにその悪神《あくがみ》の心中謀計《しんちゅうぼうけい》を看破《かんぱ》され、直《ただ》ちにその要求《ようきゅう》をはね付《つ》けられた。その時《とき》、足長彦《あしながひこ》の邪鬼《じゃき》、春子姫《はるこひめ》の悪狐《あくこ》、武蔵彦《むさしひこ》の大蛇《だいじゃ》の正体《しょうたい》は神鏡《しんきょう》に照《てら》されて奸計《かんけい》のこらず曝露《ばくろ》し、雲霞《くもかすみ》となって海山《うみやま》を越《こ》え一つは北《きた》の国《くに》へ、一つは西南《せいなん》の国《くに》へ、一つは遠《とお》く西《にし》の国《くに》へといちはやく逃《に》げ帰《かえ》った。

ここにおいて第《だい》一戦《せん》の第《だい》一計画《けいかく》は、見事破《みごとやぶ》られた。悪神《あくがみ》は、ただちに第《だい》二の計画《けいかく》にうつることとなった。

（附《ふ》　言《げん》）

①神世開基《ヨハ子》（注一二）と神息統合《キリスト》は世界《せかい》の東北《とうほく》に再現《さいげん》さるべき運命《うんめい》にあるのは、太古《たいこ》よりの神界《しんかい》の御《ご》経綸《けいりん》である。天《てん》に王星《おうせい》の顕《あら》われ、地上《ちじょう》の学者智者《がくしゃちしゃ》の驚歎《きょうたん》する時《とき》こそ、天国《てんごく》の政治《せいじ》の地上《ちじょう》に移《うつ》され、仁愛神政《みろく》の世《よ》に近《ちか》づいた時《とき》なので、これがいわゆる三千《ぜん》世界《せかい》の立替立直《たてかえたてなお》しの開始《かいし》である。

②ヨハネの御魂《みたま》は仁愛神政《みろくしんせい》の根本神《こんぽんしん》であり、また地上創設《ちじょうそうせつ》の太元神《たいげんしん》であるから、キリストの御魂《みたま》に勝《まさ》ること天地《てんち》の間隔《かんかく》がある。ヨハネがヨルダン河《がわ》の上流《じょうりゅう》の野《や》に叫《さけ》びし神声《しんせい》は、

ヨハネの現人《あらわれ》としての謙遜辞《けんそんじ》であって、決《けっ》して真《しん》の聖意《せいい》ではない。国常立尊《くにとこたちのみこと》が自己《じこ》を卑《ひく》うし、他《た》を尊《とうと》ぶの謙譲的聖旨《けんじょうてきせいし》に出《い》でられたまでである。

③ヨハネは水《みづ》をもって洗礼《せんれい》を施《ほどこ》し、キリストは火《ひ》をもって洗礼《せんれい》を施《ほどこ》すとの神旨《しんし》は、月《つき》の神《かみ》の霊威《れいい》を発揮《はつき》して三界《がい》を救《すく》うの意《い》である。キリストは火《ひ》をもって洗礼《せんれい》を施《ほどこ》すとあるは、物《ぶつ》質文明《しつぶんめい》の極点《きょくてん》に達《たっ》したる邪悪世界《じゃあくせかい》を焼尽《しょうじん》し、改造《かいぞう》するの天職《てんしょく》である。

④要《よう》するにヨハネは神界《しんかい》、幽界《ゆうかい》の修理固成《しゅうりこせい》の神業《しんぎょう》には、月《つき》の精《せい》なる水《みづ》を以《もっ》てせられ、キリストは世界《せかい》の改造《かいぞう》にあたり、火《ひ》すなわち霊《れい》をもって神業《しんぎょう》に参加《さんか》したまうのである。故《ゆえ》にキリストは、かえってヨハネの下駄《げた》を直《なお》すにも足《た》らぬものである。ヨハネは神界《しんかい》、幽《ゆう》界《かい》の改造《かいぞう》のために聖苦《せいく》を嘗《な》められ、キリストは世界《せかい》の人心改造《じんしんかいぞう》のために身《み》を犠牲《ぎせい》に供《きょう》し、万人《ばんじん》に代《かわ》って千座《ちくら》の置戸《おきど》を負《お》いて、聖苦《せいく》を嘗《な》めたまう因縁《いんねん》が具《そな》わっておられるのである。これは神界《しんかい》において自分《じぶん》が目撃《もくげき》したところの物語《ものがたり》である。

⑤そしてヨハネの厳《いづ》の御魂《みたま》は、三界《がい》を修理固成《しゅうりこせい》された暁《あかつき》において五六七大神《みろくのおほかみ》と顕現《けんげん》され、

キリストは、五六七《みろく》神政《しんせい》の神業《しんぎょう》に奉仕《ほうし》さるるものである。故《ゆえ》にキリストは世界《せかい》の精神上《せいしんじょう》の表面《ひょうめん》にたちて活動《かつどう》し、裏面《りめん》においてヨハネはキリストの聖体《せいたい》を保護《ほご》しつつ神世《しんせい》を招来《しょうらい》したまうのである。

◎耳《みみ》で見《み》て目《め》できき鼻《はな》でものくうて　口《くち》で嗅《か》がねば神《かみ》は判《わか》らず

◎耳《みみ》も目《め》も口《くち》鼻《はな》もきき手足《てあし》きき　頭《あたま》も腹《はら》もきくぞ八《や》ツ耳《みみ》

（『霊界物語』第一巻・第二四章「神世開基《ヨハ子》と神息統合《キリスト》」大正一〇・一〇・二一）

（注一）**国常立尊**　国治立命、艮の金神のこと。地上神界の主催神。天地開闢の太初、主の大神の命を受け、海月《くらげ》なす漂える国を修理固成し、豊葦原の瑞穂国を建設。神人安住の基礎を立てる。厳格なる神政を励行し給うや、剛直、竣正にして柔弱なる万神の忌憚するところとなり、衆議の結果悪神として神域外に退われ尊身を三千年間艮に隠し、陰から天地の諸霊を守護。再び現れ、予言者・国照姫（大本開祖・出口直）の肉体に来たらしめ、いわゆる間接内流の方式により、過去現在未来の有様を概括的に伝達せしめ玉うたのが、一万巻の筆先。

（注二）**厳の御魂**　経魂たる荒魂の勇と、和魂の親を主とし、奇魂の智と幸魂の愛を従とする。経の予言者として「水洗礼」を施す。再び天津国に帰り給い、厳の御霊の神業一切を瑞の御霊に受けさせ給う。

（注三）**変性男子**　仏教語の意味でない、女体男霊、出口直のこと。

（注四）**豊雲野尊**　またの御名、豊国姫の神。国治立命と剛柔相対して地上に動植物を生成化育し、二神の火水《いき》により、伊邪那岐・伊邪那美二尊を生み、日月を造りて、その主宰神たらしめ給う。

（注五）**修理固成**　未完成の地上を主神・神素盞嗚大神の経綸に従ってみろくの世、平和世界を建設すること。

（注六）**竜宮館**　綾部の大本。

（注七）**二度目の世の立替**　神代の天岩戸開きを最初とするのに対して、明治二十五年の艮の金神の立替神業を二度目の世の立替と称する。

（注八）**日の出神**　神機発揚の神。伊邪那岐大神の御子、大道別。日の出神となりて現界・神界・幽界、そして竜宮に至り救いの道を宣伝し、国の責任者を任じる。木の花姫の奇魂。仏者（真言密教）のいわゆる「大日如来」（金剛、胎蔵の教理）、神仏習合の両部神道では「雨宝童子」、神界にては「日の出神」と称える。三ツの御魂・神素盞嗚大神の生魂。日の神（＝太陽）の霊から現れし神などの説がある。大道別の荒魂・奇魂を日の出神として陸上を守護、和魂・幸魂を琴平別と称し海河を守護する。また日の出神の分霊、日《ひ》の出別神《でわけのかみ》として五男神の一人、吾勝命（正勝《まさか》吾《あ》勝々速《かつかちはや》日《ひ》天《あめ》之《の》忍穂耳命《おしほみみのみこと》）はアジア全域の国魂神となる。

（注九）**大地の金神、金勝要神**　大地の神霊。地は女系。五柱①真澄姫《ますみひめ》（伊予の二名・一名竜宮島・豪州大陸・四国は胞衣《えな》。）、②純世姫《すみよひめ》（築紫の守り神・アフリカ・九州は胞衣。）、③言霊姫《ことたまひめ》（蝦夷の島・北米・北海道は胞衣。）、④竜世姫《たつよひめ》（高砂の島・南米大陸・台湾島は胞衣。）、⑤高照姫《たかてるひめ》（葦原の瑞穂の国・欧亜の大陸・大和の国はその胞衣。）、五大洲の国魂の総称。自我心強きためエデンの園に押込められ、なおも自我を張られたため、ついに地底の国に墜とされ三千年の辛苦をなめ給うた。仏者の地蔵尊。

（注一〇）**地の幽界**　「顕幽一致」の法則により現界に対する霊界。ここでは地の幽界とあるので、大地に対する霊界。

（注一一）**瑞の御魂**　「天地の初発の時、高天原に成りませる神は、天之御中主大神、次に高皇産霊神、次に神皇産霊神、此の三柱の神は、みな独神成り坐して、身を隠したまひき」（『古事記』）。これを造化三神、三神即一神・三ツの神・三ツの御魂と称し瑞の御魂と奉称する。造化三神、天地創造の神なるが故に、顕幽神三界の罪を一身に背負われる贖罪主・救世神、言霊学上神素盞鳴大神と申し上げる。

三十三魂《みづのみたま》は瑞霊の意にして、三十三相に身を変じて救世の神業を推進される。最尊最貴にしてその神格は三世を貫徹し、この神の贖い許しにより天国に救われる………。現身をもつ瑞霊真如出口王仁三郎聖師のこと。

（注一二）**神世開基《ヨハ子》と神息統合《キリスト》は世界の東北に再現されるべき運命にある**　ヨハネと救世主・キリストの再臨について、水の洗礼者（物質的洗礼）と火の洗礼者（霊的・精神的、心の洗礼）つまり油を注がれる九大資格（『霊界物語』第64巻・上・第2章「宣伝使」参照）を有する神人が世界の東北、日本に現れるという。

◆本章は、ヨハネ（予言者）とキリスト（現・幽・神三界の救世主神）の再臨に関する基本の箇所。ヨハネとキリストの神格の違いは本来歴然で、それが反対に書かれヨハネが主となっているので判読し難い。物語を口述された竜宮館（草創期の大本）には、盤古大神・大自在天の系統の神が入り、神代と同様に善悪混交の神劇が演じられている。章の最後に二種の歌が掲載されているのでこのお歌に留意したい。弥勒の世とは、再臨のキリストの世であり、神素盞鳴大神の世界という意味であって神道・仏教・キリスト教にとって大切な章。本章に竜神・乙米姫命が登場するので竜宮関連箇所として掲載した。

◆最後の審判と火の洗礼

キリストは、最後の審判をなすために再臨すると云ったが、彼の最後の審判と云うのは、火洗礼を施すことの謂いである。彼は火洗礼を施さんとして、その偉業が中途にして挫折したため、再び来たって火の洗礼を完成せんと欲したのである。

火洗礼とは、人間を霊的に救済することは、既に我弟子たちの周知のことである。最後の審判は、閻魔大王が罪人を審くと同様なる形式に於て、行われると考えている人が多いようだが、それは違う。天国に入り得るものと、地獄に陥落するものとの標準を示されることである。この標準を示されて後、各自はその自由意思によって、自ら選んで天国に入り、或は自ら進んで地獄に落つる、そは各自意思想念の如何によるのである。

標準とは何か。『霊界物語』によって示される神示そのものである。故に最後の審判は、大正一〇年一〇月より、既に開かれているのである。バイブルに「天国の福音を万民に証せんために普く天下に宣《の》べ伝えられん。然る後末期《おわり》いたるべし」とある。（『水鏡』「霊界物語は最後の審判書」9頁）

第三章　九山八海《きゅうざんはっかい》の国・日本

……稲山彦《いなやまひこ》は**潮満《しほみつ》の珠《たま》**をもって、天教山《てんきょうざん》（＝高天原・富士山）を水中《すいちゅう》に没《ぼつ》せしめんとした。地上《ちじょう》はたちまち見渡《みわた》すかぎり泥《どろ》の海《うみ》と一変《ぺん》した。このとき天空高《てんくうたか》く、東《ひがし》の方《かた》より花照姫《はなてるひめ》、大足彦《おほだるひこ》、奇玉彦《くしたまひこ》は天神《てんしん》の命《めい》によりてはるかの雲間《くもま》より現《あら》われ、魔軍《まぐん》にむかって火弾《かだん》を発射《はっしゃ》し、天教山《てんきょうざん》の神軍《しんぐん》に応援《おうえん》した。されど一面泥海《めんどろうみ》と化《か》したる地上《ちじょう》には、落《お》ちた火弾《かだん》も的確《てきかく》にその効《こう》を奏《そう》せなかった。ただジュンジュンと怪《あや》しき音《おと》を立《た》てて消《き》えてゆくばかりである。されど白煙濛々《はくえんもうもう》と立《た》ち昇《のぼ》りて、四辺《へん》を閉《と》ざすその勢《いきおい》の鋭《するど》さに敵《てき》しかねて、敵軍《てきぐん》は少《すく》なからず悩《なや》まされた。

このとき稲山彦《いなやまひこ》の率《ひき》ゆる魔軍《まぐん》は天保山《てんぽうざん》に登《のぼ》り、まず**潮満《しほみつ》の珠《たま》**をもって、ますます水量《みづかさ》を増《ま》さしめた。天教山《てんきょうざん》は危機《きき》に瀕《ひん》し、神軍《しんぐん》の生命《せいめい》は一瞬《しゅん》の間《あいだ》に迫《せま》ってきた。折《おり》しも杉松彦《すぎまつひこ》、若《わか》松彦《まつひこ》、時彦《ときひこ》は、天教山《てんきょうざん》にすむ烏《からす》の足《あし》に神書《しんしょ》を括《くく》りつけ、天保山《てんぽうざん》に向《むか》って降服《こうふく》の意《い》を伝《つた》えし

めた。烏《からす》の使《つかい》を受《う》けた稲山彦《いなやまひこ》は、意気揚々《いきようよう》として諸部将《しょぶしょう》を集《あつ》め会議《かいぎ》を開《ひら》いた。その結果《けっか》は、

「大八洲彦命《おほやしまひこのみこと》（注二）が竜宮城管理《りゅうぐうじょうかんり》の職《しょく》を抛《なげう》つか、さもなくば自殺《じさつ》せよ。しからば部下《ぶか》の神軍《しんぐん》の生命《せいめい》は救助《きゅうじょ》せむ」

との返信《へんしん》となって現《あら》われた。この返信《へんしん》を携《たずさ》えて烏《からす》は天教山《てんきょうざん》に帰《かえ》ってきた。神書《しんしょ》を見《み》たる杉《すぎ》松彦《まつひこ》、若松彦《わかまつひこ》、時彦《ときひこ》は密《ひそ》かに協議《きょうぎ》して、自己《じこ》の生命《せいめい》を救《すく》わむために大八洲彦命《おほやしまひこのみこと》に自殺《じさつ》をせまった。

大八洲彦命《おほやしまひこのみこと》は天《てん》を仰《あお》ぎ地《ち》に俯《ふ》し、部下《ぶか》の神司《かみがみ》らの薄情《はくじょう》と冷酷《れいこく》と、不忠不義《ふちゅうふぎ》の行動《こうどう》を長歎《ちょうたん》し、いよいよ自分《じぶん》は天運全《てんうんまった》く尽《つ》きたるものと覚悟《かくご》して、今《いま》や将《まさ》に自殺《じさつ》せむとする時《とき》しもあれ、東《ひがし》の空《そら》に当《あた》って足玉彦《たるたまひこ》、斎代姫《ときよひめ》、磐樟彦《いわくすひこ》の三部将《ぶしょう》はあまたの風軍《ふうぐん》を引《ひ》きつれ、

「しばらく、しばらく」

と大音声《だいおんじょう》に呼《よ》ばわりつつ、天教山《てんきょうざん》にむかって最急速力《さいきゅうそくりょく》をもって下《くだ》ってきた。忽然《こつぜん》として大《たい》風《ふう》捲《ま》きおこり、寄《よ》せきたる激浪怒濤《げきろうどとう》を八方《ぽう》に吹《ふ》き捲《まく》った。泥水《どろみづ》は風《かぜ》に吹《ふ》きまくられて、天《てん》

教山《きょうざん》の麓《ふもと》は水量《みづかさ》にわかに減《げん》じ、その余波《よは》は大山《おおやま》のごとき巨浪《きょろう》を起《おこ》して、逆《さか》しまに天保山《てんぽうざん》に打《う》ち寄《よ》せた。

天保山《てんぽうざん》の魔軍《まぐん》は潮干《しほひる》の珠《たま》を水中《すいちゅう》に投《とう》じて、その水《みづ》を減退《げんたい》せしめむとした。西《にし》の天《てん》よりは道貫彦《みちつらひこ》、玉照彦《たまてるひこ》、立山彦数万《たてやまひこすうまん》の竜神《りゅうじん》を引《ひ》きつれ、天保山《てんぽうざん》にむかって大水《おおみづ》を発射《はっしゃ》した。さしもの潮干《しほひる》の珠《たま》も効《こう》を奏《そう》せず、水《みづ》は刻々《こくこく》に増《ま》すばかりである。これに反《はん》して天教山《てんきょうざん》は殆《ほとん》ど山《さん》麓《ろく》まで減水《げんすい》してしまった。南方《なんぽう》よりは白雲《はくうん》に乗《の》りて、速国彦《はやくにひこ》、戸山彦《とやまひこ》、谷山彦《たにやまひこ》の三柱《みはしら》の神《しん》将《しょう》は、あまたの雷神《らいじん》をしたがえ、天保山《てんぽうざん》の空高《そらたか》く鳴《な》り轟《とどろ》き天地《てんち》も崩《くず》るるばかりの大音響《だいおんきょう》を発《はっ》して威喝《いかく》を試《こころ》みた。

ここに稲山彦《いなやまひこ》は、天保山上《てんぽうさんじょう》に立《た》ちて潮満《しほみつ》の珠《たま》を取《と》りいだし、一生懸命《しょうけんめい》に天教山《てんきょうざん》の方《ほう》にむかって投《な》げつけた。水《みづ》はたちまち氾濫《はんらん》して天教山《てんきょうざん》は水中《すいちゅう》に陥《おちい》り、大八洲彦命《おほやしまひこのみこと》の首《くび》のあたりまでも浸《ひた》すにいたった。

泥水《どろみづ》はなおもますます増《ふ》える勢《いきおい》である。このとき東北《とうほく》に当《あた》って、天地六合《てんちりくごう》も崩《くず》るるばかりの大音響《だいおんきょう》とともに大地震《だいじしん》となり、天保山《てんぽうざん》は見《み》るみるうちに水中深《すいちゅうふか》く没頭《ぼっとう》し、同時《どうじ》に天《てん》教山《きょうざん》は雲表《うんぴょう》に高《たか》く突出《とっしゅつ》した。これが**富士《ふじ》の神山《しんざん》**である。

時《とき》しも山《やま》の頂上《ちょうじょう》より、鮮麗《せんれい》たとうるに物《もの》なき一大光輝《だいこうき》が虹《にじ》のごとく立《た》ち昇《のぼ》った。その光《ひかり》は上《うえ》に高《たか》く登《のぼ》りゆくほど扇《おうぎ》を開《ひら》きしごとく拡《ひろ》がり、中天《ちゅうてん》において五色《しき》の雲《くも》をおこし、雲《くも》の戸開《とひら》いて威厳高《いげんたか》く美《うつく》しき天人無数《てんにんむすう》に現《あら》われたまい、その天人《てんにん》は山上《さんじょう》に立《た》てる大八洲彦命《おほやしまひこのみこと》の前《まえ》に降《くだ》り**真澄《ますみ》の珠《たま》**を与《あた》えられた。その天人《てんにん》の頭首《かしら》は木花姫命《このはなひめのみこと》（注二）であった。

この神山《しんざん》の、天高《てんたか》く噴出《ふきだ》したのは国常立尊《くにとこたちのみこと》の蓮華台上《れんげだいじょう》に於《おい》て雄健《おたけ》びし給《たま》いし神業《しんぎょう》の結果《けつか》である。その時現代《ときげんだい》の日本国土《にほんこくど》が九山八海《きゅうざんはっかい》となって、環海《かんかい》の七五三波《しはがき》の秀妻《ほづま》の国《くに》となったのである。

天保山《てんぽうざん》の陥落《かんらく》したその跡《あと》が、今《いま》の日本海《にほんかい》となった。また九山《きゅうざん》とは、九天《きゅうてん》にとどくばかりの高山《こうざん》の意味《いみ》であり、八海《はっかい》とは、八方《ぽう》に海《うみ》をめぐらした国土《こくど》の意味《いみ》である。ゆえに秋津島《あきつしま》根《ね》の国土《こくど》そのものは、九山八海《きゅうざんはっかい》の霊地《れいち》と称《とな》うるのである。

（『霊界物語』第一巻・第三二章「九山八海」大正一〇・一〇・二二　旧九・二二）

（注一）**大八洲彦命**　素盞嗚尊の分霊。天使長として国祖・国常立尊の神示、経綸のまに〳〵地上天国建設を樹立するために活躍される。霊国の宣伝使。神名は月照彦命。豊国主尊。またの名国大立尊《くにひろたちのみこと》（素盞嗚尊）の和魂。後世、釈迦と生まれて仏教を開く。

（注二）**木花姫命**　富士山の神霊。顕・神・幽の三界に出没して、三十三相に身を現じ、貴賎、貧富、老幼男女、禽獣虫魚とも変化し、三界の衆生を救済し、天国浄土を建設する。天地人、和合の神。智仁勇の三徳を兼備し、国祖の再出現を待つ。

●木花とは梅の意（桜の花に非らず）。梅の花は花の兄といい、兄をこのかみという。節分の夜を期して隠れたまい。国祖以下の神々は、時節到来し節分の夜に地獄の釜の蓋を開けて再び出現し弥勒の世を開く。仏者のいう観世音菩薩、最勝如来、観自在天ともいう。（物語第6巻24章「富士鳴戸」）、瑞の御魂・神素盞嗚大神は同神異名。

◆天地の大変動により天保山が陥没、日本海が生成、九山八海の日本の国土が出現する神代の物語。天教山は雲表に高く突出し、六万尺（18、000メートル）に達する。これを高天原・蓬莱の山、日向の高千穂嶺とも称す。この時の富士の神霊の現れが木花姫命、仏教では観世音菩薩である。

「雲間の富士」

第四章　三個の宝珠《ほっしゅ》と三ツの御魂大神

神山《しんざん》の上《うえ》に救《すく》われた大八洲彦命《おほやしまひこのみこと》は、天《てん》より下《くだ》りたまえる木花姫命《このはなひめのみこと》より**真澄《ますみ》の珠《たま》**を受《う》け、脚下《あしもと》に現《あら》われた新《あたら》しき海面《かいめん》を眺《なが》めつつあった。見《み》るみる天保山《てんぽうざん》は急《きゅう》に陥落《かんらく》して現今《げんこん》の日本《にほん》海《かい》となり、**潮満《しほみつ》**、**潮干《しほひる》の麻邇《まに》の珠《たま》**は、稲山彦《いなやまひこ》および部下《ぶか》の魔軍勢《まぐんぜい》とともに海底《かいてい》に沈没《ちんぼつ》した。稲山彦《いなやまひこ》はたちまち悪竜《あくりゅう》の姿《すがた》と変《へん》じ、海底《かいてい》に深《ふか》く沈《しず》める珠《たま》を奪《と》らむとして、海上《かいじょう》を縦横無尽《じゅうおうむじん》に探《さぐ》りまわっていた。九山《きゅうざん》の上《うえ》より之《これ》を眺《なが》めたる大八洲彦命《おほやしまひこのみこと》は、脚下《あしもと》の岩石《がんせき》をとり之《これ》に伊《い》吹《ぶき》の神法《しんぽう》をおこない、四個《しこ》の石《いし》を一度《ど》に悪竜《あくりゅう》にむかって投《な》げつけた。悪竜《あくりゅう》は目敏《めざと》くこれを見《み》て、ただちに海底《かいてい》に隠《かく》れ潜《ひそ》んでしまった。

この四つの石《いし》は、海中《かいちゅう》に落《お》ちて**佐渡《さど》**（注二）**の島《しま》**、**壱岐《いき》の島《しま》**および**対馬《つしま》の両島《りょうとう》**となったのである。

そこへ地《ち》の高天原《たかあまはら》の竜宮城《りゅうぐうじょう》より乙米姫命《おとよねひめのみこと》大竜体《だいりゅうたい》となって馳《は》せきたり海底《かいてい》の珠《たま》を取《と》らむとした。稲山彦《いなやまひこ》の悪竜《あくりゅう》は之《これ》を取《と》らさじとして、たがいに波《なみ》を起《おこ》しうなりを立《た》て海中《かいちゅう》に争《あらそ》ったが、ついには乙米姫命《おとよねひめのみこと》のために平《たい》らげられ、**潮満**《しほみつ》、**潮干の珠**《しほひるたま》は乙米姫命《おとよねひめのみこと》の手《て》にいった。乙米姫命《おとよねひめのみこと》はたちまち雲竜《うんりゅう》と化《か》し金色《こんじき》の光《ひかり》を放《はな》ちつつ九山《きゅうざん》に舞《ま》いのぼった。この時《とき》の状況《じょうきょう》を古来《こらい》の絵師《えし》が、神眼《しんがん》に示《しめ》されて**富士の登り竜**《ふじののぼりりゅう》を描《えが》くことになったのだと伝《つた》えられている。

乙米姫命《おとよねひめのみこと》の変《へん》じた彼《か》の大竜《だいりゅう》は山頂《さんちょう》に達《たっ》し、たちまち端麗荘厳《たんれいそうごん》なる女神《にょしん》と化《か》し、**潮満**《しほみつ》、**潮干の珠**《しほひるたま》を恭《うやうや》しく木花姫命《このはなひめのみこと》に捧呈《ほうてい》した。

木花姫命《このはなひめのみこと》はこの神人《かみ》の殊勲《しゅくん》を激賞《げきしょう》され、今《いま》までの諸々《もろもろ》の罪悪《ざいあく》を赦《ゆる》されたのである。これより乙米姫命《おとよねひめのみこと》は、日出《ひいづ》る国《くに》の守護神《しゅごじん》と神定《かむさだ》められ、日出神《ひのでのかみ》の配偶神《つまがみ》となった。

ここに木花姫命《このはなひめのみこと》は大八洲彦命《おほやしまひこのみこと》にむかい、

「今天《いまてん》より汝《なんじ》に**真澄の珠**《ますみのたま》を授《さず》け給《たま》いたり。今《いま》また海中《かいちゅう》より奉《たてまつ》れる此《こ》の**潮満**《しほみつ》、**潮干の珠**《しほひるたま》を改《あらた》めて汝《なんじ》に授《さず》けむ。この珠《たま》をもって天地《てんち》の修理固成《しゅうりこせい》の神業《しんぎょう》に奉仕《ほうし》せよ」

と厳命《げんめい》され、空前絶後《くうぜんぜつご》の神業《しんぎょう》を言依《ことよ》さしたまうた。大八洲彦命《おほやしまひこのみこと》は、はじめて三個《こ》の珠《たま》を得《え》て神力旺盛《しんりきおうせい》となり、徳望高《とくぼうたか》くついに三ツの御魂大神《みたまのおほかみ》と御名《みな》がついたのである。

(『霊界物語』第一巻・第三二章「三個の宝珠」大正一〇・一〇・二二)

(注一) **佐渡の島、壱岐の島および対馬の両島** 『古事記』の国生みでは、伊邪那岐・伊邪那美二神から①淡道之穂之狭別嶋《さわけのしま》(淡路島・南極)、②伊予之二名嶋、身一つにして面四つ有り(四国)、③隠岐之三子嶋、④築紫嶋、身一つにして面四つ(築紫国・豊国・肥国・熊曽国・九州)、⑤伊岐嶋(壱岐)、⑥津嶋(対馬)、⑦佐渡嶋、⑧大倭豊秋津島を生みたまひき。故れこの八嶋ぞ先づ生みませる国により、大八嶋国と謂う。日本の事であるが、これを拡大して、大八洲とは地球全体の海陸の総称である。(『霊界物語』第6巻第27章「神生み」)

◆『記紀』では、ニニギ命と大山津見神の娘・木花之佐久夜姫との間に火遠理命(彦火火出見命・日子穂々出見命)が生まれ竜宮に行かれる。そこで豊玉姫に出会い、竜宮から帰るときに綿津見神から潮満潮干の珠を授けられる。

本章では、珠は竜宮の乙姫から富士山の木花姫命に渡され、真澄の珠と共に大八洲彦命に授けられると、命は三ツの御魂大神と神格化される。「海幸山幸の段」と表現は違っているが、いずれも同じ意味。火遠理命は伊都能売命、三ツの御魂大神、つまり大海原を知しめすスサノオ尊の御用をされていたと推察される。

◆伊邪那岐命の禊祓の段では「……底筒之男命・中筒之男命・上筒之男命三柱の神は、墨江の三前の大神なり。……。ここに左の御目を洗ひたまひし時に成りませる神の名は、天照大御神。次に右の御目を洗ひたまひし時に成りませる神の名は、月読命。次に御鼻を洗ひたまひし時に成りませる神の名は、建速須佐之男命。……。」とある。墨江の三前の大神は三ツの御魂大神で祓と改革をされる。そして天照大御神には高天原を、月読命に夜之食国を知らせと事よさせ、八百万の神々が生まれると、これを統一する神が生まれねばならない。これが鼻から生まれた建速須佐之男命で海原を統一される神。つまり地球は、陸が三分で海が七分、これを治めるように分担が決まる。

第五章　一輪の秘密

厳《いづ》の御魂《みたま》の大神《おほかみ》は、シナイ山《ざん》の戦闘《せんとう》に魔軍《まぐん》を潰走《かいそう》せしめ、ひとまず竜宮城《りゅうぐうじょう》へ凱旋《がいせん》されたのは前述《ぜんじゅつ》のとおりである。

さて大八洲彦命《おほやしまひこのみこと》は天山《てんざん》、崑崙山《こんろんざん》、天保山《てんぽうざん》の敵《てき》を潰滅《かいめつ》し、天教山《てんきょうざん》に現《あら》われ、三個《こ》の神宝《しんぽう》を得《え》て竜宮城《りゅうぐうじょう》に帰還《きかん》し、つづいてエデンの園《その》に集《あつ》まれる竹熊《たけくま》の魔軍《まぐん》を破《やぶ》り、一時《じ》は神界《しんかい》も平《へい》和《わ》に治《おさ》まった。されど竹熊《たけくま》の魔軍《まぐん》は勢《いきお》いやむを得《え》ずして影《かげ》を潜《ひそ》めたるのみなれば、何《なん》どき謀《ぼう》計《けい》をもって再挙《さいきょ》を試《こころ》みるやも計《はか》りがたき状況《ありさま》であった。まず第《だい》一に魔軍《まぐん》の恐《おそ》るるものは三個《こ》の神宝《しんぽう》である。ゆえに魔軍《まぐん》は百方画策《ひゃっぽうかくさく》をめぐらし、或《ある》いは探女《さぐめ》を放《はな》ち、醜女《しこめ》を使《つか》い、この珠《たま》を吾《わ》が手《て》に奪《うば》わむとの計画《けいかく》は一時《じ》も弛《ゆる》めなかった。

○

茲《ここ》に艮《うしとら》の金神国常立尊《こんじんくにとこたちのみこと》は、山脈《さんみゃく》十字形《じがた》をなせる地球《ちきゅう》の中心蓮華台上《ちゅうしんれんげだいじょう》に登《のぼ》られ、四方《よも》の

蓮華台上をなす綾部の「本宮山」

国型《くにがた》を見《み》そなわし、天《てん》に向《むか》って神言《かみごと》（注一）を奏上《そうじょう》し、頭上《づじょう》の冠《かんむり》を握《と》り、これに神気《しんき》をこめて海上《かいじょう》に投《な》げ遣《や》りたまうた。その冠《かんむり》は海中《かいちゅう》に落《お》ちて一孤島《ことう》を形成《けいせい》した。これを冠島《かんむりじま》という。しかして冠《かんむり》の各処《かくしょ》より稲《いね》を生《しょう》じ、米《こめ》もゆたかに穣《みの》るようになった。ゆえにこの島《しま》を稲原《いばら》の冠《かんむり》といい、また茨《いばら》の冠《かんむり》ともいう。

つぎに大地《だいち》に向《むか》って神言《かみごと》を奏上《そうじょう》したまい、その穿《はか》せる沓《くつ》を握《にぎ》り海中《かいちゅう》に抛《な》げうちたまうた。沓《くつ》は化《か》して一孤島《ことう》を形成《けいせい》した。ゆえにこれを沓島《くつじま》という。**冠島《かんむりじま》は一名《めい》竜宮島《りゅうぐうじま》ともいい、沓島《くつじま》は一名《めい》鬼門島《きもんじま》ともいう。**

ここに国常立尊《くにとこたちのみこと》は厳《いづ》の御魂《みたま》、瑞《みづ》の御魂《みたま》および金勝要《きんかつかねの》神《かみ》に言依《ことよ》さしたまいて、この両島《りょうとう》に三個《みつ》の神宝《しんぽう》を秘《ひ》め置《お》

若狭湾に浮ぶ「冠島（左）・沓島（右）」

かせたまうた。

○

潮満《しほみつ》の珠《たま》はまた厳《いづ》の御魂《みたま》という。いづとは泉《いずみ》のいづの意《い》であって、泉《いずみ》のごとく清鮮《せいせん》なる神水《しんすい》の無限《むげん》に湧出《ゆうしゅつ》する宝玉《ほうぎょく》である。これをまたヨハネの御魂《みたま》という。

つぎに潮干《しほひる》の珠《たま》はこれを瑞《みづ》の御魂《みたま》といい、またキリストの御魂《みたま》という。みづの御魂《みたま》はみいづの御魂《みたま》の意《い》である。みいづの御魂《みたま》は無限《むげん》に火《ひ》の活動《かつどう》を万有《ばんゆう》に発射《はつしゃ》し、世《せ》界《かい》を清《きよ》むるの活用《かつよう》である。

要《よう》するに水《みづ》の動《うご》くは火《ひ》の御魂《みたま》があるゆえであり、また火《ひ》の燃《も》ゆるは水《みづ》の精魂《せいこん》があるからである。しかして火《ひ》は天《てん》にして水《みづ》は地《ち》である。故《ゆえ》に天《てん》は尊《とうと》く地《ち》は卑《ひく》し。ヨハネが水《みづ》をもって洗礼《せんれい》を施《ほどこ》すというは、体《たい》をさして言《い》える詞《ことば》にして、尊《とうと》き火《ひ》の活動《かつどう》を隠《かく》されておるのである。またキリストが霊《れい》（霊《れい》は火《ひ》なり）をもって洗礼《せんれい》を施《ほどこ》すというは、キリストの体《たい》をいえるものにして、その精魂《せいこん》たる水《みづ》をいいしに非《あら》ず。

○

ここに稚姫君命《わかひめぎみのみこと》、大八洲彦命《おほやしまひこのみこと》、金勝要大神《きんかつかねのおほかみ》は、三個《みつ》の神宝《しんぽう》を各自《かくじ》に携帯《けいたい》して、目無堅間《めなしかたま》の船《ふね》に乗《の》り、小島別《こじまわけ》、杉山別《すぎやまわけ》、富彦《とみひこ》、武熊別《たけくまわけ》、鷹取《たかとり》の神司《かみがみ》を引率《いんそつ》して、まずこの竜宮ケ嶋《りゅうぐうがしま》に渡《わた》りたまうた。しかして竜宮ケ嶋《りゅうぐうがしま》には厳《いづ》の御魂《みたま》なる潮満《しほみつ》の珠《たま》を、大宮柱太敷立《おほみやばしらふとしきたて》て納《おさ》めたまい、また瑞《みづ》の御魂《みたま》なる潮干《しほひる》の珠《たま》とともに、この宮殿《きゅうでん》に納《おさ》めたまうた。この潮満《しほみつ》の珠《たま》の又《また》の名《な》を豊玉姫神《とよたまひめのかみ》といい、潮干《しほひる》の珠《たま》の又《また》の名《な》を玉依姫神《たまよりひめのかみ》という。かくて潮満《しほみつ》の珠《たま》は紅色《こうしょく》を帯《お》び、潮干《しほひる》の珠《たま》は純白色《じゅんぱくしょく》である。

国常立尊《くにとこたちのみこと》は冠島《かんむりじま》の国魂《くにたま》の神《かみ》に命《めい》じて、この神宝《しんぽう》を永遠《えいえん》に守護《しゅご》せしめたまうた。この島《しま》の国魂《くにたま》の御名《みな》を海原彦神《うなばらひこのかみ》といい、又《また》の御名《みな》を綿津見神《わだつみのかみ》という。つぎに沓島《くつじま》に渡《わた》りたまいて真澄《ますみ》の珠《たま》を永遠《えいえん》に納《おさ》めたまい、国《くに》の御柱神《みはしらのかみ》（注二）をして之《これ》を守護《しゅご》せしめられた。国《くに》の御柱神《みはしらのかみ》は鬼門《きもん》ケ島《がじま》（注三）の国魂《くにたま》の又《また》の御名《みな》である。

○

いずれも世界《せかい》の終末《しゅうまつ》に際《さい》し、世界改造《せかいかいぞう》のため大神《おおかみ》の御使用《ごしよう》になる珍《うづ》の御宝《みたから》である。しかして之《これ》を使用《しよう》さるる御神業《ごしんぎょう》がすなわち一輪《りん》の秘密《ひみつ》である。

この両島《りょうとう》はあまたの善神皆竜《ぜんしんみなりゅう》と変《へん》じ、鰐《わに》と化《か》して四辺《へん》を守《まも》り、他神《たしん》の近《ちか》づくを許《ゆる》されないのである。（『霊界物語』第一巻・第三五章「一輪の秘密」大正一〇・一〇・二三・抜粋）

（注一）**神言**　霊魂や精霊世界を浄化する神徳を発揮する神の言葉。邪霊界に対して特にミソギ祓の神徳を発揮する祝詞。平安中期につくられた延喜式（律令の施行細則や、禁中の年中行事や制度）全50巻中第8巻に掲載される古代祝詞を言霊学により修正したものが『霊界物語』第60巻第14章「神言」に掲載される。（99頁注一参照）

（注二）**国の御柱神**　伊邪那美大神のまたの名。

（注三）**鬼門ケ島**　沓島は綾部から艮の方向にある。日本は、ユーラシア大陸の古代トルコのエルサレムから見て東北、艮の方向に当る。

◆記紀では、綿津見神は豊玉姫・玉依姫の親神である。しかしここでは、国祖により綿津見神に豊玉姫（潮満の珠・厳の御魂・ヨハネの御魂・赤色の珠・太陽）、玉依姫（潮干の珠・瑞の御魂・再臨のキリストの御魂・白色の珠・月）の守護を命じられる。これは「顕幽一致の法則」からして祭る神と、祭られる神が反対に書かれている。また国の御柱神も同様になっている。

厳瑞二霊、伊都能売神、つまり神素盞嗚大神は、世界の終末に際して、人は天地経綸の主体として世界改造のために政治・経済・教育・芸術・宗教など人類が最も必要な一乗唯一の『霊界物語』の御教をもって、神と共に改造されることが推察される。

第六章　伊邪那美命の身代り・竜宮の乙姫

人が地上に星のごとく生れ出で、増加するにより自然に自己保護上、体主霊従の悪風が吹き荒み、山、河、海、野を独占する神人や人間が現れる。地上に幾度となく天変地変が起きると、一時その時は改心するも緊張がゆるむと再び体主霊従の利己主義を発揮する。それ故、天の大神は現・幽・神の三界、すなわち三を立替える神人ミカエルを地上に下される。

伊邪那岐命は国生み神生みの神業後、天の香具山の鋼鉄《まがね》を掘り自ら十握の剣をあまた造り、荒振る神を武力をもって打ち罰《きた》めんと、各地の国魂に十握の剣を与え、曲津神を掃討せしめる神業を称して「御子迦具土神の御首を切りたまう」という。

伊邪那美命から迦具土神即ち「火の文明」が生まれると、そこに黄泉神・八種の雷神がドッと喰らい付き、それを伊邪那岐命が迦具土の首を切られると第一次世界大戦のような戦争が起きたことになる。

伊邪那岐大神の御子・日の出神は、淡路嶋に天下り、大台ケ原（和歌山）、天教山（富士山）を経て、豪州・アフリカを宣教し南米に向う途中、朝日丸の船中で面那《つらな》芸司《ぎのかみ》が竜宮に行ったとの話しを聞き、海に飛び込み竜宮に行かれる。そこには、黄泉国（体主霊従に汚れた国）から逃げ出した黄泉神・八種の雷神が、竜宮まで追って来た伊邪那美命に飛びかかり、再び死闘が繰り返されている。

日《ひ》の出神《でのかみ》は、ただ一人《ひとり》茫然《ぼうぜん》として怪《あや》しき物音《ものおと》に耳《みみ》を澄《す》ませ思案《しあん》に暮《く》るる折《お》りしも、以前《いぜん》の門番《もんばん》の淤縢山津見《おどやまづみ》（注一）はこの処《ところ》に現《あら》われ、

「貴下《きか》は大道別命《おおみちわけのみこと》に在《まし》さずや」

と顔《かお》を見《み》つめいる。日《ひ》の出神《でのかみ》は、

「貴下《きか》の御推察《ごすいさつ》に違《たが》わず、吾《われ》は大道別命《おおみちわけのみこと》、今《いま》は日《ひ》の出神《でのかみ》の宣伝使《せんでんし》なり。吾竜宮《われりゆうぐう》へ来《きた》りしは、黄金山《おうごんざん》の宣伝使《せんでんし》、面那芸司竜宮《つらなぎのかみりゆうぐう》（注二）に来《きた》れりと聞《き》き、一時《じ》も早《はや》く彼《かれ》を救《すく》わんがためなり。すみやかに乙米姫命《おとよねひめのみこと》にこの次第《しだい》を奏上《そうじよう》し、面那芸司《つらなぎのかみ》を吾《われ》に渡《わた》されよ」

と言《い》いつつ、淤縢山津見《おどやまづみ》の顔《かお》を見《み》て、

「オー、貴下《きか》は大自在天大国彦《だいじざいてんおおくにひこ》の宰相《さいしよう》、醜国別《しこくにわけ》にあらざるか。貴下《きか》は聖地《せいち》エルサレムの

宮《みや》を毀《こぼ》ち、神罰立所《しんばつたちどころ》にいたって帰幽《きゆう》し、根底《ねそこ》の国《くに》に到《いた》れると聞《き》く。しかるにいま竜宮《りゅうぐう》に金門《かなど》を守《まも》るとは如何《いか》なる理由《りゆう》ありてぞ。詳細《しょうさい》に物語《ものがた》られたし」

醜国別《しこくにわけ》は、

「御推量《ごすいりょう》に違《たが》わず、吾《われ》は、大自在天《だいじざいてん》の命《めい》を奉《ほう》じ、畏《おそ》れおおくも聖地《せいち》の宮《みや》を毀《こぼ》ちし大罪人《だいざいにん》なり。天地《てんち》の法則《ほうそく》に照《てら》され、根底《ねそこ》の国《くに》に今《いま》や墜落《ついらく》せんとする時《とき》、大慈大悲《だいじだいひ》の国治立尊《くにはるたちのみこと》は、侍者《じしゃ》に命《めい》じ吾《われ》を海底《かいてい》の竜宮《りゅうぐう》に救《すく》わせ給《たま》いたり。吾《われ》らはその大恩《たいおん》に酬《むく》ゆるため、昼夜《ちゅうや》の区別《くべつ》なく竜宮城《りゅうぐうじょう》の門番《もんばん》となり、勤務《きんむ》する者《もの》なり。あゝ、神恩無量《しんおんむりょう》にして量《はか》るべからず、禽獣虫魚《きんじゅうちゅうぎょ》の末《すえ》にいたるまで、摂取不捨《せっしゅふしゃ》大慈大悲《だいじだいひ》の神《かみ》の御心《みこころ》、いつの世《よ》にかは酬《むく》い奉《たてまつ》らむ」

と両眼《りょうがん》に涙《なみだ》をたたえ、さめざめと泣《な》き入《い》る。日《ひ》の出神《でのかみ》は、

「汝《なんじ》が来歴《らいれき》は後《あと》にてゆるゆる承《うけたま》わらん。一時《じ》も早《はや》く奥殿《おくでん》に案内《あんない》せよ」

醜国別《しこくにわけ》はやむを得《え》ず、力《ちから》なき足《あし》を運《はこ》ばせながら先《さき》に立《た》ちて、奥深《おくふか》く進《すす》み入《い》る。奥殿《おくでん》には

数多《あまた》の海神《かいじん》に取り囲《かこ》まれて、中央《ちゅうおう》の高座《こうざ》に、花顔柳眉《かがんりゅうび》の女神《めがみ》端然《たんぜん》として控《ひか》え、日《ひ》の出神《でのかみ》を一目見《ひとめみ》るより、忽《たちま》ちその座《ざ》を下《さが》り、満面笑《まんめんえみ》をたたえて、先《ま》ずまずこれへと招待《しょうたい》したり。日《ひ》の出神《でのかみ》は堂々《どうどう》と、何《なん》の憚《はばか》るところも無《な》く高座《こうざ》に着《つ》きける。女神《めがみ》は座《ざ》を下《さが》りて遠来《えんらい》の労《ろう》を謝《しゃ》し、かつ海底《かいてい》の種々《くさぐさ》の珍味《ちんみ》を揃《そろ》えて饗応《きょうおう》せり。**（海底《かいてい》とは遠嶋《えんとう》の譬《たとえ》なり）**

日《ひ》の出神《でのかみ》は、これらの珍味佳肴《ちんみかこう》に目《め》もくれず、女神《めがみ》に向《むか》い、

「吾《われ》は神伊弉諾《かむいざなぎ》の大神《おおかみ》の御子《みこ》大道別命《おおみちわけのみこと》、今《いま》は日《ひ》の出神《でのかみ》の宣伝使《せんでんし》、現《げん》、神《しん》、幽《ゆう》の三界《さんかい》に渉《わた》り、普《あまね》く神人《しんじん》を救済《きゅうさい》すべき神《かみ》の御使《おんつかい》、今《いま》この海底《かいてい》に来《きた》りしも、海底深《かいていふか》く沈《しず》める神人万有《しんじんばんゆう》を救済《きゅうさい》せんがためなり。かの騒々《そうぞう》しき物音《ものおと》は何《なん》ぞ、包《つつ》み秘《かく》さず其《そ》の実情《じつじょう》を我《われ》に披見《ひけん》せしめよ」

と儼然《げんぜん》として述《の》べ立《た》てたまえば、女神《めがみ》は涙《なみだ》を湛《たた》えながら、

「実《げ》に有難《ありがた》き御仰《おんおお》せ、これには深《ふか》き仔細《しさい》あり、高天原《たかあまはら》に現《あら》われたまいし神伊弉冊命《かむいざなみのみこと》、黄泉国《よもつくに》（注三）に出《い》でましてより、黄泉国《よもつくに》の穢《けが》れを此処《ここ》に集《あつ》めたまい、**今《いま》まで安楽郷《あんらくきょう》と聞《きこ》えたる海《かい》**

底《てい》の竜宮《りゆうぐう》も、今《いま》はほとんど根底《ねそこ》の国《くに》と成《な》り果《は》てたり。わらわは最早《もはや》これ以上申上《いじようもうしあ》ぐる権《けん》限《げん》を有《ゆう》せず、推量《すいりよう》あれ」

と涙《なみだ》に咽《むせ》びけり。

日《ひ》の出神《でのかみ》は神言《かみごと》を奏上《そうじよう》したまえば、たちまち四辺《あたり》を照《て》らす大火光《だいこうこう》、日《ひ》の出神《でのかみ》の身体《しんたい》より放射《ほうしや》し、巨大《きよだい》なる火《ひ》の玉《たま》となりて竜宮《りゆうぐう》を照破《しようは》せり。見《み》れば母神《ははがみ》の伊弉冊命《いざなみのみこと》を、八種《やくさ》(注四)の雷《いかずち》神《がみ》取《と》り囲《かこ》み、その御頭《みかしら》(注五)には大雷《おおいかずち》、御胸《みむね》(注六)には火《ほ》の雷《いかずち》おり、御腹《みはら》(注七)には黒雷《くろいかずち》、陰所《みほと》(注八)には拆雷《さくいかずち》おり、左《ひだり》(注九)の手《て》には若雷《わかいかずち》 おり、右《みぎ》(注一〇)の手《て》には土雷《つちいかずち》 おり、左《ひだり》(注一一)の足《あし》には鳴雷《なるいかずち》 おり、右《みぎ》の足《あし》には伏雷《ふしいかずち》 おり命《みこと》の身辺《しんぺん》を悩《なや》ませ奉《たてまつ》りつつありければ、日《ひ》の出神《でのかみ》は、火《ひ》の玉《たま》となりて飛《と》び廻《まわ》りける。探女醜女《さぐめしこめ》、黄泉神《よもつかみ》(注一二)の群《むれ》は、蛆簇《うじたか》り轟《とどろ》きて目《め》も当《あ》てられぬ惨状《さんじよう》なり。かかるところへ乙米姫神《おとよねひめのかみ》現《あら》われ来《きた》り、

「妾《われ》は神伊弉冊命《かむいざなみのみこと》の御身代《おんみがは》りとなって仕《つか》え奉《まつ》らん、伊弉冊神《いざなみのかみ》は一時《じ》も早《はや》くこの場《ば》を逃《のが》れ、日《ひ》の出神《でのかみ》に護《まも》られて、常世《とこよ》の国《くに》に身《み》を逃《のが》れさせ給《たま》へ」

というより早《はや》く、八種《やくさ》の雷《いかづち》の神《かみ》の群《むれ》に飛《と》び入《い》りぬ。八種《やくさ》の雷神《いかづちがみ》、その他の醜神《しこがみ》は、竜宮《りゅうぐう》城《じょう》の美神《びしん》、乙米姫命《おとよねひめのみこと》に向《むか》って、前後左右《ぜんごさゆう》より武者《むしゃ》ぶり附《つ》く。伊弉冊命《いざなみのみこと》に附着《ふちやく》せる枉神《まがかみ》は、一《ひと》つ火《び》の光《ひかり》に照《てら》されて残《のこ》らず払拭《ふつしょく》されたり。

面那芸司《つらなぎのかみ》は伊弉冊命《いざなみのみこと》を救《すく》うべく、必死《ひつし》の力《ちから》を尽《つく》して戦《たたか》いつつありけれども力及《ちからおよ》ばず、連《れん》日連夜戦《じつれんやたたか》いつづけ、その声門外《こえもんがい》に溢《あふ》れいたりしなり。これにて竜宮《りゅうぐう》の怪《あや》しき物音《ものおと》、阿鼻叫《あびきょう》喚《かん》の声《こえ》の出所《しゅつしょ》も、ようやくに氷解《ひょうかい》されにける。

日《ひ》の出神《でのかみ》は神文《しんもん》を唱《とな》えたまえば、たちまち以前《いぜん》の大亀現《おおがめあら》われきたり、門外《もんがい》に立《た》ち塞《ふさ》がりぬ。日《ひ》の出神《でのかみ》は、伊弉冊命《いざなみのみこと》を守《まも》り、面那芸司《つらなぎのかみ》および正鹿山津見《まさかやまづみ》（注一三）、淤縢山津見《おどやまづみ》と共《とも》に、八尋《やひろ》の亀《かめ》に跨《またが》り海原《うなばら》の波《なみ》を分《わ》けて、海面《かいめん》に浮《う》き出《い》で、常世《とこよ》の国《くに》に渡《わた》り、ロッキー山《ざん》（注一四）に伊弉冊命《いざなみのみこと》を送《おく》り奉《たてまつ》りたり。

その後《ご》の海底竜宮城《かいていりゅうぐうじょう》は、体主霊従《たいしゅれいじゅう》、弱肉強食《じゃくにくきょうしょく》の修羅場《しゅらじょう》と化《か》し、八種《やくさ》の雷神《らいじん》の荒《すさ》びは日《ひ》に月《つき》に激《はげ》しくなり来《きた》り、ついには黄泉比良坂《よもつひらさか》（注一五）の戦《たたか》いを勃発《ぼつぱつ》するのやむなきに立《た》ち到《いた》りける。

（『霊界物語』第八巻・第一二章「身代り」大正一一・二・七　旧一・一一）

＜附《ふ》言《げん》＞

伊弉冊命《いざなみのみこと》の火《ひ》の神《かみ》を生《う》みまして、黄泉国《よもつのくに》に至《いた》りましたるその御神慮《ごしんりよ》は、黄泉国《よもつのくに》より葦原《あしはら》の瑞穂《みづほ》の国《くに》に向《むか》って、荒《すさ》び疎《うと》びくる曲津神達《まがつかみたち》を黄泉国《よもつのくに》に封《ふう》じて、地上《ちじよう》に現《あら》われ来《きた》らざるよう牽制的《けんせいてき》の御神策《ごしんさく》に出《い》でさせられたるなり。

それより黄泉神《よもつのかみ》は海《うみ》の竜宮《りゆうぐう》に居所《きよしよ》を変《へん》じ、ふたたび葦原《あしはら》の瑞穂《みづほ》の国《くに》を攪乱《かくらん》せんとする形勢《けいせい》見《み》えしより、又《また》もや海《うみ》の竜宮《りゆうぐう》に伊弉冊大神《いざなみのおほかみ》は至《いた》らせたまい、ここに牽制的経綸《けんせいてきけいりん》を行《おこな》わせ給《たま》いつつありける。乙米姫命《おとよねひめのみこと》を身代《みがわ》りとなして黄泉神《よもつのかみ》を竜宮《りゆうぐう》に封《ふう》じ置《お》き、自《みずか》らは日《ひ》の出《での》神《かみ》に迎《むか》えられて、ロッキー山《ざん》に立籠《たてこも》るべく言挙《ことあ》げしたまい、ひそかに日《ひ》の出神《でのかみ》、面那芸司《つらなぎのかみ》とともに伊弉諾《いざなぎ》の大神《おおかみ》の在《まし》ます天教山《てんきようざん》に帰《かえ》りたまいぬ。されど世《よ》の神々《かみがみ》も人々《ひとびと》も、この水《みず》も漏《も》らさぬ御経綸《ごけいりん》を夢《ゆめ》にも知《し》るものは無《な》かりける。

○ロッキー山《ざん》に現《あら》われたる伊弉冊命《いざなみのみこと》はその実常世神王《じつとこよしんのう》の妻大国姫《つまおおくにひめ》に金狐《きんこ》(注一六)の悪霊憑依《あくれいひょうい》して、神名《しんめい》を騙《かた》り、常世神王《とこよしんのう》(注一七)大国彦《おおくにひこ》には八岐《やまた》の大蛇《おろち》の悪霊憑依《あくれいひょうい》し、表面《ひょうめん》は、日《ひ》の出神《でのかみ》と偽称《ぎしょう》しつつ、種々《しゅじゅ》の作戦計画《さくせんけいかく》を進《すす》め、遂《つい》に黄泉比良坂《よもつひらさか》の戦《たたか》いを起《おこ》したるなり。故《ゆえ》に黄泉比良坂《よもつひらさか》において伊弉冊命《いざなみのみこと》の向《むか》い立《た》たして事戸《ことど》を渡《わた》したもうたる故事《こじ》は、真《しん》の月界《げっかい》の守《まも》り神《がみ》なる伊弉冊《いざなみの》大神《おほかみ》にあらず大国姫《おおくにひめ》の化身《けしん》なりしなり。

（『霊界物語』第八巻・第二四章「盲目審神」〈附言〉大正一一・二・八　旧一・一二）

(注一) **淤縢山津見**　伊邪那美命から生れた迦具土神の御胸に成りませる神の御名。胸は心臓、肺臓の位置にあり、政治家であれば大臣とか次官、これらの人々が内心は胸を痛めおどおどし軍隊や警察の力で民衆を強圧する意。ここでは元大自在天・大国彦の宰相・醜国別が善神に立ちかえり、国治立尊（＝国祖の神）から賜った名前。

(注二) **面那芸司**　インド白雪郷の酋長。日の出神から賜った名前。黄金山の宣伝使。

（注三）**黄泉国**　死後の世界をいうのではない。今日の荒れた世界の状態を黄泉国という。ここでは外国・異国の意。

（注四）**八種の雷**　露骨な運動を起し、相手を力かぎり攻撃すること。ここでは霊主体従の国を占領し、利権獲得に戦いを開く賊軍の意。

（注五）**御頭には大雷**　頭は体主霊従の主権者。大統領など大きな雷、悪魔、強い不可抗力。

（注六）**御胸には火の雷**　胸は大臣で、悪を考えるものが潜んでいること。学者、知識階級大宗教家の偽善者など。

（注七）**御腹には黒雷**　腹黒い国民の中堅が悪に染まっていること。

（注八）**陰所に拆雷《さくいかずち》**　国にたとえると百姓、労働者で世の中を拆く、引裂くの意。

（注九）**左の手には若雷**　左手は神では天津神、民衆であれば上流社会、まだ若くて熟さない富豪家の青年や学生の精神が荒れていること。

（注一〇）**右の手には土雷**　右手は国津神、土は百姓。民衆では下層階級の青年、学生の精神が荒ていること。

（注一一）**左の足には鳴雷、右の足には伏雷**　軍隊の中に悪い思想があり、伏せるとは伏せていること。

（注一二）**黄泉神**　暗黒社会を支配している体主霊従国の主権者、大統領の意。ここでは体主霊従の神。

（注一三）**正鹿山津見**　迦具土神の御頭に成りませる神の名。強く尊い位置にある悪い神と云う意味。ここでは元エルサレムの天使長・桃上彦の後身の名で、珍の都の城主。失政のために根底の国に落ちるところを高照姫神（葦原の瑞穂国の守り神）に救われ竜宮の門番となる。

（注一四）**ロッキー山**　ロッキー山脈は北アメリカ大陸西部を南北に走る大山脈。コルディエラ山系に属し、最高峰はエルバート山（標高 4399 メートル）。物語では那岐・那美の国生み神生みにより、ロッキー山の国魂神は国玉別・国玉姫が任じられている。そこに偽日の出神、偽伊邪那美命が君臨する。

（注一五）**黄泉比良坂**　神素嗚盞大神の経綸に対して、社会が善に向かうか、悪の経綸に向かうか、世界の大峠、天下興亡の分水嶺。第二次世界大戦であったのだが…。

（注一六）**金狐の悪霊**　金毛九尾の悪霊。神代の昔、インドに発生した極陰性、陰湿な邪気が凝った邪霊。国々の八王八頭の相手の女性の霊に憑り主神の神業、経綸の邪魔をする。

（注一七）**常世神王大国彦**　常世神王は大自在天を改称した名。日の出神を偽称し黄泉比良坂の戦を起す。常世の国の総大将。大自在天一派は、精鋭なる武器、権力、知識、天の磐船、鳥船など無数に所持し、併呑のみを唯一の手段とする。体主霊従、

弱肉強食の政治を行う。（本文20頁ウイルソン。112〜113頁注二・三・盤古大神・大自在天参照）

◆『記紀』には伊邪那美命が迦具土神を生み、神去られ比婆山に葬られることが書かれている。

しかし、『霊界物語』では、黄泉国で伊邪那岐命が八握の剣で八種の雷神を切ると雷神は竜宮に逃げる。それを伊邪那美命が追いかけると再び雷神は命に群がってゆく。そこに日の出神が現れ命を助け天教山（富士山）に案内される。一方竜宮では、命に代わり竜宮の乙姫が黄泉神の群れに飛び込まれると雷神は乙姫にくらいつく。これによりやがて黄泉比良坂の大戦となるが、「事戸」を渡したのはニセモノで真の比良坂ではなかった。これを推察するに、伊邪那美命から迦具土神・火の文明が生まれ八種の雷神が群がり、ヨーロッパで第一次大戦が起こる。この戦が終結すると、再び戦争が勃発し、やがて第二次世界大戦・黄泉比良坂の戦へとエスカレートする。しかしこの戦は人類解放目的から始ったが、竜宮の乙姫の所有する資源、経済など利益を求めた利己主義の戦で、真の「事戸」をわたす戦ではなかった。

それ故、比良坂の戦は、政治、経済、資源、民族、宗教戦争へと形が変って続けられることになる……。

第四編　王仁巡教　壱岐・対馬

第一章　皇典に現はれたる神蹟に就いての見解

皇典《こうてん》にある造化《ぞうか》の三神《しん》は固《もと》より、別天神《ことあまつかみ》(注一)とは非人格《ひじんかく》の神《かみ》であるが、爾余《じよ》（＝その他）の神柱《かんばしら》は人格神《じんかくしん》である、況《いは》んや伊邪那岐《いざなぎ》、伊邪那美《いざなみ》の夫婦《めおと》の神《かみ》を非人格《ひじんかく》に見做《みな》すのは間違《まちが》いである。二尊《そん》の国生《くにう》み、島生《しまう》みとは肉体《にくたい》を以《も》って国魂《くにたま》、司《つかさ》の神々《かみがみ》を生《うま》れたことである。

伊邪那美尊《いざなみのみこと》(注二)の御陵墓《ごりようぼ》たる比婆《ひば》の山《やま》は出雲国能義郡《いずものくにのぎぐん》の山間部《さんかんぶ》に当《あた》る母里《もり》の郷《さと》にありて、瓢形《ひさごがた》(注三)を為《な》している、前方後円《ぜんぽうこうえん》の塚《つか》は神武天皇以後《じんむてんのういご》の形式《けいしき》である。

それから「最後《いやはて》に其妹伊邪那美命《そのいもいざなみのみこと》身自《みづか》ら追《お》い来《きたり》ましき。即《すなは》ち千引《ちびき》の岩《いわ》を其黄泉比良坂《そのよもつひらさか》に引塞《ひきさ》へて」と『古事記《こじき》』にあるのは、鳥取県西伯郡賀里村大蔵山《とつとりけんさいはくぐんがりむらおおくらやま》の中腹天宮《ちゆうふくてんぐう》にある、巨大《きよだい》なる霊石《れいせき》がその遺跡《いせき》である。また伊邪那岐尊《いざなぎのみこと》が黄泉軍《よもつぐん》に追《お》われ、黄泉比良坂《よもつひらさか》の坂本《さかもと》の桃子《もものみ》(注四)三箇《みつ》取《と》って待《ま》ち撃《う》ちて撃退《げきたい》されたのも同所《どうしよ》である。

現《げん》に山下《やました》に当《あた》って自然林《しぜんりん》の桃園《ももぞの》を為《な》している桃子《もものみ》を称《とな》えて意富加牟豆命《おほかむづみのみこと》の御名《みな》を賜《たまわ》っ

たというのは天宮《てんぐう》の祭神《さいじん》となっている。

○

伊邪那岐尊《いざなぎのみこと》を祀《まつ》る、滋賀県《しがけん》の官幣大社多賀神社《かんぺいたいしゃたがじんじゃ》は、同尊《どうそん》の御陵《ごりょう》の跡《あと》であり、さらに神界《しんかい》の疑問《ぎもん》とされている竜宮島《りゅうぐうじま》は対馬《つしま》であって、同島《どうとう》浅海湾《あそうわん》の国幣中社《こくへいちゅうしゃ》海神神社《わだつみじんじゃ》は竜宮城《りゅうぐうじょう》の跡《あと》であり、龍宮《りゅうぐう》の乙姫《おとひめ》豊玉姫《とよたまひめ》、国魂神《くにたまのかみ》の天狭手依彦《あめのさでよりひこ》、姫夫婦《ひめふさい》の二神《しん》をも合祀《ごうし》し大鳥居《おおとりい》の右《みぎ》側《がわ》には天《あめ》の玉《たま》の井《い》、湯津香木《ゆつかつら》があり、天狭手依彦《あめのさでよりひこ》の古墳《こふん》として巨大《きょだい》なる石棺《せっかん》さえ遺《のこ》っている。最《もっと》も(注五)沖縄県《おきなわけん》の琉《りゅう》と球《きゅう》の二島《とう》も龍宮《りゅうぐう》に関係《かんけい》がある。

○

彦火々出見尊《ひこほほでみのみこと》（＝山幸彦《やまさちひこ》）の召《め》された目無《めな》し堅間《かたま》の舟《ふね》とは三五教《あなないきょう》（＝誠《まこと》の教《おしえ》）と謂《い》うことで、山幸彦《やまさちひこ》を導《みちび》いた塩槌《しおつち》の翁《おきな》（オジとも呼《よ》ぶ）とは国常立尊《くにとこたちのみこと》の又《また》の御名《おんな》である。山幸彦《やまさちひこ》の尊《みこと》は海神《わだつみ》の女《め》豊玉姫《とよたまひめ》と婚《くなが》い給《たま》い、居《い》ますこと三年《とせ》の後《のち》、亀《かめ》に乗《の》って還《かえ》られたが、その亀《かめ》とは対馬《つしま》のことで、地形変化《ちけいへんか》以前《いぜん》の太古《たいこ》は島状亀《しまじょうかめ》の格好《かっこう》をなし、今日《こんにち》では細長《ほそなが》い島《しま》になっている。毎年出雲《まいとしいずも》の日《ひ》（注六）の御碕神社《みさきじんじゃ》と佐太神社《さたじんじゃ》へ上《あ》がる、亀甲型頭状《きっこうがたとうじょう》の白《しろ》い長《なが》いもの即《すなわ》ち俗《ぞく》にいう龍神《りゅうじん》は海神神社《わだつみじんじゃ》の眷族《けんぞく》に外《ほか》ならぬ。

○

山幸彦《やまさちひこ》の尊《みこと》が海神《わたつみ》から得《あたえ》られた潮干《しおひる》の玉《たま》、潮満《しおみつ》の玉《たま》というのは物体《ぶったい》ではなくて、月《つき》の働《うご》きを指《さ》し瑞霊《ずいれい》の東京進出《とうきょうしんしゅつ》にも深《ふか》い関係《かんけい》を持《も》っている。

つぎに山幸彦《やまさちひこ》とは日本《にほん》の遣方《やりかた》、海幸彦《うみさちひこ》とは外国《がいこく》の遣方《やりかた》を説明《せつめい》したもので、今日《こんにち》の国状《こくじょう》からいえば外国《がいこく》の海幸彦《うみさちひこ》が、山幸彦《やまさちひこ》である日本《にほん》の先進国即《せんしんこくすなわ》ち兄国《あにくに》にされているものの天運《てんうん》循環《じゅんかん》と共《とも》に外国《がいこく》が日本《にほん》にしたがわねばならぬ時節《じせつ》が到来《とうらい》するのである。（文責在記者・吉野花明）

（『更生日記』第二巻・昭和六年二月二五日『參陽（注六）新報所載記事』

「皇典に現れたる神蹟についての見解・大本総統・出口王仁三郎」）

―（注一）**別天神**　造化三神である天之御中主神・高御産巣日神・神産巣日神に、宇摩志訶《うましあしか》―

備比古遅神《びひこひこじのかみ》、天常立神《あめのとこたちのかみ》を加える。

（注二）**伊邪那美尊の御陵墓**　『古事記』「黄泉比良坂」には、「出雲の国と伯耆《ほうき》の国との境、比婆の山に葬《かく》しまつりき」とある。また『日本書紀』『先代旧事本紀』には、これと併記して「伊邪那美尊、紀伊国の熊野の有馬村に葬《かく》る」と記される。本書の「出雲国能義郡の山間部に当る母里《もり》の郷」は現在の島根県安来市伯太町母里（＝横屋・井尻）にあたり比婆山（標高320メートル）の山頂にご神陵がある。この他にも出雲地方には、伊邪那美尊の因縁の地が多数あり、また熊野神社として全国に祭祀される。

比婆山とは火場《ひば》の意から来ていると云われ、記紀では伊邪那美尊が迦具土神、火の文明を産み神去られる。

比婆山の近辺日野川・斐伊川上流には古代から良質の砂鉄を産出し、奥出雲では現在も製鉄が行なわれている。比婆山頂の比婆山久米神社（熊野神社）は、御陵をご神体とする峯山大権現と呼ばれ、明治の神仏分離まで戦国時代の尼子氏《あまこし》や母里の藩主・松平公など多くの人々の信仰を集めていた。

○

「丹波は昔丹波の泥海といって全部が湖水であり、綾部も亀岡も勿論その泥海のような中にあった。本宮山（綾部）もその湖水の水面に頂上だけが出ていて、太古に素盞嗚尊が出雲から出て来られた時に、本宮山の上に素盞嗚尊の母神であらせられる伊邪那美尊様をお祀りになったのであって、これを熊野神社と名づけられた。その後素盞嗚尊様は紀州方面に御進発になり、紀州にもまた本宮・新宮・那智といふ熊野三社をお祀りになったのである。」（『大本七十年史』上巻442頁）

○

熊野三山、三社の御本体は瑞の霊（三ツの魂）の神の変名。熊野三神別けて神素盞嗚大神と奉唱する。紀伊国熊野山は本地彌陀の薬師観音の霊場地。熊野三社弥陀と薬師と観音は三つの御魂の権現なりけり。（『月鏡』「十和田湖の神秘」258頁）

（注三）**瓢形**　古墳は弥生時代の終り三世紀末から七世紀末頃までに築造された墳墓を古墳と呼んでいる。古墳の形状は前方後円墳にはじまり十数種類ある。考古学では、瓢形を「双円墳」と称し円墳二つを連結させた形で、前方後円墳より新しいとされる。全国的にも珍しく東大阪市の夫婦塚古墳、瓢箪山古墳、大阪府南河内郡河南町の金山古墳がある。古代朝鮮の新羅、現慶州地方に多く、韓国では瓢形墳と呼んでいる。古代の埋葬で瓢形のカメに納棺された姿で発掘される場合がある。不思議がられているが、伊邪那美尊の風習によると推察されるのですが。

（注四）**桃子三箇**　誓約によって生れた三女神。瑞の御魂の教え、あるいは言霊の意。

（注五）**沖縄県の琉と球の二島も竜宮に関係がある**　『霊界物語』「海洋万里」第二十七巻

には瑞霊（素嗚盞尊）の化身である言依別命・国依別の宣伝使は、三千年の三寒三熱の苦行を終えた大竜別・大竜姫が保持する琉・球の宝玉、「潮満・潮干珠」を受取られ、大竜別・大竜姫の竜神は一切の執着を去り、天に昇って水分神となり降雨を調節する大神とならせ給う。

（注六）**日の御碕神社と佐太神社**　日の御碕神社は島根県出雲市大社町日野碕にあり神素嗚盞尊（上の本社）・天照大日孁貴（下の本社・天照大神）を祭祀する。佐太神社はJR松江駅の北八キロにあり佐太大神（＝猿田彦）はじめ素嗚盞尊・天照大神などを祭祀する。
出雲は、素嗚盞尊・大国主命の栄えた都、宍道湖の北側出雲大社はじめ古曽志町などには素盞嗚尊の子供達を鎮座する神社が点在し、その近くから古墳が各地で発見されている。鉄工・農業・建築の高い技術、海外との文化の交流が盛んに行われていた古代の要所。出雲王朝が形成されていたことがうかがわれる。

また平成二十一年九月三十日発表された砂原遺跡（島根県出雲市多伎）からは、十二万年前の旧石器が発見され、日本最古の旧石器（中期）とされている。

（注七）**参陽新報**　愛知県豊橋で明治三十二年に創刊された日刊紙、昭和十三年に廃刊となった。

◆上古の対馬は、大陸から日本列島が分離され「島状亀の格好から、細長くなった」との指摘は、琉球（沖縄）も竜宮島で、神代の広さは現在の沖縄諸島の十倍の広さ、琉と球の島に別れ球の島は台湾近くまで達しており、それが沈下した、と云われる。

（『霊界物語』27巻・第8章「琉と球」）

◆**出雲と対馬**　『おほもと』誌・昭和四十九年十一月号「聖地の萩と大山」（下）、大国美都雄氏の対談

「大山にわだかまる山賊を退治した素盞嗚尊が神剣を得たということは、その地方の権力を一手に握られたということにもなる。素盞嗚尊は、一応大山祇命にまかせられ、大《だい》山《せん》の尾根をつたって八雲山（342メートル）にこられた。八雲山は東に伯耆大山、西に三瓶山《さんべやま》、北に宍道湖、その右手に中海、出雲国原を一望する天下の名山である。ここで「我が御心すがすがし」とのりたまいて須賀の宮居（＝須賀神社、ご祭神・須佐之男命と奇稲田比売命）を築かれ国造の緒につかれる。しかし、ここでは不便なので、ここを奥の院として拠点を移し出雲大社の方面に館を建てられた。海と陸の関連性があり、大山・三瓶山が日本海航路の目標とされ、大社近くの沿岸には海流が流れ込んでくるところであって、神人の集合する場所である。ここ出雲の拠点と関連して対馬がある。出雲の佐太神社の近くの海岸と日御碕神社近くの海岸に、それぞれの社紋を

つけた竜蛇（海蛇）が毎年あがってくるのが神有月（一般には神無月・旧暦の10月）のころである。

昭和五年に出口聖師が突然「大国、壱岐 対馬へ行くからついてこい」、例の竜蛇に関するることについて「実体をみせてやるからついてこい。竜宮にいってこよう」とおっしゃる。そこで壱岐 対馬を巡って和多都美神社を参拝してはじめて竜蛇のあがってくる意味「対馬は竜宮である」という謎がとけた。

対馬の和多都美神社で不思議なことがあった。一般の人は拝殿が許されなかったが、私は聖師について拝殿まであがった。そこで実際に二尾の白い竜蛇を見せられ驚いた。ここは海の主神・綿津見の神を祀る神人が奉仕していた。ここのお使いが竜体で、年一回出雲の大国主命（＝素盞嗚尊）の所へ貢物をもって報告にくる。神界では竜神、竜体の背に乗って報告にくることがずっと繰り返されているそうです。日露戦争の時、日本海海戦でロシアのバルチック艦隊が通過するとき間断なく情報がもたらされ、その時は竜蛇が三十八体あがったそうです。そういう霊界のことの一部が現界にあらわれて、例の連合艦隊の秋山参謀など、神様から事前にバルチック艦隊の動きを霊眼でみせられ勝利を得ている。対馬は瑞の御魂の分霊の働きで守っておられる。」（略記）

第二章　出口聖師の壱岐・対馬ご巡教略記

古代《こだい》・中世《ちゆうせい》・近世初頭《きんせいしよとう》における日本《にほん》の表玄関《おもてげんかん》であった九州玄海灘《きゆうしゆうげんかいなだ》の壱岐《いき》・対馬《つしま》は、神武天皇以前《じんむてんのういぜん》の原初《げんしよ》を学《まな》ぶことができる竜宮島《りゆうぐうじま》。出口聖師《でぐちせいし》は、壱岐《いき》を昭和五年《しようわねん》九月二十一日《がつにち》に、対馬《つしま》を二十四日《か》に訪問《ほうもん》され当時《とうじ》の記録《きろく》が『庚午日記《こうごにつき》』「聖師様山陰及《せいしさまさんいんおよ》び壱岐対馬御旅行《いきつしまごりよこう》記《き》」第《だい》八巻《かん》・九巻《かん》の中《なか》に遺《のこ》される。

一、壱　岐

壱岐《いき》は神代《かみよ》の昔《むかし》より友嶋《ともしま》、対馬《つしま》と共《とも》にその位置《いち》は遠《とお》くベーリング海《かい》より日本海《にほんかい》をぶっ通《とお》して来《く》る親潮《おやしお》（＝寒流《かんりゆう》）と、西太平洋《にしたいへいよう》を環流《かんりゆう》し来《く》る黒潮《くろしお》（＝暖流《だんりゆう》）との相戦《あいたたか》う玄海《げんかい》の洋中《ようちゆう》、日本列島《にほんれつとう》と朝鮮半島《ちようせんはんとう》との間《あいだ》に介在《かいざい》するを以《も》って古代《こだい》より大陸《たいりく》との連絡上極《れんらくじようきわ》めて重要《じゆうよう》な地《ち》位《い》にあり、大陸文化輸入《たいりくぶんかゆにゆう》の道程《どうてい》と成《な》ったのである。

(注一)神功皇后《じんぐうこうごう》の新羅《しらぎ》征伐《せいばつ》、(注二)豊太閤《ほうたいこう》の朝鮮《ちょうせん》征伐《せいばつ》、あるいは(注三)刀伊《とい》賊《ぞく》の侵入《しんにゅう》、(注四)元軍《げんぐん》の来寇《らいこう》など何《いず》れも道《みち》を壱岐《いき》にとりたる史実《しじつ》を見《み》ても知《し》られているのである。しかして神代《かみよ》より国津神系《くにつかみけい》の民族《みんぞく》が本嶋《ほんとう》を占拠《せんきょ》して極《きわ》めて粗野《そや》なる生活《せいかつ》を営《いとな》み石器《せっき》を利用《りよう》し、石畳《いしだたみ》の古墳《こふん》を営《いとな》める遺跡《いせき》を始《はじ》めとし、幾度《いくたび》の外征《がいせい》と入寇《にゅうこう》とに関《かん》する伝説《でんせつ》と史実《しじつ》、就中《なかんずく》神功皇后《じんぐうこうごう》の御寄港《ごきこう》などの特筆《とくひつ》すべき遺跡《いせき》多《おお》く、その他《ほか》にも古《いにしえ》よりの神秘的《しんぴてき》挿話《そうわ》も多《おお》くして、いみじき物語《ものがたり》も沢山《たくさん》にある。されどその古《ふる》い昔《むかし》の詳細《しょうさい》なる史実《しじつ》のカーテンに包《つつ》まれているものが沢山《たくさん》にあるということである。（昭和5年『庚午日記』第8巻）

○

午後《ごご》五時《じ》三十分《ぷん》波浪《はろう》高《たか》き中《なか》を壱岐《いき》芦辺《あしべ》に着《つ》く。ここには多数《たすう》宣信徒《せんしんと》の乗《の》れる発動船《はつどうせん》宣伝《せんでん》歌勇《かいさ》ましく御迎《おむか》え、近《ちか》き海岸《かいがん》には壱岐《いき》五支部《しぶ》員《いん》約《やく》二百名《めい》道《みち》の両側《りょうがわ》に堵列《とれつ》して御迎《おむか》え、直《ただ》ちに自動車《じどうしゃ》に分乗《ぶんじょう》、約《やく》二十丁《ちょう》の諸吉《もろよし》神園《しんえん》字《あざ》なる壱岐《いき》支部《しぶ》着《ちゃく》。各員《かくいん》へ御面接《ごめんせつ》と共《とも》に五支部《しぶ》へそれぞれ御神像《ごしんぞう》の御下《おさ》げものあり、一同《どう》歓喜《かんき》せざるものなし。隣家《りんか》にて開催《かいさい》の講演会《こうえんかい》に大国《おおくに》宣伝使《せんでんし》、約《やく》二時間《じかん》の話《はなし》あり。

午後《ごご》一時《じ》福岡分所《ふくおかぶんしょ》を立《た》ち出《い》でて博多港《はかたこう》波止場《はとば》に自動車《じどうしゃ》馳《は》せたり

（＝壱岐支部・9月21日）

博多港《はかたこう》来《きた》りて見《み》れば宣信徒《せんしんと》一百名《めい》吾《われ》待《ま》ちてあり

三十分《ぷん》出船《しゅつこう》遅《おく》れて睦丸《むつまる》は漸《やうや》く艫《ともづな》解《と》きそめにけり

海岸《かいがん》に神旗《しんき》打《う》ち振《ふ》り宣信徒《せんしんと》影《かげ》見《み》えぬまで吾船《わがふね》見送《みおく》る

海《うみ》の面《おも》晴《は》れ渡《わた》りつつ風凪《かぜな》ぎていとも静《しづ》けき船《ふね》の上《へ》の旅《たび》

元寇《げんこう》の記念《きねん》を語《かた》る博多湾《はかたわん》の波《なみ》の音《おと》にも忍《しの》ぶそのかみ

睦丸《むつまる》の動揺《どうえう》刻々《こくこく》強《つよ》くなりて海《うみ》の面《おも》ちらちら波《なみ》の花《はな》咲《さ》く

睦丸《むつまる》は芦辺《あしへ》の浜《はま》に近《ちか》よりて荒浪《あらなみ》受《う》けつつ碇泊《ていはく》なしたり

吾《わが》一行《かう》迎《むか》へんとして発動船《はつどうせん》に神旗《しんき》をかざし宣信《せんしん》漕《こ》ぎ寄《よ》る

壱岐《いき》の国《くに》五ケ所《しよ》の支部員《しぶいん》芦辺浜《あしべのはま》に人垣造《ひとがきつく》りて勇《いさ》める夕刻《ゆふこく》

自動車《じどうしや》を三台並《だいなら》べて一行《かう》は壱岐《いき》支部《しぶ》さして急《いそ》ぎけるかな

嶋人《しまびと》は珍《めづ》らしがりて村々《むらむら》の辻《つじ》に立《た》ち出《い》で吾《われ》を見送《みおく》る

途中《とちゆう》より海辺《うみべ》の道山駕籠《みちやまかご》にかつがれ支部《しぶ》に安《やす》く着《つ》きたり

五ケ所支部《しよしぶ》に我描《われか》きし画《え》の半切《はんせつ》を一葉《よう》づつ分《わか》ち与《あた》へし

山々《やまやま》は皆低《みなひく》けれど何処《どこ》となく心持《こころも》ち良《よ》き壱岐《いき》の嶋《しま》かな

○

壱岐《いき》の嶋独特《しまどくとく》の神楽大前《かぐらおほまへ》に奏上《そうじやう》すべく神職来《しんしよくきた》る（＝壱岐支部・9月22日）

笛太鼓鈴《ふえたいこすず》など神職運《しんしよくはこ》びきて百津真榊《ももつまさかき》に幣《ぬさ》とりかくる

神職《しんしよく》の熱誠《ねつせい》なる技《わざ》を賞讃《しやうさん》し左《さ》の歌短冊《うたたんざく》に書《か》きて与《あた》へし

●壱岐神楽《いきかぐら》をろがみ奉《まつ》り上《かみ》つ代《よ》の人《ひと》と生《うま》れし心地《ここち》せしかな

●細矛千足《くわしほこちたる》の国《くに》の尊《たふと》さをつばらに示《しめ》す神楽舞《かぐらまひ》かな

●天《あめ》の下平《したたいら》かなれと皇神《すめかみ》の御心仰《みこころあふ》ぐ御手振《みてぶ》りの舞《まひ》
●石《いそ》の神古《かみふる》き神代《かみよ》の御手振《みてぶ》りを今眼《いまま》のあたり拝《おろ》がむ畏《かし》こさ

久方《ひさかた》の天《あめ》（注五）の一つ柱《はしら》なるこの島国《しまぐに》の豊《ゆたか》なるかな
村々《むらむら》の風光特《ふうくわうとく》に美《うるは》しく吾天国《われてんごく》に入《い》りし心地《ここち》す
月影《つきかげ》を包《つつ》みし村雲《むらくも》晴《は》れしより一千二百二十日目《かめ》の今日《けふ》（＝第一次大本事件より）

○

＜上村照彦宣伝使《かみむらてるひこせんでんし》（案内者）の記録＞

「壱岐《いき》（注六）名物鬼《めいぶつおに》の巌窟《いわや》を探見《たんけん》、二三坪《つぼ》もある大石《おおいし》を使《つか》い巌窟内広《いわやないひろ》く見事《みごと》にして、建設用途《けんせつようと》などにつき古来定説《こらいていせつ》なく最近《さいきん》も学者間《がくしゃかん》に神秘《しんぴ》として問題《もんだい》と成《な》り居《お》るものなり。聖師《せいし》は一行《こう》と倶《とも》に懐中電燈《かいちゅうでんとう》にて奥《おく》までご進入《しんにゅう》、何《なん》の苦《く》もなく左《さ》のごとく説示《せつじ》さる。

古《いにしえ》豪族《ごうぞく》の墳墓《ふんぼ》にして最奥《さいおう》に遺骸《いがい》を納《おさ》め祭壇《さいだん》を設《もう》け、坑内《こうない》にて祭祀《さいし》をなす。瓢形《ひさごがた》の構状《こうじょう》なり。大石《おおいし》の使用《しよう》などは古式《こしき》の築城法《ちくじようほう》にして最初土《さいしよつち》を盛《も》り、石《いし》を配置《はいち》して後掘《あとほ》り返《かえ》すなり、云々《うんぬん》。」

有名《いうめい》な鬼《おに》の巌窟《いはや》に立《た》ち寄《よ》りて太古《たいこ》の豪族《がうぞく》が生活《せいくわつ》を偲《しの》ぶ
数千貫《すうくわん》の石《いし》を畳《たた》みて造《つく》りたる鬼《おに》の巌窟《いはや》珍《めつ》らしきかも
巨石《きよせき》をば並《なら》べて中《なか》に土《つち》を盛《も》り又土《またつち》を盛《もり》造《つく》りし巌窟《いはや》よ
この様《やう》な岩《いは》を如何《いか》して積《つ》みしかと今《いま》の文明人《ぶんめいじん》はいぶかる
古《いにしへ》の人《ひと》は中々智慧《なかなかちえ》深《ふか》く二十世紀《せいき》の文明人《ぶんめいじん》及《およ》ばず

＜壱岐名所を詠む＞

笹鬼屋《ささおにや》ヒヨゼ鬼屋《おにや》とその他《ほか》に二百基《き》岩窟《がんくつ》造《つく》れる嶋国《しまぐに》
神功皇后征韓《じんぐうくわうごうせいかん》の頃《ころ》ゆ湧《わき》きしとふ湯《ゆ》の本温泉《もとをんせん》今《いま》に名高《なだか》し

（＝壱州南部支部・9月23日）

(注七)僧行基《そうぎやうき》仏力《ぶつりき》により湧《わき》きたりと伝説《でんせつ》のこる湯《ゆ》の本温泉《もとをんせん》
全嶋《ぜんたう》を一眸《いちぼう》の内《うち》に収《おさ》め見《み》る嶋国《しまぐに》一の高《たか》き嶽《たけ》の辻《つじ》(注八)
神功皇后《じんぐうくわうごう》御船《みふね》守《まも》りし住吉《すみよし》(注九)の社《やしろ》は国幣中社《こくへいちゆうしや》に祀《まつ》らる
楠《くす》の木《き》の老樹《らうじゆ》茂《しげ》れる住吉《すみよし》の社《やしろ》は一入《ひとしお》荘厳《そうごん》なるかな
元寇《げんこう》を防《ふせ》ぎ戦《たたか》ひ自殺《じさつ》せし平景隆《たいらのかげたか》(注一〇)を祀《まつ》る新城神社《しんじようじんじや》
元寇《げんこう》を防《ふせ》ぎて戦死《せんし》を遂《と》げたりし少弐《しように》資時《すけとき》(注一一)の墓《はか》あり箱崎《はこざき》
神功皇后《じんぐうくわうごう》英霊《えいれい》祀《まつ》りし勝本浦《かつもとうら》の聖母神社《しやうもじんじや》の斎庭《ゆには》清《すが》しも
秀吉《ひでよし》の築《きづ》きしといふ城山《しろやま》は今公園《いまこうえん》となりて名高《なたか》し
勅命《ちよくめい》を奉《ほう》じて行基《ぎやうき》が建《たて》してふ国分寺《こくぶんじ》今那賀村《いまなかむら》に跡《あと》を遺《のこ》せり
(注一二)加良香美《からかみ》の丘《をか》に登《のぼ》れば古《いにしへ》の貝塚《かひづか》ありて土器《どき》出《い》でしとぞいふ

底筒男神・中筒男神・表筒男神を祭祀する壱岐市芦辺町住吉東の「住吉神社」

芭蕉《ばしよう》門《もん》下《か》十哲《じつてつ》の一人《ひとり》曽良《そら》(注一三)俳人《はいじん》の墓《はか》あり風光《ふうくわう》清《きよ》き浜辺《はまべ》に

○

神前《しんぜん》に一同《どう》揃《そろ》ひ神言《かみごと》を合奏《がつそう》なして短冊《たんざく》を書《か》く（＝有安支部・9月24日））

吾《わ》が書《か》きし七十枚《まい》の短冊《たんざく》を記念《きねん》の為《ため》と信徒《しんと》に頒《わか》ちぬ

竜宮《りゆうぐう》の壱岐《いき》の嶋根《しまね》に立《た》ち別《わか》れ行《ゆ》く身《み》を送《おく》りし二隻《せき》の信徒《まめひと》（＝芦辺港）

海上《うなかみ》に別《わか》れ惜《お》しみて帰《かへ》り行《ゆ》く壱岐《いき》の信徒《まめひと》の愛《あい》らしきかな

（注一）**神功皇后の新羅征伐**　第14代・仲哀天皇（192～200）の妃、名は気長足姫《おきながたらしひめ》。開化天皇第五世の孫。息長宿禰王（＝息長彦。滋賀県伊吹山の麓、息長一族の長。）の女《むすめ》。仲哀天皇の熊襲《くまそ》征討に同行、天皇が陣没された後新羅に遠征、これを服従させたと伝えられる。第15代・応神天皇（270～310）の母。

（注二）**豊太閤の朝鮮征伐**　豊臣秀吉の派兵による朝鮮への侵攻。文禄元年（1592）宇喜多秀家、小西行長、加藤清正らを先鋒に十五万余の軍勢を派遣、京城・平壌を占領。いったん講和したが、慶長二年（1597）再び開戦。翌年、秀吉の死で撤兵。

（注三）**刀伊賊**　中国の沿海州地方にいた女真《じょしん》族。寛仁《かんにん》三年（1019）対馬・壱岐・北九州地方に来襲（「刀伊の入寇」）したが藤原隆家《ふじわらのたかいえ》の活躍で撃退したと云う。

（注四）**元軍の来寇**　鎌倉中期、中国の元軍が北九州に来襲。元《げん》のフビライの入貢《にゅうこう》要求を鎌倉幕府が拒否したため、文永十一年（1274）と弘安四年（1281）の二度元・高麗連合軍が対馬・壱岐から北九州に来襲。幕府軍は防戦、おりからの大風によりこれを退ける。文永・弘安の役。

（注五）**天の一つ柱**　『古事記』で伊邪那岐命・伊邪那美命の国生神生により、壱岐の国魂を「天の一つ柱」（天比登都柱）、対馬の国魂を「天の狭手依姫」（天之狭手依比売）と云う。国魂は現代で云えば、各府県の知事の役に相当する。

（注六）**鬼の巌窟**　壱岐市勝本町には沢山の古墳群がある。その中でも出口聖師が案内されたのが掛木古墳「（六世紀末）は直径三〇メートルあったと推定される。この他に長崎県の指定遺跡で古墳時代後期（七世紀頃）に築かれた壱岐島最大の横穴式石室をもつ、鬼の巌窟遺跡は東西五一メートル、南北五三メートルの円墳。石室の全長一六メートル、玄室の広さ三・五メートル四方、高さ三・五メートルある。この他勝本町には漢字が伝わる以前の神代文字が刻まれていたという「笹塚古墳」、長崎県下最大の「双六古墳」、九州最大の円墳「兵瀬古墳」などの巨石古墳群が点在する。

壱岐島の東側、日本海に面した内海・芦辺町深江鶴亀触には、『魏志倭人伝』に登場する一支国《いきこく》の王都広大な「原《はる》の辻《つじ》遺跡」がある。ここには「壱岐市立一支国博物館」が建てられ、弥生時代（約二〇〇〇年前）に朝鮮半島や中国大陸との交易や交流がここを拠点あるいは中継地として栄えていたことをうかがわせる大きな環濠集落が復元されている。

出口聖師は遺跡につき「瓢形《ひさごがた》の墳墓は上古のものであって、伊邪那美命の御墳墓がそれである。命は火の御子をお産みになって神去りました。昔は瓢に水を入れて消す器具としていたのである。それで火を消すという意味で、命の墳墓を瓢形としたのである。神武天皇以降のものは「前方後円墳」のものである」（『玉鏡』）と示され、「瓢形」は神武天皇以前であり考古学との査定に大きな差がある。

壱岐には対馬と並んで神武天皇以前の古代都市があったことは確実と推察される。

（注七）**僧行基**　奈良時代の高僧。泉の人。民間布教に専念し、全国を巡遊して国分寺・堤・道路・橋などを造る。第45代・聖武天皇（724～749）の帰依をうけ、東大寺大仏建立に協力する。日本最初の大僧正。

（注八）**嶽の辻**　壱岐一番の高い山。標高二一三メートル、頂上には火口跡が二つ、北面と南面それぞれ二ケ所、計四ケ所の火山跡がある。また九州との連絡に使ったのろし跡、遠見番所跡、式内社の見上神社がある。

（注九）**住吉の社**　（＝壱岐市芦辺町住吉）壱岐は住吉神社が中心。ご祭神は底筒男命・中筒男命・表筒男命、相殿に八千矛神（＝またの名・大国主神・大己貴神）。当地の伝承では壱岐の住吉大神は古社にして日本最初の住吉神社とされる。長門の一宮、摂津の住吉宮、福岡市住吉の住吉神社を日本四大住吉に数えられている。

○

『古事記』「伊邪那岐大神の禊祓」に「伊邪那岐大神筑紫の日向の橘の小戸の阿波岐ケ原に出でまして、禊いたまいき………」、「……次に水底にそそぎ玉ふ時に成りませる神の御名は、底津綿津見神、次に底筒之男命。中にそそぎたまふ時に成りませる神の御名は中津綿津見神、次に中筒之男命。水の上にそそぎたまふ時に成りませる神の御名は上津綿津見神、次に上筒男命。この三柱の綿津見神は阿曇《あずみ》の連《むらじ》が祖神とも斎く神なり。故《かれ》阿曇の連等は、その綿津見神の御子、宇都志《うつし》日金《かな》析命《さくのみこと》の子孫なり。その底筒之男命、中筒之男命、上筒之男命、三柱の神は墨江《すみのえ》の三前《みまえ》の大神なり」とある。（『古事記・言霊解』98頁）

筒之男命について、「……水の元質を発揮して一切の悪事を洗いきよめるご活動を意味する。底・中・上の神と命の区別は、古典は霊を称して神といい、体を称して命という。………」「底は最も下級の神界および社会、中とは中流の神界および社会、上とは上流の神界および社会を指す。従って綿津見神は底中上の三段に分かれて神界の大改革を断行し、筒之男命は同じく三段に分かれて現社会の大改革を断行する神事であります」「天災地妖のごときは、人間の左右し得るものでないと、現代の物質本能主義の学者や世俗は信じておるが、しかし実際は天災地妖と人事とは、きわめて密接な関係があるのである」
「墨江の三前の大神とは瑞霊の意味にして、三柱の大神のご活動あるときは、風水火の大三災、飢病戦の小三災もあとを絶つ。」（『古事記・言霊解』103頁）
壱岐・住吉神社の境内の神池から神鏡十七面、大陸系十二面、和系のもの五面が発見されている。
阿曇《あずみ》の連《むらじ》は、綿津見（海神）の子孫で、海部《あまべ》一族（漁労及び海を支配する民族）の首長。金印「漢委奴国王《かんのわのなのこくおう》」の出土で有名な、博多湾の志賀島あたりに住む豪族で、神武天皇以前の旧大和政権に加わってゆく、と推察されている。

（注一〇）**平景隆**　鎌倉時代壱岐の守護代、あるいは壱岐の守護は少弐《しょうに》氏で、景隆はその家人とも云われる。第一回目の来寇「文永の役」の総大将。文永十一年蒙古軍は壱岐の西岸に上陸、野戦で戦うが敗退し樋詰城《ひのつめじょう》に退却。よく朝、蒙古軍に城を攻撃され、景隆は家来に大宰府へ戦況報告を命じ、自分と家臣は自害し樋詰城は落城、島民多数が殺害される。

明治維新後、忠臣の顕彰運動が高まり刀伊《とい》の入寇、「弘安の役」の戦死者とともに新城神社に祀られる。（＝壱岐市勝本町新城東触）

（注一一）**少弐資時**　少弐氏は、武藤資頼《すけより》が大宰府の次官である太宰少弐に任命されたことに始まる。資頼は平知盛《とももり》に仕えた平家の武将で一の谷の戦いで源氏に投降。その後、源頼朝のご家人となり、平家滅亡後大宰府少弐に任じられ北九州の守護となる。資頼の子・資能《すけよし》は大宰府の責任者として資時（19歳）を第二回目「弘安の役」の総大将として派遣し戦死するなど一族大きな犠牲を払う。戦後少弐氏は筑前・豊前・肥後・壱岐・対馬など北部九州最大の守護大名に成長する。資時の墓は壱岐神社本殿裏の高台にある。（＝壱岐市芦辺町瀬戸浦）

（注一二）**加良香美の丘**　勝本町立石東触にある。ここには唐神《からかみ》遺跡があり弥生中期（紀元前400〜紀元前50）から後期（紀元前50〜3世紀）にかけての集落跡。昭和二十七年に発掘調査が行われ、石剣、石斧《せきふ》、石庖丁《いしぼうちょう》など石器のほか、わずかながら鉄器も出ており、中国の鏡の破片や日本製の鏡も出土している。

（注一三）**曽良**　河合曽良、江戸前期の俳人、松尾芭蕉の弟子。元禄二年（1689）晩春に芭蕉の『奥の細道』に同行、秘書役として奥羽・北陸を廻る。芭蕉の死後、江戸幕府から北九州、朝鮮関係の巡見使に任じられ壱岐で病没する。

◆壱岐市芦辺町国分村触に「月讀神社」がある。由緒によると、第23代・顕宗《けんしょう》天皇三年

（487）阿閉臣事代《あへのおみことしろ》という官吏《かんり》が天皇の命を受け朝鮮の任那《みまな》に使いに出る。その時「月の神」がかかり託宣があった。朝廷は壱岐県主の押見宿禰《おしみのすくね》に命じて、壱岐「月読神社」から京都に分霊した。また第34代・舒明《じょめい》天皇二年（630頃）に京都の「月読神社」（＝京都市西京区松室山添町）に霊石「月延の石」（安産石）を納めた、とある。これが京都の松尾大社の摂社「月読神社」に現存し、松尾大社の由緒記にも掲載される。押見宿禰の子孫を卜部氏と称し、代々神職を務めるなど壱岐の「月読神社」が如何に古いか。また壱岐の卜部の家系の勢力範囲は京都、大和など各地に及んでいる。

二、対馬

対馬《つしま》は本土《ほんど》の西《にし》・西北《せいほく》に位置《いち》を占《し》め、壱岐《いき》と共《とも》に日本海《にほんかい》の西隅《せいぐう》九州《きゆうしゆう》と朝鮮《ちようせん》との間《あいだ》に浮《うか》ぶ。西《にし》は朝鮮海峡《ちようせんかいきよう》、西南《せいなん》は支那《しな》東海《とうかい》の東北隅《とうほくすみ》に沿《そ》い、東南対馬海峡《とうなんつしまかいきよう》を隔《へだ》て壱岐《いき》に対《たい》せり。しかして朝鮮《ちようせん》に最《もつと》も近《ちか》き所《ところ》はその距離約《きよりやく》二十八海里《かいり》（約52㎞）、壱岐《いき》との距離約《きよりやく》二十七海里《かいり》（50㎞）、正南宇久嶋《うくじま》に至《いた》る距離《きより》は五十五海里《かいり》（102㎞）。……。

天《あめ》の一《ひと》つ柱《はしらの》神《かみ》永久《とこしえ》に鎮《しず》まり玉《たま》う壱岐《いき》の嶋《しま》より、天《あめ》の狭手依姫《さでよりひめ》の神霊《しんれい》永久《とわ》に護《まも》らす玉手《たまて》（注一）の嶋《しま》、一名《めい》対馬《つしま》という。

午後《ごご》五時《じ》芦辺港《あしべこう》を後《あと》に五百トンの睦丸《むつまる》は静《しず》かに静《しず》かに波浪《はろう》を分《わ》けてすべり行《ゆ》く。旧《きゅう》二日《か》（新9月24日）の月《つき》は西天低《せいてんひく》く敏鎌《とがま》のごとくに懸《かか》り漁火点々海面《いさりびてんてんうなも》に現《あら》わると見《み》る間《ま》に対馬《つしま》の燈台輝《とうだいかがや》きそめたり。吾睦丸《わがむつまる》は何時《いつ》の間《ま》にか数《すう》百千の漁火《いさりび》に包《つつ》まれその荘厳筆紙《そうごんひっし》のよくするところ非《あら》ず。第《だい》一の汽笛《きてき》の音《ね》に船《ふね》の対馬《つしま》に近《ちか》づきしを覚《さと》り下船《げせん》の準備《じゅんび》にとり掛《かか》る。

波止場《はとば》には本島《ほんとう》十三ケ所《しょ》の支部《しぶ》の宣信徒各自《せんしんとかくじ》に十曜《とよう》の神紋《しんもん》を記《しる》したる提灯《ちょうちん》を振《ふ》りかざし迎《むか》い火《び》を焚《た》きて賑々《にぎにぎ》しく数百人《すうにん》の口《くち》により一斉《せい》に出《い》づる宣伝歌《せんでんか》の声《こえ》は竜宮《りゅうぐう》に轟《とどろ》くかとぞ思《おも》はしめ壮快極《そうかいきわ》まりなく、中小学《ちゅうしょうがく》の生徒《せいと》また埠頭《ふとう》に横陣《おうじん》を造《つく》りて歓迎《かんげい》の意《い》を表《あらわ》し島民《とうみん》またこれに加《くわ》わりて厳原《いづはら》の夜《よ》は開闢以来《かいびゃくいらい》の盛況《せいきょう》を呈《てい》せり。

本日《ほんじつ》は彼岸《ひがん》の中日《ちゅうにち》、風《かぜ》なく波静《なみしず》かにしてさしもの対馬灘《つしまなだ》も航海《こうかい》いと安《やす》けし、少時《しょうじ》にして秋《あき》の夕陽海《ゆうひうみ》に入《い》る。釣瓶《つるべ》おとしの荘厳《そうごん》さ、聖師様《せいしさま》にはこの絶景《ぜっけい》を上甲板《じょうかんぱん》にて讃美《さんび》さる。八時半厳原入港《じはんいづはらにゅうこう》。艀《はしけ》二艘《そう》にて先発《せんぱつ》の石田宣使《いしだせんし》をはじめ数《すう》十名本船《めいほんせん》まで御迎《おむか》えする。海岸《かいがん》には焚火《たきび》して全島《ぜんとう》十三支部中《しぶちゅう》、近《ちか》くは二三里《り》、遠《とお》くは十五六里《り》の海陸路《かいりくろ》より九支部《しぶ》の信者無慮《しんじゃむりょ》五百名《めい》、紅提燈《あかちょうちん》、手旗《てばた》を振《ふ》ってお迎《むか》えせり。直《ただ》ちに自動車《じどうしゃ》を連《つら》ね新築《しんちく》の対馬支部《つしましぶ》にお着《つ》き。支部《しぶ》にて各支部別《かくしぶべつ》にご面会《めんかい》、ご神像《しんぞう》を頂《いただ》く。

宣信徒嶋人《せんしんとしまびと》たちに迎《むか》へられ一行無事《かうぶじ》に上陸《じやうりく》なしたり（9月24日）

数《すう》百の提灯迎《ちやうちんむか》へ火《ひ》の光大海原《ひかりおおうなばら》の面《おも》照らしつつ

○

久方《ひさかた》の天《あめ》の狭手依姫《さでよりひめ》の神開《かみひら》き玉《たま》ひし玉手《たまて》の嶋《しま》かな（＝対馬支部・9月25日）

満干《まんかん》の二つの宝珠《ほうしゆ》生《うま》れたる玉手《たまで》の嶋《しま》は国《くに》の真秀良場《まほらば》

国魂《くにたま》の神《かみ》の稜威《みいづ》の顕《あら》はれて蒙古《もうこ》退《やら》ひし対馬《つしま》さやけし

（注二）太占《ふとうら》の亀卜《きぼく》伝《つた》はる寺山家《てらやまけ》に昨日《きのう》も今日《けふ》も安居《あんきょ》せしかな

そよと吹《ふ》く風《かぜ》の音《ね》さへもさやさやに心清《こころすが》しき玉出《たまで》の嶋《しま》かな

山水明媚《さんすゐめいび》風光妙《ふうくわうたへ》なる此《こ》の嶋《しま》は神《かみ》の生《う》みてし真兒《まなこ》なりけり

千引岩家毎《ちびきいはやごと》に畳《たた》みしこの嶋《しま》は民《ひと》の心《こころ》も平穏《おだい》なりけり

○

王仁《おに》は宣伝使《せんでんし》にもあらず、また所謂宗教家《いわゆるしゆうきようか》にもあらず。神命《しんめい》のまにまに動《うご》くのみ。今回《こんかい》の旅行《りよこう》は実《じつ》を言《い》えば余《あま》り神慮《しんりよ》に叶《かな》いたるものにあらず。吾《われ》はただ国魂《くにたま》の神々《かみがみ》たちに大神《おおかみ》の重大《じゆうだい》なる使命《しめい》を伝達《でんたつ》すべく鹿島立《かしまた》ちたるのみ、アア惟神《かむながら》 惟神《かむながら》。

足引《あしびき》の山《やま》の姿《すがた》の清《すが》しさは狭手依姫《さでよりひめ》の姿《すがた》なるらむ

彦火々出見神《ひこほほでみのかみ》の命《みこと》の釣針《つりばり》を求《ま》きて来《き》ませし鴨着嶋《かもどくしま》（＝鴨著嶋）かな

沖《おき》つ鳥鴨《とりかも》どく嶋《しま》に旅寝《たびね》して昔《むかし》の神代《かみよ》を偲《しの》びてしかな

潮満玉《しほみつたま》潮干玉《しほひるたま》の生《うま》れしとふ澳津嶋根《おきつしまね》は神《かみ》の守《も》る国《くに》
海津見《わだつみ》（注三）の神《かみ》の知《し》らせし此《こ》の嶋《しま》は天地《てんち》の神《かみ》の神楽場《かぐらば》（注四）なり
けり
山青《やまあを》く風清《かぜきよ》らかに人心《ひとごころ》穏《おだ》やかなるかな和多津島根《わたつしまね》は
但馬《たぢま》因幡《いなば》白雲《はくうん》石州《せきしう》乗《の》り越《こ》えてこころ筑紫《つくし》の教《のり》の旅《たび》かな
竜宮《りゆうぐう》の古《ふる》き島根《しまね》に皇神《すめかみ》の生《い》く言霊《ことたま》を伝《つた》ふる旅《たび》かな

○

九月《がつ》二十六日《にち》、厳原《いづはら》対州《つしま》分所《ぶんしよ》より自動車《じどうしや》にて根諸支部《ねもろしぶ》を経《へ》て鶏《けい》鳴支部《めいしぶ》へ。途中《とちゆう》南室嶋《なむろじま》の景勝《けいしよう》を賞《しよう》せられ、三女神《によしん》を安置《あんち》せる根諸《ねもろ》三島《とう》を眺《なが》め根諸支部《ねもろしぶ》に至《いた》り一時間《じかん》ご休憩《きゆうけい》。正午過《しようごす》ぎ鶏鳴支部《けいめいしぶ》お着《つ》き。……夕景《ゆうけい》より雞知村産土社《けちむらうぶすなしや》の奉納踊《ほうのうおど》りをご覧《らん》に入《い》れる。夜分《やぶん》集合《しゆうごう》の信者《しんじや》に対《たい》して随員《ずいいん》より聖師作《せいしさく》の民謡《みんよう》を唄《うた》いたるに、対馬全《つしまぜん》

「根諸三島」

島《とう》に亘《わた》り地名《ちめい》、物産《ぶつさん》などに就《つ》いて情緒纏綿《じょうちょてんめん》たるご解釈《かいしゃく》の歌句《かく》多《おお》く聴衆《ちょうしゅう》驚《おどろ》かざるものなし。（＝壱岐・対馬民謡歌詞略）

小波《さざなみ》の打《う》ち寄《よ》す浜辺《はまべ》馳《は》せ行《ゆ》けば風《かぜ》そよそよと秋風《あきかぜ》
すがしき

（＝対州分所・鶏鳴支部・9月26日）

峠《たうげ》より眼下《がんか》の海面《うなも》見渡《みわた》せば波上《はじやう》静《しずか》に三小《を》島《しま》浮《うか》べる
三女神《にょしん》斎《いつ》き祀《まつ》りし大嶋《おおしま》小嶋《おじま》女嶋《めしま》の風致《ふうち》殊更《ことさら》に佳《よ》し
半月《はんつき》の旅寝《たびね》の枕重《まくらかさ》ねつつ今日《けふ》は竜宮《りゅうぐう》の嶋《しま》に吾《われ》あり

○

秋風《あきかぜ》さわやかに吹《ふ》き渡《わた》る鶏鳴支部《けいめいしぶ》の朝《あさ》、昨夜《さくや》の踊舞台《おどりぶたい》を砕《くだ》いて若人《わかもの》が持《も》ち運《はこ》ぶ物音《ものおと》に眼《め》を覚《さ》ませば太陽《たいよう》既《すで》に天高《てんたか》く宣信《せんしん》徒《と》の囁《ささや》く声《こえ》いとも賑《にぎ》わし。午前《ごぜん》十時《じ》神前《しんぜん》に神言《かみごと》一同《どう》と奏上《そうじやう》

「南室島」

し終《お》わりて待《ま》ち設《もう》けたる自動車《じどうしや》に分乗《ぶんじよう》し、秋草《あきくさ》かおる山間《やまあひ》の道《みち》を疾駆《しつく》しつつ心《こころ》も樽《たる》ケ浜辺《はまべ》に着《つ》く。宣信徒《せんしんと》数多《あまた》吾《われ》に先《さき》だち船《ふね》を待《ま》ちつつあり、一行《こう》一心丸《しんまる》という発動汽船《はつどうきせん》に搭乗《とうじよう》し碧空《へきくう》の秋天《しゆうてん》を写《うつ》して清《きよ》き紫紺《しこん》の波《なみ》の漂《ただよ》う浅海湾《あそうわん》を全速力《ぜんそくりよく》をもって滑《すべ》り出《い》でたり。左右《さゆう》の青垣山《あおがきやま》は海水《かいすい》に影《かげ》を浸《ひた》して風光妙《ふうこうたえ》にさながら天国《てんごく》の神仙境竜宮《しんせんきようりゆうぐう》を渡《わた》る心地《ここち》せらる。軍国的最《ぐんこくてきもつと》も主要《しゆよう》なる竹敷要港《たけしきようこう》の毅然《きぜん》たる建《けん》築物《ちくぶつ》は深《ふか》く海底《かいてい》に影《かげ》を写《うつ》して海底《かいてい》の竜宮城《りゆうぐうじよう》を現出《げんしゆつ》し、天《てん》空《くう》の白雲《しらくも》の一塊海上《かいかいじよう》に映《えい》じて大魚《たいぎよ》の浮遊《ふゆう》するに似《に》たり。

海風《かいふう》おもむろに面《おも》を吹《ふ》き日《ひ》は麗《うら》らかにして壮快極《そうかいきわ》まりなく周囲《しゆうい》七里《り》の嶋山《しまやま》は四十八渓《けい》の青葉《あおば》面白《おもしろ》く海底《かいてい》を採《いろど》り海神《わたつみ》の宮《みや》は遥《はる》かの嶋影《しまかげ》にその一端《たん》を現《あら》わし飯盛山《いいもりやま》、城山《しろやま》

「雞知住吉神社」対馬市美津島町雞知甲

高《たか》く日本海《にほんかい》を睥睨《へいげい》し港口《こうこ》の牛島《うしじま》、明礬嶋《みようばんじま》に打《う》つ白波《しらなみ》のしぶき見《み》る目《め》に冴《さ》え渡《わた》り馬耙嶋《まぐわじま》の景《けい》小松島岩見島《こまつしまいわみしま》の風光《ふうこう》また捨《す》てがたく、左手《ゆんで》に遠《とお》く黒瀬《くろせ》の浦《うら》の波《なみ》秋陽《しゅうよう》にまたたき鋸割《のこぎりわり》の巨《きょ》岩水中《がんすいちゅう》に脚《あし》を洗《あら》い、（注五）水茎《みずくき》の文字《もじ》鮮《あざ》やかに水面《みなも》に描《えが》かれアオウエイの大父音《だいふおん》を現《あらわ》して対馬《つしま》の国魂吾《くにたまわれ》を迎《むか》うるの感《かん》あり。

一心丸《しんまる》は一時間《じかん》にして吹崎《ふくざき》の浜辺《はまべ》に横付《よこづ》けとなり、迎《むか》えの宣信徒数《せんしんとすう》十人《にん》に前後《ぜんご》を守《まも》られ十一時《じ》半吹崎支部《はんふくざきしぶ》に着《つ》く。

　一同《どう》は一心丸《しんまる》に搭乗《とうじよう》し紫浪《しろう》緩《ゆる》けき浅海湾《あそうわん》船出《ふなで》す

　　（＝布岐支部・洲藻支部・9月27日）

　紺碧《こんぺき》の海深《うみふか》くして山迫《やませま》り風光妙《ふうくわうたへ》なる浅海湾《あそうわん》の面《も》

　港口《かうこう》に牛嶋白波《うしじましらなみ》浴《あ》びながら秋陽《しうやう》に映《は》ゆる浅海湾清《あそうわんすが》し

　宣信徒数十人《せんしんとすうにん》に送《おく》られて十一時《じ》過《す》ぎ支部《しぶ》（＝吹崎）に入《い》りけり

　珍《めづら》しき新魚《しんぎよ》の料理《れうり》に舌鼓打《したつづみう》ちて昼飯饗応《ちうはんきやうおう》されたり

神前《しんぜん》に神言《かみごと》終《をわ》り浜《はま》に出《い》で再《ふたた》び一心《しん》丸《まる》に乗《の》り込《こ》む
海《うみ》の上《うえ》わずか三十余分《よふん》にて洲藻《すも》の浜辺《はまべ》に上陸《じやうりく》なしたり
道《みち》の辺《べ》に里人《さとびと》信者《しんじや》うづくまり合掌《がつしやう》したる中《なか》を静行《しずゆ》く
ややありて迎《むか》ひの駕籠《かご》に揺《ゆ》られつつ白嶽《しらたけ》支部《しぶ》に入《い》る
海神《わたつみ》の宮居《みやい》のおはす玉出嶋《たまでじま》に清《きよ》けき秋《あき》の一日《にち》を遊《あそ》ぶ
秋《あき》の日《ひ》の澄《す》みわたりたる大空《おほぞら》を写《うつ》して蒼《あを》き浅海湾《あそうわん》かな
山清《やまきよ》く海原《うなばら》浄《きよ》く空清《そらきよ》き和多津嶋根《わたつしまね》に潔《きよ》く吾《わ》れをり

新《あたら》しき海魚《かいぎよ》の馳走《ちそう》日々《ひび》に饗応《きやうおう》されぬ対馬《つしま》の浦々《うらうら》
（＝鹿見支部・佐須奈支部・9月29日）
鯣烏賊《するめいか》豊漁《ほうれふ》を神《かみ》に祈《いの》りつつ仏《ほとけ》を祭《まつ》る矛盾《むじゆん》せる嶋《しま》
生臭《なまくさ》き物《もの》を好《この》まぬ仏《ほとけ》をば祀《まつ》れば自然《しぜん》漁《すなどり》少《すく》なし

生物《いきもの》の命《いのち》取《と》るなと仏教《ぶつけう》が精進《しやうじん》勧《すす》むるは嶋《しま》に適《てき》せず
西海《さいかい》の浪《なみ》を朝夕《あさゆふ》浴《あ》びながら豊《ゆたか》に見《み》ゆる多奈《たな》の浦《うら》かな
鰭津物《はたつもの》辺津藻葉《へつもは》豊《ゆた》けき荒磯《あらいそ》の浪《なみ》に浮《う》べる苅生崎《かりふざき》かな
韓国《かんこく》ゆ打《う》ち寄《よ》す浪《なみ》を面《も》に受《う》けて雄々《をを》しく聳《そび》ゆる井口嶽《いぐちだけ》かな

○

九月《がつ》三十日《にち》、聖師《せいし》には佐須奈《さすな》より厳原《いづはら》へお帰《かえ》りにつき午前《ごぜん》三時《じ》ご乗船《じようせん》。上縣各支部《かみあがたかくしぶ》よりのお見送《みおく》り三十名《めい》に及《およ》びて船中賑《せんちゆうにぎ》わしく、船多少動揺《ふねたしようどうよう》すれど気《き》にかくるものなし。六時《じ》浅《あ》海湾《そうわん》に入《い》り日《ひ》の出《で》を拝《はい》す。八時《じ》対馬《つしま》一の宮大和多津美神社《みやおおわたつみじんじゃ》へ寄港《きこう》ご参拝《さんぱい》、一三五代連綿《だいれんめん》の長岡神社家主《ながおかじんじやぬし》を初《はじ》め山《やま》ノ上《うえ》仁位郵便局《にいゆうびんきよく》 長《ちよう》など氏子《うじこ》八名《めい》の迎《むか》えあり。

波静《なみしず》かなる入江《いりえ》の海《うみ》に浮《うか》ぶ鳥居《とりい》に原始林《げんしりん》を背景《はいけい》として建《た》てる社殿《しんでん》は豊玉彦《とよたまひこ》、豊玉姫《とよたまひめ》の昔《むかし》を想起《そうき》せしむ。永年疑問《ながねんぎもん》とされし竜宮城《りゆうぐうじよう》の位置《いち》その他《た》に就《つ》き明快《めいかい》なる聖師《せいし》のご説示《せつじ》あり。

神秘《しんぴ》の対馬《つしま》も今《いま》や明鏡《めいきょう》に照《て》らされるの感《かん》あり。福岡警固《ふくおかけご》支部長《しぶちょう》・石田宣伝使《いしだせんでんし》お迎《むか》えのため来着《らいちゃく》。

本日《ほんじつ》を以《も》って壱岐対馬《いきつしま》十八支部中《しぶちゅう》十四支部《しぶ》に立寄《たちよ》りまたは一泊《ぱく》され、一日《にち》のご休養《きゅうよう》とてなきにご披露《ひろう》の様《さま》もなく極《きわ》めてご機嫌《きげん》よし。壱岐対馬在住《いきつしまざいじゅう》及《およ》び随員各宣伝使《ずいいんかくせんでんし》は一階級　昇級《かいきゅうしょうきゅう》の他新任宣伝使《ほかしんにんせんでんし》九名発表《めいはっぴょう》されたり。

同日聖師対馬御巡教《どうじつせいしつしまごじゅんきょう》　中《ちゅう》　神定《かむさだ》められし南室島《なむろじま》に建設《けんせつ》されるべき大本壱岐対馬別院《おおもといきつしまべついん》は、対馬分所《つしまぶんしょ》における幹部会《かんぶかい》において決議《けつぎ》。該島《がいとう》三千坪地上権獲得《つぼちじょうけんかくとく》は既《すで》に登録《とうろく》の手続《てつづ》き完了《かんりょう》。

○

十月《がつ》一日午前《たちごぜん》三時乗船《じじょうせん》。壱岐経由《いきけいゆ》で福岡《ふくおか》へとご出航《しゅっこう》。

対馬市豊玉町浅茅湾の「和多都美神社」。海の主神を祭祀する。大鳥居奥が本殿。左下の三本柱の鳥居の中の霊石を「磯良えびす」と云う。

満《まん》天《てん》の星光《ほしかげ》海潮《うしお》に輝《かがや》きて心地《ここち》清《すが》しき夜《よる》の海路《うなぢ》かな

（＝佐須奈支部・対州分所9月30日）

太田《おほた》の谷《さい》玉《たま》の井《い》の遺跡《いせき》目《め》に入《い》りて林栄丸《りんえいまる》は錨《いかり》おろせり

浪《なみ》は静《しづか》に船《ふね》辷《すべ》り行《ゆ》く　対馬山《つしまやま》から東雲《しののめ》る

対馬山《つしまやま》から朝日《あさひ》が昇《のぼ》る　波《なみ》は船側《ふなばた》鼓《つづみ》打《う》つ

ここは誠《まこと》の龍宮《りゆうぐう》の浜《はま》よ　波《なみ》に浮《う》いてる大鳥居《おほとりい》

水《みづ》にひたれる海津見《わたつみ》お宮《みや》　拝《おが》むあしたの太田《おほた》の谷《さい》

吾《わ》れ迎《むか》ふ短艇《はしけ》に一同乗《どうの》り移《うつ》り海津見神社《わたつみじんじや》の浜《はま》に上《のぼ》りぬ

石鳥居《いしとりい》参道《さんだう》森《もり》の樹神《きかむ》さびて神代《かみよ》の宮《みや》の跡《あと》偲《しの》ばしむ

古《ふる》びたる小《ちひ》さき社殿《しやでん》を参拝《さんぱい》しその荒廃《くわうはい》に涙溢《なみだあふ》るゝ

火々出見《ほほでみ》の尊《みこと》豊玉姫神《とよたまひめがみ》との恋物語《こひものがたり》かしこきろかも

神前《しんぜん》に一同《どう》大本《おほもと》太祝詞《ふとのりと》奏上《そうじやう》終《をは》りて戴《いただ》く神酒《みき》かな

和多都美神社の浜辺「玉の井」、豊玉姫が火遠理命に清水を差し上げた井戸。

太田《おほた》の谷神代《さいかみよ》を語《かた》る玉《たま》の井《い》の神《かみ》の情話《じやうわ》の残《のこ》る磯《いそ》かな
海津見《わたつみ》の神《かみ》の御社《みやしろ》ふり返《かへ》りふりかへりつゝ拝《をが》む波《なみ》の上《へ》
別院《べついん》に神《かみ》を祀《まつ》れば漁澤《れふさわ》に嶋人《しまびと》何《いづ》れも豊《ゆた》かに富《と》むべし
沖《おき》つ島《しま》鴨《かも》着《どく》嶋《しま》も今日《けふ》限《かぎ》り暇《いとま》を告《つ》ぐる事《こと》となりけり

(昭和5年『庚午日記』第8巻〜略記　終り)

○

壱岐《いき》の島《しま》出《で》て海原《うなばら》行《ゆ》けば　釣瓶《つるべ》落《お》としの陽《ひ》は沈《しづ》む
対馬灘《つしまなだ》から西海《さいかい》みれば　波《なみ》に夕陽《ゆふひ》の猿《さる》すべり
女神《めがみ》伴《ともな》ひ鴨《かも》どく島《しま》に　渡《わた》る夕《ゆふ》べの三日《みか》の月《つき》
浪《なみ》の鼓《つづみ》を船端《ふなばた》に打《う》たせ　進《すす》む津島《つしま》の夜《よる》の海《うみ》
漁火《いさりび》点々《てんてん》浪間《なみま》に浮《うか》ぶ　中《なか》をのりゆく神《かみ》の船《ふね》
風《かぜ》はそよそよ波凪《なみなぎ》わたる　空《そら》に星《ほし》冴《さ》ゆ津島潟《つしまがた》

昔《むかし》火火出見命《ほほでみのみこと》の遺跡《いせき》　玉《たま》と輝《かがや》く和多津島《わたつしま》
満干《みちひ》二つの玉出《たまで》の島《しま》に　渡《わた》る今宵《こよひ》の三日月《みかづき》
今宵津島《こよひつしま》の狭手依姫《さでよりひめ》の　神《かみ》の守《まも》りに渡《わた》る灘《なだ》
浪《なみ》に浮《うか》べる玉出《たまで》の島《しま》に　曇《くも》りきったる魂照《たまて》らす
山《やま》の尾《お》の上《へ》に常盤木並《ときはぎなら》び　颪《かぜ》に舞子《まいこ》の澳津島《おきつしま》
沖《おき》に浮《うか》べる玉出《たまで》の島《しま》は　王仁《おに》の棲所《すまい》にゃ丁度《ちやうど》よい

（昭和5年9月22日於・対馬対劦支部、『明光』昭和5年11月号）

○

その昔火々出見尊《むかしほほでみのみこと》の渡《わた》りましし玉出《たまで》の島《しま》は清《すが》しき島《しま》かも
満潮《まんてう》の時《とき》はもに足浸《あしひた》す和多津見《わたつみ》の宮《みや》の鳥居《とりい》清《すが》しも
火々出見《ほほでみ》の尊《みこと》に清水捧《しみづささ》げたる玉《たま》の井《い》の残《のこ》る太田谷《おおたさい》かな
汐満《しほみつ》と汐干《しほひる》の珠《たま》のあれしとふ珠出《たまで》の島《しま》の眺《なが》めよりしも

幾千歳《いくさい》荒汐風《あらしほかぜ》に吹《ふ》かれつつ山膚美《やまはだうつく》しき井口嶽《いくちだけ》かな

（昭和5年10月6日　於・明光殿）

火々出見《ほほでみ》の尊《みこと》の旧跡太田谷《きうせきおおたさい》のふるき玉《たま》の井《い》をろがみにけり
湯津桂玉《ゆつかつらたま》の井《い》のそばになけれども生《お》ひ茂《しげ》りたる八重亜佳音《やへあかね》かな

（『明光』昭和5年12月号）

（注一）**玉手の嶋**　当地では古代に浅茅湾《あそうわん》で真珠がとれたことから豊玉姫を真珠の精とする、ロマンの石像が仁位の浜辺に建てられている。物語では豊玉姫・玉依姫を神格化し、満潮干潮の表現だけでなく、厳霊と瑞霊、ヨハネとキリスト、日と月等、珠（魂）には深い意味を込められている。

（注二）**太占《ふとうら》の亀卜《きぼく》伝はる寺山家**　太占の最初は伊邪那岐・伊邪那美尊が天柱《あめのはしら》を巡《めぐ》りて御子を生まれたのが蛭子《ひるこ》となり葦船《あしぶね》に乗せて流される。「共に還りてまた天に上《のぼり》詣《まいり》て、奏聞《まうしあげ》たまふ。天祖《あまつみおや》、詔《みことのり》して太占《ふとまに》を以って卜合《うらなふ》て詔曰《のりたまわ》く」とか、「天の

岩戸の段」で天児屋命《あめのこやねのみこと》、布刀玉命《ふとたまのみこと》が召されて占われる。これについて、

◯

『街道を行く』⑬「壱岐・対馬の道＝祭天の古俗」・司馬遼太郎（205頁）に「天香山の真男鹿《さおしか》の肩を内抜《うつぬ》き、ははかの木を取って占合《うらな》うという意味のことが書かれている。亀の甲を焼く法もあった。鹿卜《ろくぼく》のほうが古いらしく、亀卜はのちに伝わったとされる。鹿卜《ろくぼく》は、考古学的にも実証されている。後期弥生式土器とともに日本の数ケ所から出土している。……竜山《ろんしゃん》遺跡（黄河中流域）からはすでに太占の使い捨ての肩甲骨《けんこうこつ》（鹿にかぎらず、牛、豚、羊）が出土している。竜山期というのは新石器時代晩期にあたる時代で、まだ文字は出現していない。このあと殷《いん》（紀元前約1600～同1028）につづく。殷ではうらないに亀の甲が用いられたことは有名である。殷の卜占《ぼくせん》は亀卜を主とし、やがて周になると算木《かなぎ》をつかっての筮《めどき》（＝うらない）にかわってしまう。中国大陸では文字のないころから、周辺の諸民族が流入しては、中央・地方の王朝をたてた。それらが草原でやっていた骨卜の習俗をもちこみ、やがて殷になって亀卜にまで高まった（？）のであろう。骨卜は、周辺で残った。その骨卜が朝鮮を経、対馬・壱岐を経て日本本土に伝わり、弥生後期の遺跡からの出土になってゆくのである。中国の竜山期からみれば二千年ほどの時間が経過している。」

○

また古神道や天皇家について

「対馬の道を往きつつ日本の神道が決して日本列島固有のものではなかったのではないか。骨卜をやっていた遊牧民族たちが、草原で羊を追いつつ信仰していたのは、天であった。殷人《いんじん》が信仰した天《てん》と、本来一つのものであったかもしれない。殷帝国の祖は辺疆《へんきょう》にいた夷狄《いてき》ではなかったかという説もあり、天という中国語も、草原民族たちのテングリ（天）からきたのではないかという説もある。モンゴル語では、いまでも天はテングリである。かれらははるか後世、ジンギス汗の時代になっても、汗自身が高所に登り、天を祭った。

さらに十七世紀になって中国に征服王庁をつくった満州ツングースの清《しん》も、皇帝みずからがテングリをまつるために北京に天壇を造営した。かれらは津田左右吉《つださうきち》氏《し》のいう「祭天の古称」をもちつづけていたのである。」

「殷人が夷狄《いてき》くさいのは、王みずから天を祭り、天の意思を知るため王みずからが神主の長となって亀卜をおこなったことである。以後、天というのは漢民族によって哲学的に大いに深められてゆくが、宗教的信仰としては周辺の諸民族によって持続された。この北方アジアの思想は古代、朝鮮半島にまで南下しており、部族の長たちが骨卜して天の意思を聴いていたにちがいない。つまり骨卜と天への信仰は一つのセットになっていた。くどいようだが、天という意識なしに、骨卜は成立しえない。」

〇

「古代対馬に、天の思想と骨卜が来陸すると、天はテンともテングリともよばれずに、アマ・アメという存在の言葉になってしまう。同時に、当時の対馬の卜部《うらべ》たちは骨卜に付属して伝わった天つ神の思想と神話を保持していた。天つ神は日本の国土に土着した国津神とは異なり、観念性のつよい存在といっていい。「高天原」を祖地とするこの一群の特異な神々は、『古事記』『日本書紀』によって天孫民族の直系という天皇家の祖神群として独占されているのある。ところが日本中で対馬だけが異例で、天つ神たちが土着神として島内にいくらでもゴロゴロと祀られているのはどういうことであろう。天つ神を古神道にもちこんだのは対馬がさきなのか、よくわからない。………」

◆**春日の鹿の由来**　天の岩戸開きの昔、天之兒屋根命が雄鹿《おしか》の肩の骨を焼いて卜《ぼく》をせられた、それを鹿卜《かぼく》と云うので、亀卜《きぼく》と同じく、骨が焼かれて生ずる割れ目によって吉《きっ》凶《きょう》禍《か》福《ふく》を判ずるのである。その故事によって春日では鹿を飼うのであって、神様が鹿にお乗りになるために飼ってあるなどと云う事は、良い加減のことである。

○

（『月鏡』145頁）

（注三）**海津見の神**　那岐那美の「神生の段」で海神《わだのかみ》、名は大綿津見神が生れる。水は清明無汚、至粋至純、無色透明の特性を有する。水に熱が加わると蒸発し霞、霧、雲となり、雷雨・雷神・天の水分神（＝竜神）となって大地に降りそそぎ万物を生成化育する。やがて小川から大河へ、そして海へとそそがれる。大地の生命、海の生命を育む、また大修祓の大根源となる。

祓戸四柱の働き、先の底・中・上の筒之男命が現界の大革正を行うのに対して、無形の神界の大革正を断行する。無限の神力を具備し、天下の妖邪神を一掃し、あらゆる罪悪醜穢を洗浄し天国浄土を建設する威徳を具備する。主の大神がみろくの世を建設する大経綸、瑞霊神の活動をなすのが住之江の三前の大神。

大海原・海上の守護神。

（注四）**神楽場**　神座の場所。神を祭祀する場所。

（注五）**水茎の文字**　水茎文字（神代文字）は竜宮と云われる場所によく現れる。滋賀県の「水茎《すいけい》の岡山《おかやま》」など琵琶湖畔、それに二名の島（四国）の「伊予文字」、出口聖師が対馬訪問中にも海面に現れた様子で、対馬には「対馬文字」「阿比留文字」などがあり、古い文化が存在し、ここには漢字以前の源流がある。

○第10代・崇神天皇の時代にナギ・ナミの時代から続いた造化三神を祭祀する同殿同床の制が廃され、税の徴収が行なわれるなど、現在の社会制度の元が造られているので、それまでの日本の歴史や文化は全て九州の不知火の海に捨てられ現在ほとんど残っていないと云われる。
（研修資料『出口王仁三郎聖師と壱岐・対馬』出口三平編参照）

三、壱岐・対馬の神々たち（壱岐・対馬現地研修会　窪田英治氏講話）

昭和《しょうわ》五年《ねん》九月《がつ》二十五日《にち》の対馬《つしま》でのお歌《うた》の中《なか》に、

○久方《ひさかた》の天《あめ》の狭《さ》手《で》依《より》姫《ひめ》の神《かみ》開《ひら》き玉《たま》ひし玉手《たまで》の嶋《しま》かな

○満干《まんかん》の二つの宝珠《ほつしゆ》生《うま》れたる玉手《たまで》の嶋《しま》は国《くに》の真秀良場《まほらば》

○潮満玉潮干玉《しほみつたましほひるたま》の生《うま》れとふ澳津嶋根《おきつしまね》は神《かみ》の守《も》る国《くに》

○海津見《わだつみ》の神《かみ》の知《し》らせし此《この》の嶋《しま》は天地《てんち》の神《かみ》の神楽場《かぐらば》なりけり

と云《い》うお歌《うた》があり、対馬《つしま》は玉手《たまで》の嶋《しま》ともいい、潮満《しおみつ》・潮干《しおひる》の珠《たま》、麻邇《まに》の珠《たま》との深《ふか》いかかわりがあるということです。

（一）物語に見る壱岐誕生のお示し

「大八洲彦《おおやしまひこ》の投《な》げた石《いし》」として『霊界物語《れいかいものがたり》』第《だい》一巻《かん》・第《だい》三二章《しょう》「三個《こ》の宝珠《ほっしゅ》」がありますが「神山《しんざん》の上《うえ》に救《すく》われた大八洲彦命《おおやしまひこのみこと》は、天《てん》より下《くだ》りたまへる木花姫命《このはなひめのみこと》より真澄《ますみ》の珠《たま》を受《う》け、脚下《あしもと》に現《あら》われた新《あたら》しき海面《かいめん》を眺《なが》めつつあった。見《み》るみる天保山《てんぽうざん》は急《きゅう》に陥落《かんらく》して現今《げんこん》の日本海《にほんかい》となり潮満《しおみつ》、潮干《しおひる》の麻邇《まに》の珠《たま》は、稲山彦《いなやまひこ》（＝金毛九尾《きんもうきゅうび》の一派《ぱ》の武将《ぶしょう》で、武熊《たけくま》、木《こ》常姫《つねひめ》ら最悪《さいあく》の神《かみ》の配下《はいか》）および部下《ぶか》の魔軍勢《まぐんぜい》とともに海底《かいてい》に沈没《ちんぼつ》した。稲山彦《いなやまひこ》はたちまち悪竜《あくりゅう》の姿《すがた》と変《へん》じ、海底《かいてい》に深《ふか》く沈《しず》める珠《たま》を奪《うば》わんとして、海上《かいじょう》を縦横無尽《じゅうおうむじん》に探《さぐ》りまわっていた。

九山《きゅうざん》の上《うえ》よりこれを眺《なが》めたる大八洲彦命《おおやしまひこのみこと》（＝スサノオの和魂）は脚下《あしもと》の岩石《がんせき》をとりこ

れに伊吹《いぶき》の神法《しんぽう》をおこない、四個《しこ》の石《いし》を一度《ど》に悪竜《あくりゅう》にむかって投《な》げつけた。悪竜《あくりゅう》は目敏《めざと》くこれを見《み》てただちに海底《かいてい》に隠《かく》れ潜《ひそ》んでしまった。この四つの石《いし》は、海中《かいちゅう》に落《お》ちて佐渡《さど》の島《しま》、壱岐《いき》の島《しま》および対馬《つしま》の両島《りょうとう》となったのである。……」とあって、大八洲彦命《おおやしまひこのみこと》が投《な》げつけられた四個《こ》の石《いし》が、一つは佐渡《さど》の島《しま》、一つは壱岐《いき》の島《しま》、あとの二つが対馬《つしま》の島《しま》になったと書《か》いてあります。対馬《つしま》は、元《もと》は一つの島《しま》でしたが、現在《げんざい》は「万関橋《まんぜきばし》」の橋《はし》の下《した》の海路《かいろ》が掘削《くつさく》されているので船《ふね》が通航《つうこう》でき、北《きた》を上県《かみあがた》・南《みなみ》を下県《しもあがた》と呼《よ》ばれています。例《れい》の日本海海戦《にほんかいかいせん》では軍艦《ぐんかん》がここを通航《つうこう》したとのことです。

物語第六巻《ものがたりだいかん》・第《だい》二七章《しょう》「神生《かみう》み」の章《しょう》で「……次《つぎ》には隠岐《おき》と佐渡《さど》の島《しま》　越《こし》の洲《しま》まで生《う》みたまひ　次《つぎ》に大島吉備児嶋《おおしまきびこじま》　対馬壱岐嶋百八十《つしまいきじまももやそ》の　国々嶋々生《くにぐにしまじまう》みたまふ……」とあって、ダブったようになっている。ナギ・ナミの国生《くにう》みは第六巻《だいかん》で大八洲彦命《おおやしまひこのみこと》が石《いし》を投《な》げられたのは第《だい》一巻《かん》ですので、こちらの方《ほう》が古《ふる》いわけですが、これはどういうことだろうという疑問《ぎもん》が湧《わ》きます。

これはかつて『物語資料篇《ものがたりしりようへん》』を作《つく》った時《とき》に教学委員会《きょうがくいいんかい》でも議論《ぎろん》になったのですが、第六《だい》巻《かん》は在《あ》るものの位置《いち》づけをされたもので、大八洲彦命《おおやしまひこのみこと》が石《いし》を投《な》げると島《しま》になったという意《い》味《み》は、石《いし》を投《な》げられた大八洲彦命《おおやしまひこのみこと》は、後《あと》で三つの御霊大神《みたまのおおかみ》という神格《しんかく》を得《え》られる。だから四つの石《いし》というのは、瑞御霊《みづみたま》のゆかりが非常《ひじょう》に深《ふか》いという意味《いみ》と、神霊《しんれい》を込《こ》められている島国《しまぐに》という形《かたち》で統《とう》一見解《けんかい》されたと思《おも》います。そういう瑞御霊《みづみたま》の伊吹《いぶき》を込《こ》められた大切《たいせつ》な島《しま》だということが、うかがい知《し》ることができます。

(二) 一輪の秘密と一輪の仕組

また物語第《ものがたりだい》一巻《かん》・第《だい》三五章《しょう》「一輪《りん》の秘密《ひみつ》」に「潮満《しおみつ》の珠《たま》はまた厳《いづ》の御魂《みたま》といふ。いづとは泉《いづみ》のいづの意《い》であって、泉《いづみ》のごとく清鮮《せいせん》なる神水《しんすい》の無限《むげん》に湧出《ゆうしゅつ》する宝玉《ほうぎょく》である。これをヨハネの御魂《みたま》といふ。次《つぎ》に潮干《しおひる》の珠《たま》はこれを瑞《みづ》の御魂《みたま》といひ、またキリストの御魂《みたま》といふ。みづの御魂《みたま》はみいづの御魂《みたま》の意《い》である。みいづの御魂《みたま》は無限《むげん》に火《ひ》の活動《かつどう》を万有《ばんゆう》に発射《はっしゃ》し、世界《せかい》を清《きよ》むるの活用《かつよう》である。……」こう書《か》いてあり、その後《のち》に、「……この潮満《しおみつ》、潮干《しおひる》の珠《たま》の又《また》の名《な》を豊玉姫《とよたまひめ》といひ、潮干《しおひる》の珠《たま》の又《また》の名《な》を玉依姫《たまよりひめ》といふ」とのお示《しめ》しもあり、潮《しお》満《みつ》、潮干《しおひる》の珠《たま》には深《ふか》い意味《いみ》のあることをお書《か》きになっておられる。

○

そして、この珠《たま》を国常立尊《くにとこたちのみこと》がお隠《かく》しになるわけです。どこに隠《かく》されるかというと冠島《おしま》、沓島《めしま》にです。そして、「国常立尊《くにとこたちのみこと》は冠島《かんむりじま》の国魂《くにたま》の神《かみ》に命《めい》じて、その神宝《しんぽう》を永遠《えいえん》に守護《しゅご》せしめたまうた。この島《しま》の国魂《くにたま》の御名《みな》を海原彦神《うなばらひこのかみ》といひ、又《また》の御名《みな》を綿津見神《わだつみのかみ》といふ。……」、「いづれも世界《せかい》の終末《しゅうまつ》に際《さい》し、世界改造《せかいかいぞう》のため大神《おおかみ》の御使用《ごしよう》になる珍《うづ》の御宝《みたから》である。しかして之《これ》を使用《しよう》さるる御神業《ごしんぎょう》がすなはち一輪《りん》の秘密《ひみつ》である」とお示《しめ》しになっているのです。

○

第《だい》三六章《しょう》「一輪《りん》の仕組《しぐみ》」には、「国常立尊《くにとこたちのみこと》は邪神《じゃしん》のために、三個《こ》の神宝《しんぽう》を奪取《だっしゅ》せられむことを遠《とお》く慮《おもんばか》りたまひ、周到《しゅうとう》なる注意《ちゅうい》のもとにこれを龍宮島《りゅうぐうじま》および鬼門島《きもんじま》に秘《ひ》したまうた。そして尚《なお》も注意《ちゅうい》を加《くわ》へられ大八洲彦命《おおやしまひこのみこと》、金勝要神《きんかつかねのかみ》、海原彦神《うなばらひこのかみ》、国《くに》の御柱神《みはしらのかみ》、豊玉姫神《とよたまひめのかみ》たちに極秘《ごくひ》にして、その三個《こ》の珠《たま》の体《たい》のみを両島《りょうとう》に納《おさ》めおき、肝腎《かんじん》の珠《たま》の精霊《せいれい》をシナイ山《ざん》の山頂《さんちょう》へ、何神《なにがみ》にも知《し》らしめずして秘《かく》し置《お》かれた。これは大神《おおかみ》の深甚《しんじん》なる水《みず》も洩《も》らさぬ御《ご》経綸《けいりん》であって、一輪《りん》の仕組《しぐみ》とあるのはこのことを指《さ》したまへる神示《しんじ》である」

このことは、ここでの私《わたし》の説明《せつめい》では受《う》け止《と》めにくい方《かた》も多《おお》いかと思《おも》いますが、ここをよく熟読吟味《じゅくどくぎんみ》して頂《いただ》きたいと思《おも》います。

(三)「身変定《ミカエル》」の言霊解釈

物語《ものがたり》第《だい》六巻《かん》・第《だい》二八章《しょう》「身変定《ミカエル》」の中《なか》に言霊学釈歌《ことたまがくしゃくか》というのがあります。ミカエルというのは出口聖師《でぐちせいし》以外《いがい》にはないわけですが、

「伊岐嶋比登都柱《いきしまひとつはしら》という意義《いぎ》は　プごゑにウごゑを結《むす》び成《な》し　フこゑに変化《へんか》しフのこゑに　天《あま》の御柱《みはしら》アオウエイ　是《これ》の素音《そいん》を結成《けっせい》し　ハホヘヒ四声《よこえ》の言霊《ことたま》に　変化《へんか》せしむ

る意《い》なり　津嶋天之狭手依比売《つしまあめのさでよりひめ》と謂《い》ふは　フごゑにウごゑを結《むす》び付《つ》け　スごゑに変化《へんか》しアオウエイ　是《これ》の素音《そいん》を結成《けっせい》し　サソスセ四《よ》ごゑに変化《かわ》る意義《いぎ》……」

と言霊学上《ことたまがくじょう》、どういうご意志《いし》で壱岐《いき》・対馬《つしま》をつくられたかということが書《か》いてあります。

ここでの説明《せつめい》では理解《りかい》できにくい方《かた》もあると思《おも》いますが、熟読《じゅくどく》して頂《いただ》きたいと考《かんが》えます。

（四）三段に分けて清める綿津見と住吉の神

次《つぎ》に綿津見神《わだつみのかみ》と住吉神《すみよしのかみ》のお働《はたら》きについて触《ふ》れてみいたいと思《おも》います。バスガイドさんが、住吉神社《すみよししんじゃ》の祭神《さいじん》は底筒男《そこつつのお》、中筒男《なかつつのお》、上《うわ》（表）筒男神《つつのおのかみ》と云《い》っていましたが、綿津見神《わだつみのかみ》にも底《そこ》津綿津見《つわたつみ》、中津綿津見《なかつわたつみ》、上津綿津見神《うわつわだつみのかみ》の三段《だん》に分《わ》けて祓《はら》い清《きよ》めるのだということが示《しめ》されてあります。物語第《ものがたりだい》一〇巻《かん》・第《だい》二六章《しょう》「貴《うづ》の御児《みこ》」に、「……第《だい》三段《だん》の身魂《みたま》の垢《あか》を洗《あら》はむがために、底津綿津見神《そこつわたつみのかみ》、底筒之男神《そこづつのおのかみ》を任《にん》じ給《たま》ひ、第《だい》二段《だん》の身魂《みたま》を洗《あら》ひ清《きよ》めるために、中津《なかつ》綿津見神《わたつみのかみ》、中筒之男神《なかづつのおのかみ》を任《にん》じ給《たま》ひ、第《だい》一段《だん》の身魂《みたま》を洗《あら》ひ清《きよ》めるために、上津綿津見神《うわつわたつみのかみ》、上《うわ》筒之男神《づつのおのかみ》を任《にん》じ給《たま》へり。いづれも瑞《みづ》の御魂《みたま》の活動《かつどう》にして、大和田原《おおわだのはら》の汐《しお》となりて世界《せかい》をめぐり、雨《あめ》となり、雪《ゆき》となりて、物質世界《ぶつしつせかい》の穢《けが》れをも洗《あら》ひ清《きよ》め生気《せいき》をあたふる御職掌《ごしよくしよう》なり」

つまり綿津見神《わだつみのかみ》は霊界《れいかい》、住吉《すみよし》の筒之男神《つつのおのかみ》は現界的《げんかいてき》な瑞《みづ》の御魂《みたま》のお働《はたら》きであるとあります。第《だい》一〇巻《かん》・第《だい》三〇章《しよう》「言霊解《げんれいかい》四」に神《かみ》と命《みこと》の違《ちが》いが書《か》かれている。「……ここに底中上《そこなかかみ》の神《かみ》と命《みこと》とが区別《くべつ》して載《の》せてあるのは、大《おお》いに意味《いみ》のあることである。古典《こてん》は霊《れい》を称《しよう》して神《かみ》といひ、体《たい》を称《しよう》して命《みこと》といふ。神《かみ》とは幽体《ゆうたい》、隠身《かくれみ》、すなわちカミであって、命《みこと》とは体異《みこと》、体別《みこと》、すなわち身殊《みこと》の意味《いみ》である。後世《こうせい》の古学《こがく》を研究《けんきゆう》するもの、無知蒙昧《むちもうまい》にして古義《こぎ》を知《し》らずに神《かみ》と命《みこと》を混用《こんよう》し、幽顕《ゆうけん》を同称《どうしよう》するがゆゑに、古典《こてん》の真義《しんぎ》はいつまで研究《けんきゆう》しても、分《わか》って来《こ》ないのであります」

〇

それに続《つづ》いて『大本神諭《おおもとしんゆ》』に「神《かみ》の世《よ》と人《ひと》の世《よ》との立替立直《たてかえたてなお》しをいたすぞよ」とあり、また「神《かみ》、仏儒人民《ぶつじゆじんみん》なぞの身魂《みたま》の建替建直《たてかえたてなお》しをいたす時節《じせつ》がまゐりたから、艮《うしとら》の金神《こんじん》、大国《おおくに》常立尊《とこたちのみこと》が、出口《でぐち》の神《かみ》と現《あら》はれて、天《てん》の御《ご》三体《たい》の大神《おおかみ》の御命令《ごめいれい》通《どお》りに、大洗濯大掃除《おおせんたくおおそうじ》をいたして、松《まつ》の世《よ》五六七《みろく》の結構《けっこう》な世《よ》にして上中下《じょうちゅうげ》三段《だん》の身魂《みたま》がそろうて、三千世界《せかい》を神国《しんこく》にいたすぞよ」と示《しめ》されてあるもこの三柱《みはしら》の神《かみ》と命《みこと》の御活動《ごかつどう》に外《ほか》ならぬのであります」

そして出口聖師《でぐちせいし》は、この第《だい》一〇巻《かん》では大変詳《たいへんくわ》しく言霊学上《ことたまがくじょう》の解釈《かいしゃく》をされています。特《とく》に第《だい》三一章《しょう》「言霊解五《げんれいかいご》」では、住吉《すみよし》の神《かみ》は別《べつ》のお名前《なまえ》で「墨江《すみのえ》の三前《みまえ》の大神《おおかみ》」とあり、みまえを三前《みまえ》と書《か》くのは三柱《みはしら》という意味《いみ》もあるのでしょうが、スミノエノミマへの一字《じ》一字《じ》の解釈《かいしゃく》がありますが、それは省略《しょうりゃく》して、……。

「以上《いじょう》の言霊《ことたま》を総括《そうかつ》するときは、明皎々《めいこうこう》たる八咫《やあた》の神鏡《しんきょう》のごとく澄《す》みきわまり、顕幽《けんゆう》を透《とう》徹《てつ》し、真中真心《しんちゅうしんしん》の位《くらい》に坐《ざ》し、至《いた》らざる所《ところ》なく、なさざる所《ところ》なく、清《きよ》き泉《いずみ》となり、一切《さい》の本《ほん》末《まつ》を明《あき》らかにし現体《げんたい》を完全《かんぜん》に治《おさ》め、万物発育《ばんぶつはついく》の本源《ほんげん》となり、もって邪《じゃ》をしりぞけ正《せい》を撰《えら》びもちゐ、温厚円満《おんこうえんまん》にして月神《げっしん》のごとく、各自《かくじ》の天賦《てんぷ》を顕彰《けんしょう》し、身魂《みたま》の位《くらい》を明《あき》らかにし、一の位《くらい》を世《よ》に照《てら》し活動自在《かつどうじざい》にして、地《ち》の高天原《たかあまはら》に八百万《やおよろず》の神《かみ》を集《つど》へ、もって⊙《ス》を守《まも》る三柱《みはしら》の大神《おおかみ》といふことである」とあります。

○

殊《とく》に面白《おもしろ》いと思《おも》うのは、綿津見神《わだつみのかみ》の御子《みこ》に宇都志日金拆命《うつしひかなさくのみこと》という神《かみ》がおられ、安曇《あづみ》の連《むらじ》はその子孫《しそん》である。アヅミのムラジで少《すこ》しご勉強《べんきょう》いただきたいのは、物語第《ものがたりだい》八一巻《かん》（『天《てん》祥地瑞《しょうちづい》』）に、高照山《たかてるやま》の西南海上《せいなんかいじょう》に伊佐子《いさご》という島《しま》がある。その島《しま》にイドムの国《くに》とサールの国《くに》がある。イドムの国《くに》は豊《ゆた》かな国《くに》であったが、サールの国《くに》に襲《おそ》われて大変《たいへん》なことになる。しかし後《のち》では本当《ほんとう》の信仰《しんこう》に立《た》ち戻《もど》ったことにより栄《さか》えてくるという物語《ものがたり》がある。

このイドムの国《くに》の王《おう》の名前《なまえ》がアヅミ王《おう》、王妃《おうひ》の名前《なまえ》をムラジというのです。すると安曇《あづみ》の連《むらじ》というのは瑞《みづ》の御魂《みたま》に由緒《ゆいしょ》の深《ふか》い系統《けいとう》であるということが分《わか》ります。そういうことが第《だい》一〇巻《かん》の墨江《すみのえ》の三前《みまえ》の大神《おおかみ》だとか綿津見大神《わたつみのおおかみ》の解釈《かいしやく》の中《なか》で出《で》てくるのです。

長野県《ながのけん》には安曇村《あづみむら》とか安曇《あづみ》の連系統《むらじけいとう》の方《かた》が住《す》んでおられ、地教山《ちきょうざん》といわれる皆神山《みなかみやま》があるなど、素嗚盞尊《すさのおのみこと》、瑞《みづ》の御魂《みたま》に因縁《いんねん》のあるところだということが分《わか》ってきます。

（＝住吉三神《すみよしさんしん》の筒《つつ》には「星《ほし》」の意味《いみ》があり、古代《こだい》には船《ふね》の位置《いち》を知《し》るうえで航海《こうかい》の重要《じゅうよう》な目印《めじるし》となってきたオリオン座《ざ》の三つ星《ぼし》を、神格《しんかく》したのが三筒男《つつのお》との説《せつ》がある。）

＜宇都志日金拆命＞

ちょっと難《むずか》しくなりますが、宇都志日金拆命《うつしひかなさくのみこと》の名義《めいぎ》を言霊《ことたま》に照《て》らして解釈《かいしゃく》しますと、

「……命《みこと》の御名義《ごめいぎ》を総括《そうかつ》するときは、知識明達《ちしきめいたつ》にして大造化《だいぞうか》の極力《きょくりょく》を発揮《はっき》し、天下《てんか》の不安《ふあん》不穏《ふおん》を平定《へいてい》し、理想世界《りそうせかい》を樹立《じゅりつ》するの基礎《きそ》となり、鎮台《ちんだい》となりて、顕幽《けんゆう》を悉皆達観《しっかいたつかん》し、一大真理《だいしんり》を貫徹《かんてつ》して一切事物《さいじぶつ》の本末《ほんまつ》を糾明《きゅうめい》し、邪《じゃ》を破《やぶ》り正《せい》を顕《あら》はし、無限絶対無始無終《むげんぜったいむしむしゅう》の神《しん》明《めい》の光徳《こうとく》を宇内《うだい》にかがやかし、皇徳《こうとく》を八紘《はっこう》に弘《ひろ》めてやまず、知能具足《ちのうぐそく》してよく万物《ばんぶつ》を兼《か》ねむすび合《あわ》せ、国《くに》に戦乱《せんらん》なく疫病《しっぺい》なく飢饉《ききん》なく、暴風《ぼうふう》なく、洪水《こうずい》の氾濫《はんらん》することなく、大火《たいか》の災《わざわい》なく、万物《ばんぶつ》を洗《あら》い清《きよ》めて、瑞《みづ》の御魂《みたま》の心性《しんせい》を発揮《はつき》し、明暗正邪《めいあんせいじゃ》の焼点《しょうてん》に立《た》ちて、よくこれを裁断《さいだん》し、もって天国浄土《てんごくじょうど》を建設《けんせつ》するの活用《かつよう》を具備《ぐび》し成就《じょうじゅ》したまふ御活動《ごかつどう》の命《みこと》という

のである。すなはち宇宙《うちゅう》一切《さい》は綿津見神《わだつみのかみ》の活動出現《かつどうしゅつげん》によりて、……」とあって、たいへんな神様《かみさま》なのですね。

〈安曇の連〉

その子孫《しそん》となる安曇《あづみ》の連《むらじ》についても、「アヅミノムラジの名義《めいぎ》は、天之御中主神《あめのみなかぬしのかみ》の霊徳顕《れいとくあら》はれ出《い》でて、至治泰平《しじたいへい》の大本源《だいほんげん》となり、初頭《しょとう》となり、大母公《だいぼこう》の仁徳《じんとく》を拡充《かくじゅう》し、大金剛力《だいこんごうりき》を発揮《はっき》して、大造化《だいぞうか》の真元《しんげん》たる神霊威力《しんれいいりょく》を顕彰《けんしょう》し、純一実相《じゅんいつじつそう》にして、無色透明天性《むしょくとうめいてんせい》そのままの位《くらい》を定《さだ》め、万民《ばんみん》を愛護《あいご》して、月《つき》の本能《ほんのう》を実現《じつげん》する真人《しんじん》ということが、アヅミの活用《かつよう》である。

ムラジは、億兆《おくちょう》をことごとく強国不動《きょうこくふどう》に結《むす》びなして、すべての暴虐無道《ぼうぎゃくぶどう》をおし鎮《しず》め、本《ほん》末《まつ》よく親和《しんわ》して、産霊《むすび》の大道《たいどう》たる惟神《かんながら》の教《おしえ》をよく遵守《じゅんしゅ》し、万民《ばんみん》をよく統括《とうかつ》して、国家《こっか》を富《ふ》強《きょう》ならしめ、一朝事《いっちょうこと》あるときは、天津誠《あまつまこと》の神理《しんり》をもって神明鬼神《しんめいきしん》を号令《ごうれい》し、使役《しえき》する神《かみ》の御柱《みはしら》を称《しょう》して、アヅミのムラジといふのであります。……」と第一〇巻《かん》に示《しめ》されています。

こんな大変《たいへん》な根元《こんげん》の神様《かみさま》が、壱岐《いき》・対馬《つしま》に隠《かく》されていたということでしょうね。

（五）対馬が発祥の太占の亀卜

〇太占《ふとまに》の亀卜伝《きぼくつた》はる寺山家《てらやまけ》に昨日《きのふ》も今日《けふ》も安居《あんきよ》せしかな

というお歌《うた》の「太占《ふとまに》の亀卜《きぼく》」について、ちょっと触《ふ》れておきます。

愛知県《あいちけん》に津島神社《つしまじんじゃ》という、素嗚盞尊《すさのおのみこと》を牛頭天王《ごずてんのう》としてお祀《まつ》りしている神社《じんじゃ》があります。素嗚盞尊《すさのおのみこと》が高天原《たかあまはら》から追放《ついほう》されて韓国《かんこく》の檀山《だんざん》（ソシモリ）に一時《じ》お隠《かく》れになる。その時《とき》のお名前《なまえ》が牛頭天王《ごずてんのう》で、琵琶湖《びわこ》を境《さかい》にして素嗚盞尊《すさのおのみこと》をお祀《まつ》りしてある総本社《そうほんざん》が津島神社《つしまじんじゃ》、西《にし》が京都《きょうと》の八坂神社《やさかじんじゃ》なのです。その両方《りょうほう》の摂社末社《せつしゃまつしゃ》が全国《ぜんこく》に六千から七千もありますが、その津島神社《つしまじんじゃ》で一番重要《ばんじゅうよう》な神事《しんじ》が太占《ふとまに》の占《うらな》いなのです。

そうしますと、これは対馬《つしま》から持《も》ってきたことは間違《まちが》いのない事実《じじつ》なのです。その神事《しんじ》を行《おこな》うのに二十人《にん》の神主《かんぬし》によって運用《うんよう》されるといいますが、その神主《かんぬし》は対馬《つしま》から十人、壱《い》岐《き》から五人、静岡《しずおか》の伊豆《いず》から五人《にん》の人達《ひとたち》によって神事《しんじ》が行《おこな》われるそうです。そういうことが津島神社《つしまじんじゃ》の由緒記《ゆいしょき》に書《か》いてあります。そういう重要《じゅうよう》な神事《しんじ》のもとが、こちらから行《い》っていることが分《わか》ると思《おも》います。

それから『日本書紀《にほんしょき》』からの文献《ぶんけん》で「対馬《つしま》は日神《ひのかみ》、壱岐《いき》は月神《つきのかみ》」というのがあります。また対馬《つしま》の永留久恵《ながとめひさえ》氏著《しちょ》『対馬《つしま》の風土《ふうど》と神々《かみがみ》』の中《なか》から「海神《わたつみ》と天神《あまつかみ》」というのが紹介《しょうかい》されています。

西海道《さいかいどう》（九州《きゅうしゅう》・壱岐《いき》・対馬《つしま》）で延喜式内社《えんぎしきないしゃ》（＝菅原道真《すがわらみちざね》の時代《じだい》、日本全国《にほんぜんこく》の神社《じんじゃ》を調《しら》べて一々社格《しゃかく》をつけた。その時名前《ときなまえ》が上《あ》がったものが式内社《しきないしゃ》という）が一〇七座《ざ》ある。そのうち二十九座《ざ》は対馬《つしま》、二十四座《ざ》は壱岐《いき》にあって、この二島《とう》で九州《きゅうしゅう》とほぼ同数《どうすう》の式内社《しきないしゃ》がある。いかに神様《かみさま》の元《もと》がここにあったかという証拠《しょうこ》と思《おも》います。

そしてここにも「神祇官《しんぎかん》の卜部《うらべ》が対馬《つしま》より一〇人《にん》（＝上県《かみあがた》より五人《にん》、下県《しもあがた》より五人《にん》）、壱《い》岐《き》より五人《にん》、伊豆《いず》より五人《にん》づつ出《で》た令制《りょうせい》と合《あ》わせて、この二島《とう》に古《ふる》い神道《しんどう》の一中心《ちゅうしん》があったことを語《かた》っている」と書《か》いてあります。

つまり壱岐《いき》・対馬《つしま》ともに式内社《しきないしゃ》に関係《かんけい》した社家《しゃけ》の多《おお》くは卜部《うらべ》であって、この卜部《うらべ》は古族《こぞく》対馬直《つしまのあたい》、壱岐直《いきのあたい》の一族《ぞく》で神《かみ》につかえ亀卜《きぼく》を行《おこな》う独特《どくとく》の流儀《りゅうぎ》を伝承《でんしょう》していた、というのです。

（＝上記《じょうき》三国《くに》の卜部《うらべ》の他《ほか》に常陸卜部《ひたちうらべ》すなわち鹿島神宮《かしまじんぐう》、下総《しもうさ》の占部《うらべ》、駿河《するが》の卜部《うらべ》、大和《やまと》の占部《うらべ》、泉《いずみ》の卜部《うらべ》、近江《おおみ》の卜部《うらべ》、因幡《いなば》の占部《うらべ》、筑前《ちくぜん》の卜部《うらべ》、山城《やましろ》の卜部《うらべ》、京《きょう》の卜部《うらべ》があって、表記《ひょうき》には卜部《うらべ》と占部《うらべ》がある。対馬《つしま》での亀卜《きぼく》は明治《めいじ》四年《ねん》で終《お》わるが廃藩置県《はいはんちけん》で対馬藩《つしまはん》が無《な》くなったことによる。それまで上県《かみあがた》の佐護《さご》の天諸羽神社《あまのもろはじんじゃ》（寺山家《てらやまけ》）、下県《しもあがた》の豆酘《つつ》の都都智神社《つつちじんじゃ》、現在《げんざい》の雷神社《いかづちじんじゃ》（岩佐家《いわさけ》）で公式《こうしき》に続《つづ》いていたのが、今《いま》は岩佐家《いわさけ》だけに亀卜神示《きぼくしんじ》が伝《つた》えられている。『対馬国史』永留久恵著参照）

(六) 神功皇后と稚姫君命

この研修会《けんしゅうかい》の前《まえ》に、『いづとみづ』誌《し》の「瑞霊《ずいれい》ご活動《かつどう》のトポス」取材《しゅざい》のため、大阪《おおさか》の住吉《すみよし》神社《じんじゃ》に行《い》ってまいりました。面白《おもしろ》かったのは、住吉神社《すみよしじんじゃ》ですから底筒男神《そこつつのおのかみ》、中筒男神《なかつつのおのかみ》、上《うわ》筒男神《つつのおのかみ》の三神《しん》が祀《まつ》られてあるが、神功皇后《じんぐうこうごう》がお祀《まつ》りしたため神功皇后《じんぐうこうごう》も祀《まつ》ってあるのです。戦前《せんぜん》、海軍《かいぐん》の軍人《ぐんじん》は住吉神社《すみよしじんじゃ》にもお参《まい》りしましたが、神戸《こうべ》の生田神社《いくたじんじゃ》、それに大本《おおもと》にもゆかりの深《ふか》い、三重県《みえけん》の香良洲神社《からすじんじゃ》によくお参《まい》りしたものです。

開祖《かいそ》さまの身魂《みたま》は稚姫君命《わかひめぎみのみこと》、その稚姫君命《わかひめぎみのみこと》をお祀《まつ》りした神社《じんじゃ》にお参《まい》りに行《い》っている。なぜお参《まい》りに行《い》っているのかと考《かんが》えたのですが、それは神功皇后《じんぐうこうごう》に始《はじ》まっているのです。神《じん》功皇后《ぐうこうごう》の八代前《だいまえ》は天《あめ》の日矛《ひぼこ》という韓国《かんこく》の王子様《おうじさま》だったが、日本女性《にほんじょせい》の跡《あと》を追《お》って日本《にほん》に来《き》て、帰国《きこく》せず居《い》ついてしまった。

そんな関係《かんけい》で神功皇后《じんぐうこうごう》の三韓出兵《かんしゅっぺい》は里帰《さとがえ》りだったといわれますが、神功皇后《じんぐうこうごう》が朝鮮《ちょうせん》から帰《かえ》られた時《とき》に、水先案内《みずさきあんない》がいないと、船《ふね》がどうしても日本《にほん》の港《みなと》に入《はい》れない。当時《とうじ》は巫女《みこ》に神《かみ》に降《くだ》って頂《いただ》いて、お願《ねが》いしたのですが稚姫君命《わかひめぎみのみこと》という神《かみ》が下《くだ》られて、私《わたし》を「生田《いくた》の森《もり》」に祀《まつ》ってくれると水先案内《みずさきあんない》をしましょうと云《い》われた。そのことを約束《やくそく》され武庫《むこ》の港《みなと》に無事《ぶじ》着《つ》くことができた。つまり今《いま》の兵庫港《ひょうごこう》です。そういうことがあって神功皇后《じんぐうこうごう》は神戸《こうべ》に生田《いくた》神社《じんじゃ》、長田神社《ながたじんじゃ》、広田神社《ひろたじんじゃ》、それに摂津《せっつ》の住吉神社《すみよしじんじゃ》などを建立《こんりゅう》したという由緒《ゆいしょ》があるのです。

日本歴史《にほんれきし》では、その時初《ときはじ》めて生田神社《いくたじんじゃ》が出来《でき》たのですが、なぜ稚姫君命《わかひめぎみのみこと》の神霊《しんれい》が出《で》てこられたのか、意味《いみ》が判《わか》らない。ところが物語第《ものがたりだい》二二巻《かん》を読《よ》みますと、三五教《あなないきょう》の宣伝使《せんでんし》が琉《りゅう》球《きゅう》から上《あが》った「琉《りゅう》と球《きゅう》の珠《たま》」の神霊《しんれい》をぬき、その珠《たま》に今度《こんど》は、稚姫君命《わかひめぎみのみこと》をとりかけてお祀《まつ》りした。それが「生田《いくた》の森《もり》」というわけで、日本歴史《にほんれきし》の判《わか》らない部分《ぶぶん》が物語《ものがたり》に書《か》かれているのです。

（七）出雲よりも古い由緒の壱岐・対馬

話《はなし》は戻《もど》りますが、綿津見神《わだつみのかみ》は神界《しんかい》の、住吉《すみよし》の神《かみ》は現界的《げんかいてき》な瑞《みづ》の御魂《みたま》のお働《はたら》きだということを示《しめ》されていますが、その本拠《ほんきょ》がここにあり、また玉手《たまで》の嶋《しま》といい、満潮干潮《まんちょうかんちょう》の珠《たま》というのもここから出《で》たということも分《わ》ります。

そういうことからすると本当《ほんとう》に歴史《れきし》に示《しめ》されているように、神様《かみさま》の故郷《ふるさと》は出雲《いずも》とばかり思《おも》っていましたが、ここにはもっと前《まえ》の由緒《ゆいしょ》があったことを云《つた》えていると思《おも》います。

対馬《つしま》の海津見神社《わたつみじんじゃ》から白《しろ》い蛇《へび》が出雲《いずも》に挨拶《あいさつ》に行《い》っている。この白《しろ》い蛇《へび》は頭《あたま》に亀甲《きっこう》の印《しるし》(=「二重亀甲剣花菱《ふたえきっこうけんはなびし》」の紋に似ている。)がついている海津見《わたつみ》の眷属神《けんぞくしん》です。それが出雲《いずも》半島《はんとう》の背中《せなか》あたりにある日御碕神社《ひのみさきじんじゃ》や佐陀神社《さだじんじゃ》に上《あ》がる。その時期《じき》は十月《がつ》です。世間《せけん》では神無月《かんなづき》、出雲《いずも》では神有月《かみありづき》です。白蛇《しろへび》が上《あ》がると日御碕神社《ひのみさきじんじゃ》では、神主《かんぬし》がそれを三宝《ぼう》に載《の》せて、出雲神社《いずもじんじゃ》にお参《まい》りする。そういう神事《しんじ》が今《いま》でも行《おこな》われています。すると綿津見神社《わたつみじんじゃ》と島根《しまね》の出雲神社《いずもじんじゃ》の由緒《ゆいしょ》も分《わか》ってくるわけです。

それから世間《せけん》で神無月《かんなづき》、神有月《かみありつき》といわれているのと、出口聖師《でぐちせいし》のお示《しめ》しは少《すこ》し違《ちが》います。

聖師《せいし》は旧《きゆう》の七月十二日《にち》が誕生日《たんじようび》です。大本《おおもと》では神集祭《しんしゆうさい》というのが行《おこな》われていますが、それは旧暦《きゆうれき》の七月《がつ》六日《か》から十二日《にち》までということになっている。

これはいつから始《はじ》まったかと云《い》いますと、開祖《かいそ》、聖師《せいし》、二代様方《だいさまがた》が出雲《いずも》出修《しゆつしゆう》から帰《かえ》ってこられてからおこなわれることになる。それまでは出雲大社《いずもたいしや》で神集祭《しんしゆうさい》があったけれども、それ以後《いご》は大本《おおもと》の神集祭《しんしゆうさい》なのです。そういう意味《いみ》の行事《ぎようじ》が、昔《むかし》から続《つづ》いているのだなということが分《わか》ります。そういう意味《いみ》で聖師《せいし》は対馬《つしま》の海津見神社《わたつみじんじや》に九月《がつ》三十日《にち》に表敬訪問《ひようけいほうもん》されています。

（八）壱岐・対馬に神道の原型が

ここには神様《かみさま》の原型《げんけい》があるとご紹介《しようかい》しましたが、壱岐《いき》が月《つき》の神《かみ》、対馬《つしま》が日《ひ》の神《かみ》、これも色々《いろいろ》な説《せつ》があります。日《ひ》の神《かみ》と云《い》うのは天照大神《あまてらすおおかみ》の原型《げんけい》だという説《せつ》と、小椋一葉《おぐらかずは》氏《し》は『消《け》された覇王《はおう》』の中《なか》で、天照大神《あまてらすおおかみ》ではなくてニギハヤヒだと云《い》うのです。

「(対馬)の下県郡美津島町《しもあがたぐんみつしまちょう》には、最近《さいきん》ちょっとした脚光《きゃっこう》を浴《あ》びている阿麻氏留神社《あまてるじんじゃ》があります。神社《じんじゃ》といっても粗《そ》末《まつ》な建物《たてもの》です。古田武彦氏《ふるたたけひこし》は祭神《さいじん》を、いわゆる伊勢神宮《いせじんぐう》の例《れい》の「天照大神《あまてらすおおかみ》」と見《み》なしておられるようだが(『古代は輝いていた』)、このアマテル、この人《ひと》は、われわれの常識《じょうしき》のアマテラスではない。これは天照国照彦天火明櫛玉饒《あまてるくにてるひこあめのほあかりくしたまにぎ》(=饒)速日命《はやひのみこと》のこと、つまりニギハヤヒのフルネームが略称《りゃくしょう》された、アマテルなのであると。ニギハヤヒを祭《まつ》る神社《じんじゃ》には、「天照御魂神社《あまてるみたまのじんじゃ》」、「天照御祖神社《あまてるみおやのじんじゃ》」、「天照神社《あまてるじんじゃ》」など「アマテル」を社名《しゃめい》にした神社《じんじゃ》が見《み》かけられます。

京都《きょうと》の太秦《うずまさ》に、朝鮮《ちょうせん》の新羅《しらぎ》から渡来《とらい》の秦氏《はたし》が奉斎《ほうさい》した式内社《しきないしゃ》・木嶋坐天照魂神社《このしまにますあまてるみたまのかみやしろ》というのがあります。京都《きょうと》の人《ひと》は「蚕《かいこ》の社《やしろ》」と云《い》うとご存知《ぞんじ》ですが、そこには池《いけ》の中《なか》に三本《ぼん》

「阿麻氏留神社」

柱《ばしら》の鳥居《とりい》（＝上から見ると三角形）があり秦《はた》一族《ぞく》が建立《こんりゅう》したといわれます。この鳥居《とりい》はダビテ（＝古代イスラエル王国第二代の王。BC 1000年頃）の紋章《もんしょう》を形《かた》どったものではないかと、梅原猛氏《うめはらたけしし》は云《い》われておられます。その神社《じんじゃ》が木嶋坐天照魂神社《このしまにますあまてるみたまじんじゃ》で、その横《よこ》にあるのが蚕《かいこ》の守護神《しゅごじん》として木《こ》の花咲耶姫《はなさくやひめ》が祀《まつ》られている。そこの神社《じんじゃ》の祭神《さいじん》が「天照国照神《あまてるくにてるのかみ》」なのです。

これも天照大神《あまてらすおおかみ》として祀《まつ》ってありますが、古《ふる》い社歴《しゃれき》を見《み》ればニギハヤヒであることは間《ま》違《ちが》いない。そうすると小椋一葉《おぐらかずは》氏《し》が書《か》いているように、素鳴盞尊《すさのおのみこと》の子《こ》（＝孫）ニギハヤヒを祀《まつ》った神社《じんじゃ》が京都《きょうと》にもあって、しかも由緒《ゆいしょ》ある古《ふる》い神社《じんじゃ》だということです。

いずれにしろ壱岐《いき》・対馬《つしま》というところは、『先代旧事本紀《せんだいくじほんき》』「天神本紀《あまつかみのふみ》」に対馬《つしま》を県直《あがたのあたい》の祖《おや》を天日神《あめのひのみたま》、壱岐《いき》の県直《あがたのあたい》を天月神《あめのつきたま》と記《き》し、高御魂《たかみむすび》、神御魂《かむみむすび》を加《くわ》えた天神系《あまつかみけい》の神々《かみがみ》、それに海津見神《わたつみのかみ》の系統《けいとう》、住吉《すみよし》の神《かみ》の系統《けいとう》、そして素鳴盞尊《すさのおのみこと》の三女神宗像系統《にょしんむなかたけいとう》の神様《かみさま》が祀《まつ》られていると云《い》うことです。そのように素鳴盞尊《すさのおのみこと》の一番大事《ばんだいじ》なお働《はたら》きの総《すべ》てが、ここに集約《しゅうやく》されているということが云《い》えると思《おも》います。

それに太占《ふとうら》の神事《しんじ》がここから出《で》ていたと云《い》うこと、厳《いづ》の身魂《みたま》の開祖《かいそ》、瑞《みづ》の身魂《みたま》の聖師《せいし》にゆかりのある潮満《しおみつ》・潮干《しおひる》の珠《たま》の由緒《ゆいしよ》もここ竜宮島《りゆうぐうじま》にあると云《い》うことです。

それから小椋一葉《おぐらかずは》氏《し》の説《せつ》では律《りつ》しえないことがあります。「日《ひ》の神《かみ》」には高皇産霊神《たかみむすひのかみ》、神皇産霊神《かんみむすひのかみ》の由緒《ゆいしよ》もこめられているという点です。

高皇産霊神《たかみむすひのかみ》も神皇産霊神《かんみむすひのかみ》も大和朝廷《やまとちようてい》の時代《じだい》になって正式《せいしき》のご神名《しんめい》として登場《とうじよう》するようになりますが、それより先《さき》にこの二柱《はしら》のご神名《しんめい》は壱岐《いき》・対馬《つしま》に定着《ていちやく》していた。そのようにいろいろ調《しら》べていきますと、日本古神道《にほんこしんどう》の原型《げんけい》のすべてが、壱岐《いき》・対馬《つしま》にあったということです。

（『いづとみづ』一九八九（昭和64）年九月号、「壱岐対馬の神々たち」
現地研修会報告記・窪田英治氏の講和より）

―◆壱岐・対馬の国魂神について、『古事記』では、イザナギ・イザナミの国生から伊伎嶋―

を天《あめ》の比登柱《ひとつばしら》といい、津島を天之狭手依比売《あめのさでよりひめ》と書かれ、『日本書紀』には、壹岐洲、對馬洲とあるが国魂神の記載はない。

◆**壹岐・対馬の県直らの始祖伝承について**　『古事記』にはスサノオ・アマテラスの「誓約」により誕生の天菩比命の子建比良鳥命《たけひらとりのみこと》が出雲国造、无邪志国造《むざしのくにのみやつこ》、上菟上国造《かみつうなかみのくにのみやつこ》、下菟上国造《しもつうなかみのくにのみやつこ》、伊自牟国造《いじむのくにのみやつこ》、對嶋縣直《つしまのあがたのあたい》、遠江国造等《とほつあふみのくにのみやつこら》の祖《おや》なり、と記され『日本書紀』には天菩日命を天穂日命と書くが、建比良鳥の記述はない。

『旧事本紀』「天神本紀」にはニギハヤヒが天下るとき三十二人の武将の中に天造日女命《あめのつくるひめのみこと》（安曇連等祖）、天日神命《あめのひのかみのみこと》（對馬縣主等祖）、月神命《つきたまのみこと》（壹岐縣主等祖）と記され、これが壱岐・対馬の縣主の出典となる。そこで対馬の縣主が『古事記の』天菩比命、『日本書紀』の天穂日命、それが『旧事本紀』の天日神命と同神異名なのかわからない。

◆**倭王と津島県主**　『対馬国志』永留久恵氏によると「畿内にあった倭王権《やまとのおうけん》と津島県主の関係について、『先代旧事本紀』の「国造本紀」には「津島県直。橿原《かしはら》の朝《あそん》、高御魂尊《たかみむすびのみこと》の五世の孫、建弥己己命《たけみここのみこと》を改めて直《あたい》と為す」というのだが、建弥己己命は名ばかりで、その神蹟がどこにもない。橿原の朝《あそん》とは伝説の神武天皇の世で、高御魂という神は「高皇産尊」と書いて日本神話の至高神とされた大神だが、この神は本来津島に鎮座していたのがヤマトに分祀されたもので、県直とは朝廷から直《あたい》という姓《かばね》を賜った県主《あがたぬし》のことである。

県とは、旧来のクニがヤマト王権の地方組織となったときの名称で、畿内と西日本に多い。現代まで行政地名として遺っていたのは対馬（津島）の上県・下県で、全国的に珍しい。クニがアガタとなり、漢字の県《けん》を当てたわけで、県主《あがたぬし》が居た在所に畿内型古墳があるのは偶然ではない。……。

高天原の主神とされる高皇産霊尊（高御魂神）を「我が祖」と呼んだ天日神《あめのひのみたま》（阿麻氐留神《あまてるのかみ》）を、津島の県主が「我が祖神」とした伝承は、正しく日子の神統譜を示唆したもので、『古事記』に記す「高御産巣日」の文字は日神の祖神であることを示している。

対馬では、島の西南端の豆酘《つつ》の海辺に延喜式内名神大社「高御魂神社《たかみむすびじんじゃ》」が鎮座して、日神の祭祀もあった豆酘が下県直の本拠と観られることから、この祖神伝承は当を得ている。」

◆壱岐・対馬そして済州島は、古代大陸、朝鮮半島との人と文化の拠点、交流の場として、倭の国の平城京、難波宮《なにわのみや》、恭仁京《くにきょう》、平安京建設に大きな役割を果たして来た。日本は古くて新しい国というのも、アマテラスとスサノオの琵琶湖《あめのまない》での誓約からスサノオ尊が大陸に渡り、再び日本に帰って来てから拓けてゆく。そしてその時代は、『霊界物語』では三十五万年、十五万年前の日本列島成立はるか以前に溯る

◆日本列島の成立は、日本海が海進期・海退期を繰り返し、また何度も大陸と分離結合を繰り返すうちに約二万年前のヴェルム（ウルム）氷期（最終氷期）に気温が低下し氷河が発達、海面が現在より一〇〇〜一三〇メートル（ある説では一五〇メートル）低かった。それが一万八〇〇〇年前頃ベーリング海が陥没、津軽海峡を通って寒流である親潮が日本海に流入、一方対馬海峡からは表層水が流入する。一万三〇〇〇年前には、日本列島が完全に大陸から分離し、およそ一万〜八〇〇〇年の間に現在の海洋環境になったと云われる。（中国の黄河が、現在の渤海湾から対馬海峡にかけて河となっていて日本海に流れ込んでいたとの学説等がある。）

◆対馬の地質の本体はおよそ数千年前、海底において堆積した地層で厚さは五四〇〇メートル以上と云われ、比較的厚い泥岩層と薄い砂岩層の互層から成っている。この層が海底の隆起により陸地化したもので、生物の化石もある。この中に花崗岩（石英とカリ長石を成分とする粒の荒い火成岩。多くは白色。対馬南部）、石英斑岩（斑状の石英・長石などからなる。白嶽山系、城山、烏帽子嶽）、素粒玄武岩（溶岩流などに産出。上県千俵蒔山）や玢岩《ひんがん》（御嶽、権現山、神山）などの火成岩から成り、孤立した地塁島と学説では云われている。

出口王仁三郎聖師ご巡教図（昭和５年９月）

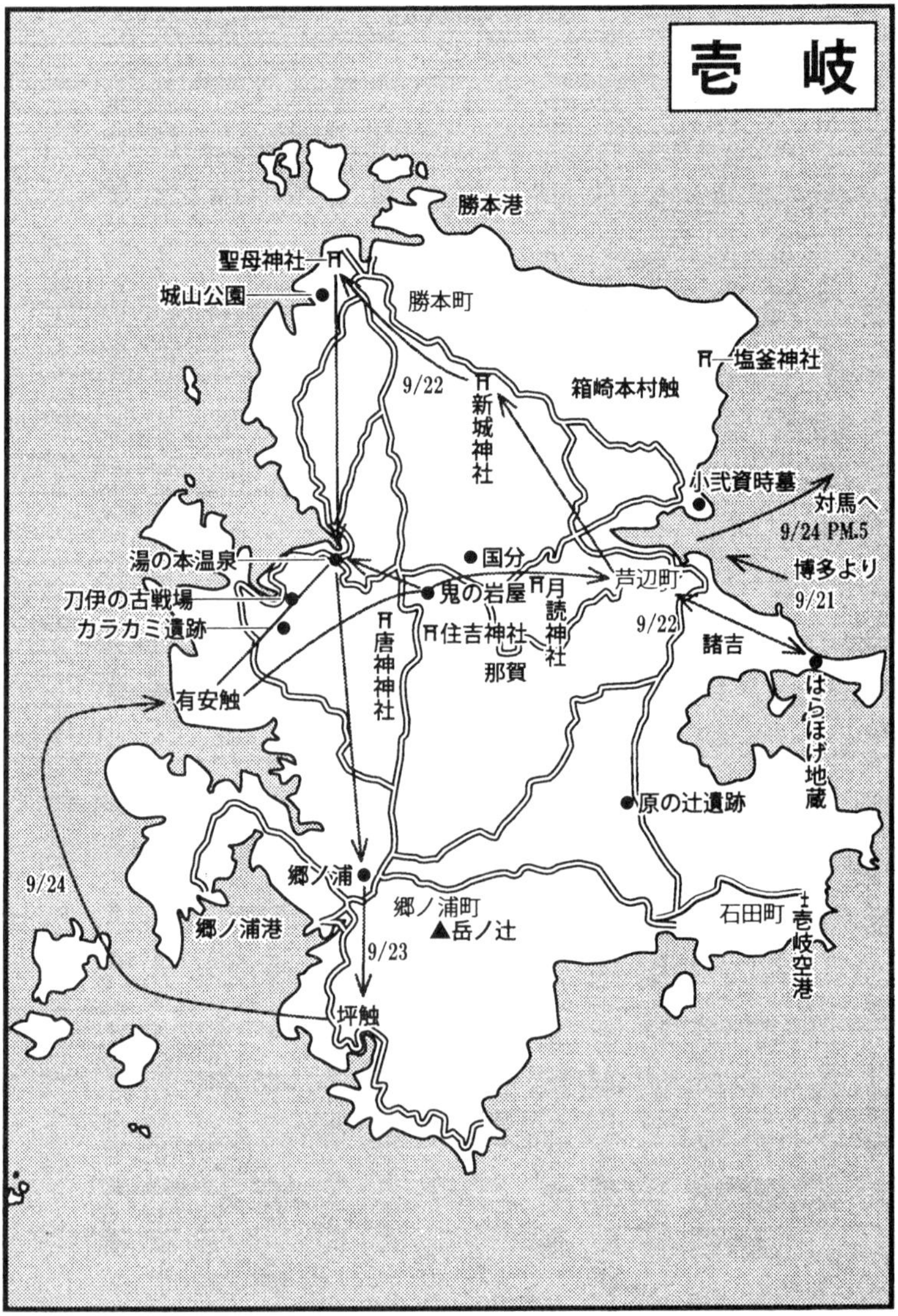

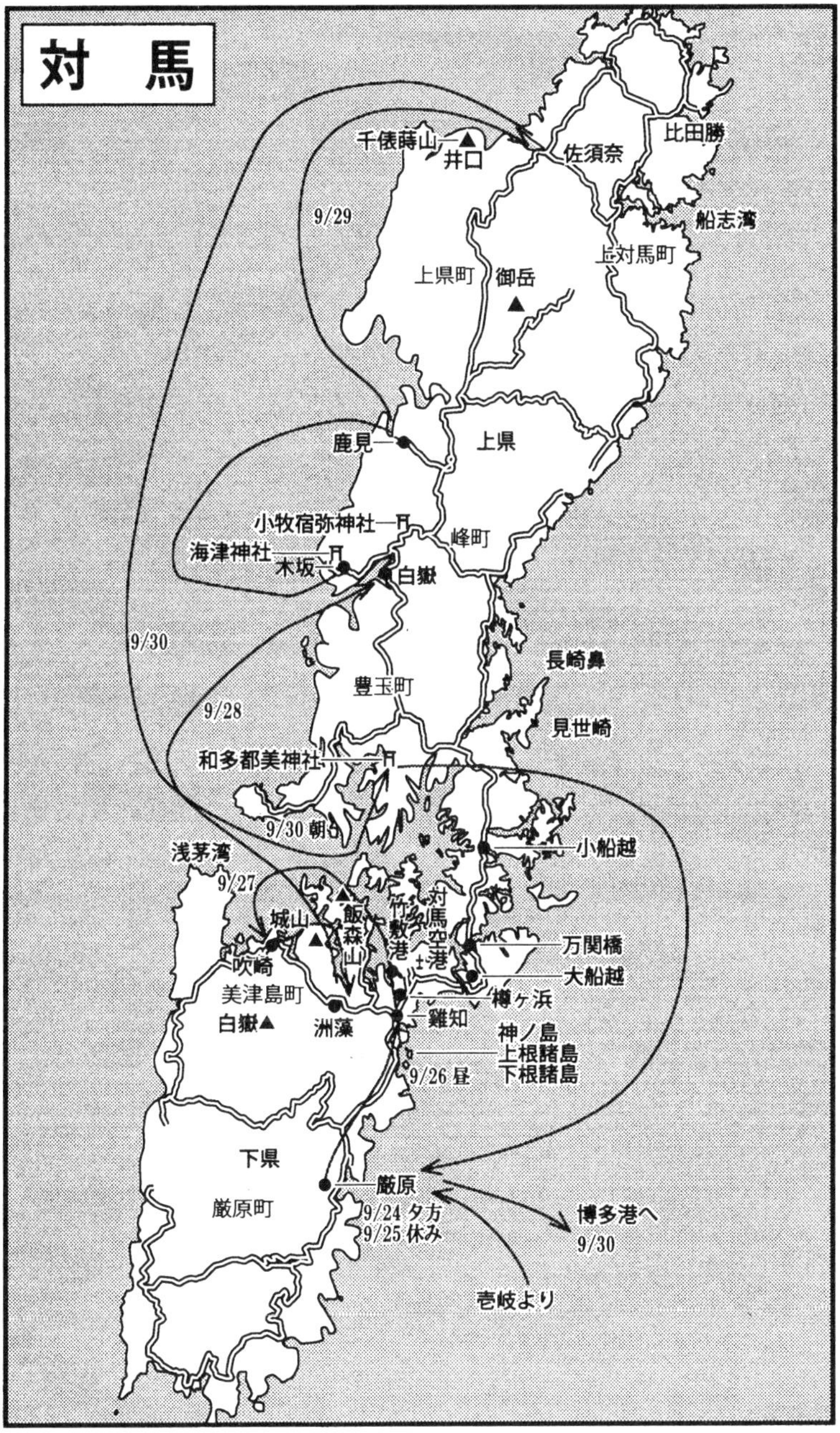
対　馬
千俵蒔山
井口
佐須奈
比田勝
船志湾
9/29
上対馬町
上県町
御岳
鹿見
上県
小牧宿弥神社
海津神社
木坂
白嶽
峰町
9/30
長崎鼻
豊玉町
9/28
見世崎
和多都美神社
9/30 朝
小船越
浅茅湾
9/27
城山
飯森山
竹敷港
対馬空港
万関橋
吹崎
大船越
美津島町
樽ヶ浜
白嶽
洲藻
雞知
神ノ島
上根諸島
下根諸島
9/26 昼
下県
厳原
厳原町
9/24 夕方
9/25 休み
博多港へ
9/30
壱岐より

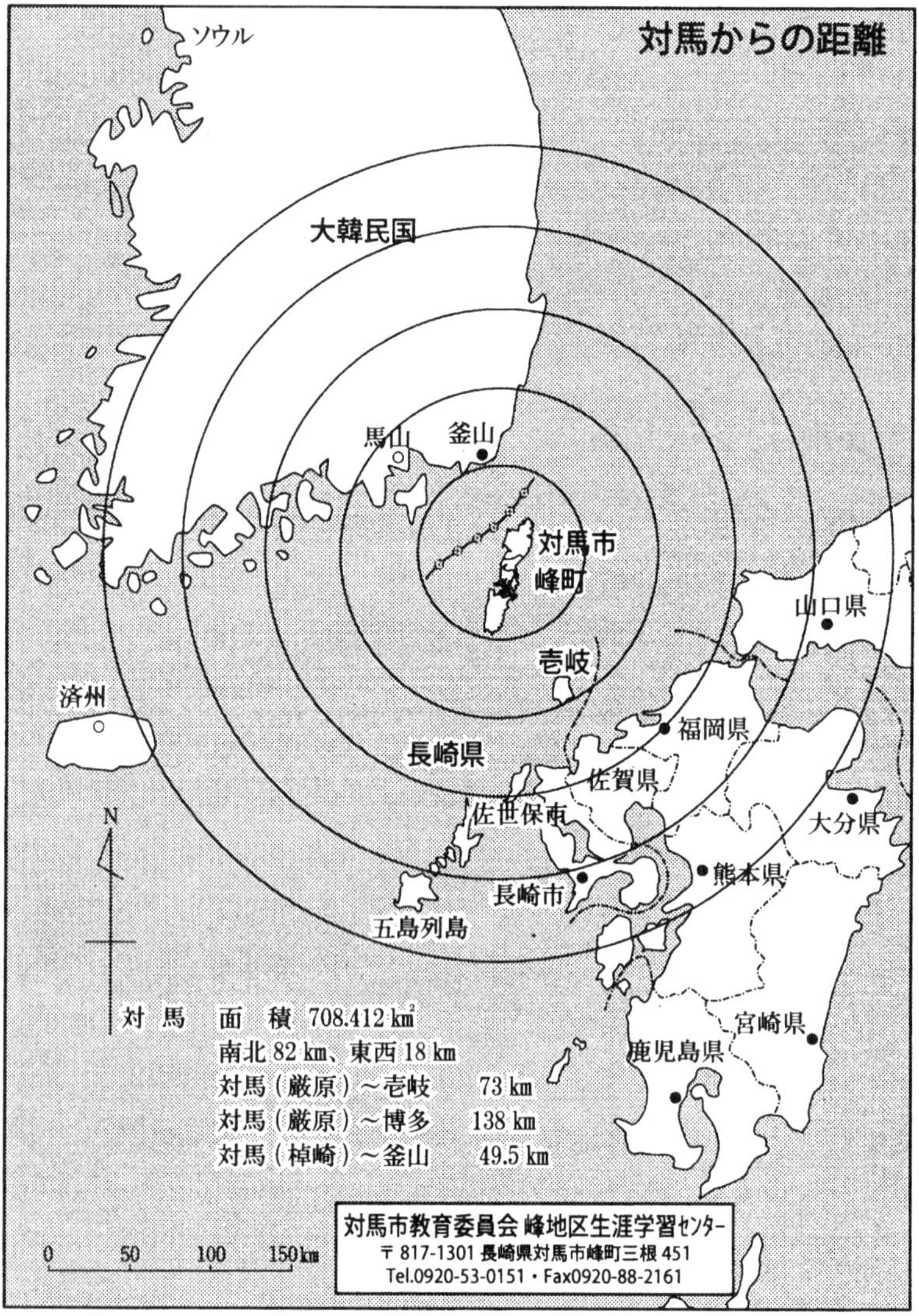
対馬からの距離
ソウル
大韓民国
馬山
釜山
対馬市
峰町
壱岐
済州
長崎県
佐世保市
長崎市
五島列島
山口県
福岡県
佐賀県
大分県
熊本県
宮崎県
鹿児島県
N
対馬　面　積 708.412 ㎢
南北 82 km、東西 18 km
対馬（厳原）～壱岐　73 km
対馬（厳原）～博多　138 km
対馬（棹崎）～釜山　49.5 km
対馬市教育委員会 峰地区生涯学習センター
〒 817-1301 長崎県対馬市峰町三根 451
Tel.0920-53-0151・Fax0920-88-2161
0　50　100　150 km

第五編　信仰と政治の妙諦

第一章　信仰の実

……。

清公《きよこう》ほか四人《にん》は諏訪《すわ》の湖《うみ》の畔《ほとり》の小《ち》さき祠《ほこら》の前《まえ》に端坐《たんざ》し、天津祝詞《あまつのりと》を奏上《そうじょう》し、数歌《かずうた》を歌《うた》いあげ、終《お》わって紺青《こんじょう》の波漂《なみただよ》える諏訪《すわ》の湖《うみ》の岸辺《きしべ》に立《た》ち、際限《さいげん》もなき広《ひろ》き湖面《こめん》を崇高《すうこう》の気《き》に打《う》たれて眺《なが》め入《い》った。たちまち心機《しんき》一転《てん》して、天国《てんごく》よりも清《きよ》く美《うる》わしき感想《かんそう》に打《う》たれ、一同《どう》は期《き》せずして、衣類《いるい》を脱《ぬ》ぎ、湖中《こちゅう》に向《む》ってザンブとばかり、何気《なにげ》なく飛《と》び込《こ》んでしまった。千尋《ちひろ》の深《ふか》き水底《みなそこ》と思《おも》いきや水溜《みずたま》りは思《おも》うたよりも浅《あさ》く、七尺《しゃく》乃至《ないし》八尺《しゃく》の肉体《にくたい》の、浅《あさ》きは臍《へそ》あたりまで、深《ふか》きは首《くび》のあたりまでくらいよりなかったのに、再《ふた》び驚《おどろ》きながら神言《かみごと》を奏上《そうじょう》しつつ、波《なみ》を押《お》し分《わ》けて北《きた》へ北《きた》へと進《すす》み行《ゆ》く。

摺鉢《すりばち》のようになった湖底《うなぞこ》に足《あし》を辷《すべ》らせ、ここに五人《にん》は一時《いっとき》に水底深《みなそこふか》く落《お》ち込《こ》み、一旦《たん》は人事不省《じんじふせい》の厄《やく》に会《お》うた。おりから浮《う》かびくる金銀《きんぎん》を鏤《ちりば》めて造《つく》りたる神船《しんせん》に救《すく》い上《あ》げられ、北《きた》へ北《きた》へと運《はこ》ばれた。

○

湖中《こちゅう》に浮《う》かべる夫婦島《めおとじま》の一角《かく》に救《すく》い上《あ》げられ、五人《にん》の肉体《にくたい》はそのまま自然《しぜん》に気《き》のつくまで棄《す》てておかれたのである。酷熱《こくねつ》の太陽《たいよう》は焦《こ》げつくごとく、赫々《かくかく》と照《て》り輝《かがや》けども、老樹鬱蒼《ろうじゅうつそう》として天《てん》を封《ふう》じたるこの浮島《うきしま》は、涼風颯々《りょうふうさつさつ》としておもむろに吹《ふ》ききたり、夏《なつ》の暑《あつ》さを少《すこ》しも感《かん》じなかった。此島《ここ》には大小無数《だいしょうむすう》の金銀《きんぎん》の蛇空地《へびあきち》なきまでに遊《あそ》び戯《たはむ》れている。五人《にん》は金《きん》銀《ぎん》の蛇《へび》、畳《たたみ》の目《め》のごとく地上《ちじょう》を包《つつ》んでいるその上《うえ》に救《すく》い上《あ》げられ、しばらくは何《なに》も知《し》らずに、睡眠《すいみん》をほしいままにしていた。

清公《きよこう》はやや太《ふと》き金色《こんじき》の蛇《へび》に、口《くち》をポカンと開《あ》けていたその隙間《すきま》より這《は》い込《こ》まれ、胸苦《むなぐる》しさに目《め》を醒《さ》まし、「キャッ　キャッ」と叫《さけ》んだ声《こえ》に驚《おどろ》いて、チャンキー、モンキー、アイル、テーナの四人《にん》は始《はじ》めて気《き》がつき、附近《あたり》を見《み》れば金銀《きんぎん》の索麺《そうめん》を敷《し》いたごとく、億兆無数《おくちょうむすう》の蛇《へび》樹上《じゅじょう》にも樹下《じゅか》にも、木《き》の幹《みき》にまで一面《めん》に包《つつ》んでいる。清公《きよこう》の口《くち》には金色《こんじき》の太《ふと》き蛇《へび》、七八分《ぶ》まで口《くち》より這《は》いこみ、わずかに七八寸《すん》ばかり尻尾《しっぽ》の先《さき》をあまし、尾《お》は前後左右《ぜんごさゆう》にプリンプリンと活動《かつどう》し、尾《お》の先《さき》にて耳《みみ》の穴《あな》、鼻《はな》の穴《あな》、目《め》などを無性《むしょう》やたらに掃除《そうじ》している。チャンキーはその尾《お》を掴《つか》み蛇《へび》を引出《ひきだ》し、清公《きよこう》を助《たす》けんと猿臂《えんぴ》を伸《の》ばして尾《お》をつかんだ途端《とたん》に、ビンと撥《は》ねられて、隣《となり》の島《しま》に投《な》げ送《おく》られた。

○

一方《ぽう》の島《しま》には金銀《きんぎん》の蜈蚣《むかで》数限《かずかぎ》りもなく、蓆《むしろ》を布《し》いたごとく、沢山《たくさん》の足《あし》をチャンと揃《そろ》えて、地上《ちじょう》を包《つつ》んでいる。樹上《じゅじょう》にも木《き》の幹《みき》にも金銀色《きんぎんいろ》の蜈蚣《むかで》、空地《あきち》もなく巻《ま》きついていた。見《み》るみる二三尺《じゃく》の長《なが》き蜈蚣《むかで》は、ゾロゾロとチャンキーの身体《からだ》に這《は》い上《あ》がり、空地《あきち》なく身体《からだ》を包《つつ》んだ。されど不思議《ふしぎ》にも少《すこ》しの痛《いた》みも苦《くる》しみも感《かん》ぜず、ただ少《すこ》しばかりこそばゆい感《かん》じがしだし、蜈蚣《むかで》の足《あし》や舌《した》をもって体《からだ》を舐《な》め始《はじ》めだすにつれ、こそばゆさはますますその度《ど》を増《ま》し、ついには笑《わら》い止《や》まず、腹《はら》を抱《かか》えて蜈蚣原《むかではら》に七転《てん》八倒《とう》するに至《いた》った。この島《しま》を**女島**《めしま》という。一方《ぽう》の清公《きよこう》が金色《こんじき》の蛇《へび》を呑《の》んだ島《しま》を**男島**《おしま》という。

清公《きよこう》は俄《にわか》に身体黄金色《しんたいおうごんしょく》と変《へん》じ、両眼《りょうがん》より金剛石《こんごうせき》のごとき光《ひかり》を放《はな》ち、口《くち》をもがもがと動《うご》かせながら、何《なに》か言《い》わんとするもののごとく、七八寸口《すんくち》から出《で》ていた尻尾《しっぽ》は、いつのまにか腹中深《ふくちゅうふか》く納《おさ》まってしまった。清公《きよこう》は顔色輝《がんしょくかがや》き、層《そう》一層荘厳《そうそうごん》の度《ど》を加《くわ》え、身長《せい》も一尺《しゃく》ばかり高《たか》く延《の》び、体《からだ》の総体《そうたい》その太《ふと》さを増《ま》してきた。ものをも言《い》わず清公《きよこう》はアイルの首筋《くびすじ》をグッと掴《つか》み、**女島**《めしま》に向《むか》って猫《ねこ》の児《こ》を投《な》げるように手《て》もなく投《な》げ移《うつ》した。チャンキーがうつむいて笑《わら》っている背中《せなか》の上《うえ》に、フワリと馬《うま》に乗《の》ったように落《お》ちてきた。蜈蚣《むかで》はたちまちアイルの全身《ぜんしん》を包《つつ》んだ。アイルもまた俄《にわか》に際限《さいげん》もなく笑《わら》いだした。見《み》る間《ま》に蜈蚣《むかで》は体《からだ》一面《めん》に焦《こ》げつくようになって、両人《りょうにん》の体《からだ》は全身蜈蚣《ぜんしんむかで》の斑紋《はんもん》に包《つつ》まれてしまった。

○

チャンキーは始《はじ》めて口《くち》を開《あ》け、

「あゝ地恩城《ちおんじょう》の蜈蚣姫《むかでひめ》の代《かわ》りに蜈蚣彦《むかでひこ》が両人揃《りょうにんそろ》うた。……オイ、アイルさま、こう体《からだ》が蜈蚣《むかで》に変化《へんか》した以上《いじょう》は、モウ仕方《しかた》がない。一生《しょう》この島《しま》の守護神《しゅごじん》となって暮《く》らせという神《かみ》様《さま》の思召《おぼしめ》しかも知《し》れないよ。しかしながら、むかし諾冊《なぎなみ》二尊《にそん》が自転倒島《おのころじま》へお降《くだ》りになった時《とき》には、陰陽揃《いんようそろ》うて夫婦《ふうふ》の契《ちぎり》を結《むす》び、山《やま》、川《かわ》、草《くさ》、木《き》をお産《う》みになったのだが、吾々《われわれ》は男《おとこ》ばかりだから国生《くにう》みもするわけにはいかず、つまり体《てい》よい島流《しまなが》しになったのではあるまいかなア」

アイル「サア何《なん》だか知《し》らぬが、何《なん》とも言《い》えぬ好《い》い気分《きぶん》じゃないか。いずれどちらかが女《おんな》になるのかも知《し》れないよ。しかし此島《このしま》は**女島**《めしま》というからは、二人《り》ながら女《おんな》になろうも知《し》れぬ。そうすればなおなお妙《みょう》な事《こと》になってしまう。しかしいつも俺《おれ》は女《おんな》になぜ生《うま》れてこんだかと始終小言《しじゅうこごと》をいっておったから、言霊《ことたま》の幸《さち》はう国《くに》だというからには、御註文通《ごちゅうもんどお》り女《おんな》に変化《へんか》するかも知《し》れぬ。そうすればいわゆる平和《へいわ》の女神《めがみ》となって、お前《まえ》はチャンキー、俺《わし》はアイル、アイルチャンキーの女神《めがみ》として後世《こうせい》に謡《うた》われるようになるかも知《し》れないよ」

チャンキー「馬鹿《ばか》いえ、アイルチャンキーの女神《めがみ》というようなものがどこにあるか。アイルテーナの女神《めがみ》といえば昔《むかし》から聞《き》いてるがなア」

「それなら男島《おしま》に残《のこ》ってる奴《やつ》と俺《おれ》と合《あわ》せばアイルテーナだ」

「俺《おれ》も今日《きょう》かぎりチャンキーという名を返上《へんじょう》して、アポールという名《な》に改名《かいめい》しよう。アポールの女神《めがみ》は、いわゆるアテーナのまたの御名《みな》だ」

かく話《はな》すおりしもまたもや、清公《きよこう》に掴《つか》まれて投《な》げ送《おく》られたテーナは、二人《り》の前《まえ》に空《くう》をきって降《ふ》ってきた。

チャンキー「アイルテーナ、……こいつァ不思議《ふしぎ》」

とソロソロ地金《じがね》を現《あら》わし、洒落《しゃれ》気分《きぶん》になって無駄口《むだぐち》をたたきかけた。テーナはものをも言《い》わずうつむいて、膝頭《ひざがしら》を打《う》ったとみえ顔《かお》を顰《しか》めながら撫《な》でている。蜈蚣《むかで》はそろそろテーナの全身《ぜんしん》を包《つつ》んだ。テーナは向脛《むこうずね》を打《う》ったときのように痛《いた》そうなこそばゆそうな、痛《いた》さとこそばゆさが一つになったような声《こえ》で、泣《な》きと笑《わら》いの中間的声《ちゅうかんてきこえ》を出《だ》して「キユーキユー」と脇《わき》のあたりを鳴《な》らしている。

○

男島《おしま》におけるモンキーは、

「モシモシ清公大明神《きよこうだいみようじん》、お前《まえ》は金竜《きんりゆう》の化神《けしん》となってしまい、三人《にん》の奴《やつ》までみんな金銀《きんぎん》の蜈蚣《むかで》の衣服《いふく》を着《き》て、平和《へいわ》の女神《めがみ》だとか何《なん》とか威張《いば》っておるが、このモンキー一人《り》はどうして下《くだ》さるのだ。はじめのうちは蛇《へび》や蜈蚣《むかで》を見《み》てゾッとし、罪《つみ》の重《おも》い奴《やつ》がこんなところへ来《き》たものだから、蛇《へび》や蜈蚣《むかで》に責《せ》められて苦《くる》しむのだと思《おも》い、アーア俺《わし》だけはヤッパリ盗《ぬす》んできた船《ふね》を返《かえ》しにいった正直者《しょうじきもの》の発頭人《ほっとうにん》だから、蛇《へび》も蜈蚣《むかで》も如何《いかん》ともすることが出《で》来《き》ないのだと、やや得意気分《とくいきぶん》になっていた。が、しかしながら、誰《たれ》も彼《かれ》も金銀《きんぎん》の体《からだ》になり、あまり苦痛《くつう》そうにもないのを見《み》ると何《なん》とはなしに自分《じぶん》も羨《けな》りくなり、あたりまえの肉体《にくたい》がかえって罪《つみ》の塊《かたまり》のような感《かん》じがいたしますワ。一体《たい》どちらが善《ぜん》ですか。万一《まんいち》四人《にん》の者《もの》、神《かみ》の冥罰《めいばつ》に触《ふ》れてこんな態《ざま》になったのならば、吾々《われわれ》は友人《ゆうじん》のために充分《じゅうぶん》の謝罪《おわび》を神界《しんかい》へいたさねばならず、また四人《にん》が神徳《しんとく》をこうむりて出世《しゅつせ》をしたのならば、吾々《われわれ》も同《おな》じく出世《しゅつせ》をするように願《ねが》っていただかねばなりませぬ。善悪不二《ぜんあくふじ》という事《こと》は予《かね》て聞《き》いておりました。しかしながら神《かみ》が表《おもて》に現《あら》われて、善《ぜん》と悪《あく》とを立別《たてわ》けるという以上《いじょう》は、いま立別《たてわ》けられた五人《にん》は、どちらが善《ぜん》か悪《あく》か、どうぞ聞《き》かして下《くだ》さいませ」

と一生懸命《しやうけんめい》に手《て》を合《あ》わせ、清公《きよこう》の前《まえ》に平伏《へいふく》して頼《たの》みいる。清公《きよこう》は口《くち》をへの字《じ》に結《むす》び、目《め》ばかりギロギロさせながら一言《こと》も答《こた》えず時々《ときどき》二《ふた》つの鼻《はな》の穴《あな》から、フウフウと荒《あら》い息《いき》を吹《ふ》き出《だ》すのみである。

○

モンキーのかたわら二尺《しやく》ばかりの四方《ほう》は、何《なに》ゆえか、金銀《きんぎん》の蛇近《へびちか》よりきたらず。こうなるとモンキーも神《かみ》に嫌《きら》われておるのか、好《す》かれておるのか、少《すこ》しも合点《がてん》がゆかぬ。已《や》むを得《え》ずやや自棄気味《やけぎみ》になって、島中《しまじゆう》を歩《ある》行きはじめた。蛇《へび》は先《さき》を争《あらそ》うて、モンキーに踏《ふ》まれまじとあわただしく路《みち》を開《ひら》くその怪《あや》しさ。

一時《ひととき》ばかり島《しま》を彼方《あなた》こなたと金銀《きんぎん》の蛇《へび》を驚《おどろ》かせながら、ある美《うるわ》しき金色燦爛《きんしよくさんらん》たる苔《こけ》の生《は》えた岩《いわ》のかたわらに辿《たど》りつき、恰好《かつこう》の休息所《きゆうそくしよ》と岩上《がんじよう》に身《み》を横《よこ》たえ、頬杖《ほほづえ》をつき、思案《しあん》に暮《く》れて独言《ひとりごと》を言《い》っている。

○

モンキー「あゝサッパリ善悪不可解《ぜんあくふかかい》だ、鬼《おに》も大蛇《おろち》も悪魔《あくま》も、すべて自分《じぶん》である。自分《じぶん》を離《はな》れて極楽《ごくらく》もなければ地獄《じごく》もなし、また神《かみ》もなければ鬼《おに》もない……と酒の滝壺《たきつぼ》の大蛇《おろち》に向《むか》って清公《きよこう》が宣伝歌《せんでんか》を歌《うた》ったとき、大蛇《おろち》はたちまち小《ちい》さくなって消《き》えてしまった。そうすればなおなお合点《がてん》のゆかぬはこの島《しま》へ来《き》てからの出来事《できごと》だ。清公《きよこう》はじめその他《た》の連中《れんちゅう》は残《のこ》らず、金銀《きんぎん》の蛇《へび》や蜈蚣《むかで》に全身《ぜんしん》を取《と》り巻《ま》かれ、神《かみ》に救《すく》われたのか、棄《す》てられたのか、チッとも訳《わけ》がわからなくなってしまった。そうして吾々《われわれ》の身辺《しんぺん》には蛇《へび》も蜈蚣《むかで》も近寄《ちかよ》らず、痞《ひ》癬患者《ぜんかんじゃ》が来《き》たように、みな吃驚《びっくり》したような調子《ちょうし》で路《みち》を開《あ》けてくれよる。考《かんが》えれば考《かんが》えるほど、俺《おれ》の精神《せいしん》が神《かみ》の御心《みこころ》に叶《かの》うておるのか、あるいは四人《にん》の連中《れんちゅう》の方《かた》が良《い》いのか、どうしても合点《がてん》がゆかない。

吾《わ》が輩《はい》に神徳《しんとく》があって蛇《へび》や蜈蚣《むかで》が恐《おそ》れて逃《に》げるのか、あるいは威勢《いせい》に恐《おそ》れて避《さ》けているのか、こいつも一つ考《かんが》え物《もの》だ。諸善竜宮《しょぜんりゅうぐう》に入《い》り玉《たま》うという以上《いじょう》は、この竜宮島《りゅうぐうじま》に悪神《あくがみ》は一柱《ひとはしら》も無《な》いはず、たとえ金銀《きんぎん》の色《いろ》をしておっても、蛇《へび》に蜈蚣《むかで》という奴《やつ》、あんまり気分《きぶん》の良《い》いものだない。しかしこの島《しま》の蛇《へび》も蜈蚣《むかで》も悪魔《あくま》のような感《かん》じもせぬ。悪魔《あくま》でなければ諸善神《しょぜんしん》の化身《けしん》であろう、この点《てん》が一向合点《こうがてん》のゆかぬところだ。

清公《きよこう》だとてあまり神様《かみさま》に好《す》かれるような至善至美《しぜんしび》の人間《にんげん》でもなし、また俺《おれ》だとて神《かみ》様《さま》が恐《おそ》れて逃《に》げなさるような御神徳《ごしんとく》があろうはずもなし、また蛇《へび》が悪魔《あくま》であるとすれば、吾々《われわれ》の神徳《しんとく》に恐《おそ》れて逃《に》げるような蛇《へび》には力《ちから》も徳《とく》もないのだ。ヤッパリ竜宮《りゅうぐう》は竜宮式《りゅうぐうしき》だ。さっぱり五里霧中《りむちゅう》に彷徨《ほうこう》して、見当《けんとう》のとれぬ仕組《しぐみ》の実地《じっち》を見《み》せてもろうたのだろうか。あゝどうしたらこの解決《かいけつ》がつくだろう。

はじめのうちは金銀《きんぎん》の蛇《へび》、一二尺《しゃく》づつ遠慮《えんりょ》したように先《さき》を争《あらそ》うて逃《に》げていよったが、いつのまにか見渡《みわた》すかぎり、俺《おれ》の周囲《まわり》には、一匹《ぴき》の蛇《へび》もいなくなってしまった。蛇《へび》に好《す》かれるのもあまり気分《きぶん》のよい話《はなし》ではないが、この通《とお》り敬遠主義《けいえんしゅぎ》をとられるのも、何《なん》だか面白《おもしろ》くないような気分《きぶん》がする。あゝとうてい人間《にんげん》の理智《りち》では解《わか》るものでない。まず神様《かみさま》に天津祝詞《あまつのりと》を奏上《そうじょう》し、ゆっくりと心《こころ》を落《お》つけて、鎮魂三昧《ちんこんざんまい》に入《い》ったならば、何《なん》とかこの解決《かいけつ》がつくであろう。あゝ惟神霊幸倍坐世《かむながらたまちはへませ》」

と、拍手《はくしゅ》をなし、祝詞《のりと》を、声《こえ》かぎり奏上《そうじょう》しおわって、またもや岩上《がんじょう》に端坐《たんざ》し、腕《うで》を組《く》み考《かんが》えこんだ。

○

モンキーは岩上《がんじょう》に双手《もろで》を組《く》み、首《くび》を垂《た》れ、善悪《ぜんあく》の解決《かいけつ》に心身《しんしん》を傾注《けいちゅう》する時《とき》しもあれ、美《び》妙《みょう》の音楽《おんがく》眼下《がんか》に聞《きこ》ゆるに驚《おどろ》き、目《め》を開《ひら》いて眺《なが》むれば、金銀珠玉《きんぎんしゅぎょく》をもって包《つつ》まれたる、厳《うるわ》しき漆塗《うるしぬり》の船《ふね》に、得《え》もいわれぬ崇高《すうこう》なる女神《めがみ》舵《かぢ》を操《と》り、清公《きよこう》、チャンキー、アイル、テーナの四人《にん》、赤裸《まつぱだか》のはずの男《おとこ》が、何《なん》とも知《し》れぬ麗《うるわ》しき薄衣《うすぎぬ》を身《み》に着《つ》け、身体《からだ》は水晶《すいしょう》のごとく透明《とうめい》に清《きよ》まり、各自《てんで》に横笛《よこぶえ》、笙《しょう》、ひちりきを吹《ふ》き、美《うるわ》しき瓔珞《ようらく》のついた冠《かんむり》を頭《かしら》にいただき、愉快気《ゆかいげ》に波面《はめん》を進《すす》みゆく光景《こうけい》が、パインの繁《しげ》みを透《す》かしてアリアリと現《あら》われた。モンキーは思《おも》わず「アッ」と叫《さけ》んだ。四人《にん》は金扇《きんせん》を拡《ひろ》げ、モンキーに向《むか》って「早《はや》く来《きた》れ」と差《さ》し招《まね》きながら、微妙《びみょう》の音楽《おんがく》の声《こえ》もろともに、紺青《こんじょう》の波《なみ》の上《うえ》を悠々《ゆうゆう》として彼方《あなた》の島影《しまかげ》に姿《すがた》を隠《かく》しける。

モンキーは太《ふと》き息《いき》を吐《つ》きながら、吾《わ》が身《み》を振《ふ》り顧《かえ》れば、赤銅《しゃくどう》のような黒赤《くろあか》い肌《はだ》に毛《け》をボウボウと生《は》やし、得《え》も言《い》われぬ汗臭《あせくさ》い、厭《いや》な臭気《におい》が放出《ほうしゅつ》して、吾《われ》と吾《わ》が鼻《はな》をつく。

「あゝ、ヤッパリ俺《おれ》の方《ほう》が間違《まちが》っていたのかい。こりゃモ一つ考《かんが》え直《なお》さなくちゃなるまいぞ」

と岩《いわ》を離《はな》れて磯端《いそばた》に走《はし》りより、全身《ぜんしん》を清《きよ》め、ふたたび磯端《いそばた》に端坐《たんざ》して瞑想《めいそう》に耽《ふけ》りいる。

涼風颯々《りょうふうさつさつ》と面《おもて》を吹《ふ》くさま、得《え》もいわれぬ気分《きぶん》となってきた。向《むこ》うの島影《しまかげ》を見《み》れば、金砂《きんしゃ》青松絵《せいしょうえ》のごとく展開《てんかい》し、名《な》も知《し》れぬ羽毛《うもう》の麗《うるわ》しき鳥《とり》、迦陵頻伽《かりょうびんが》か孔雀《くじゃく》か鶴《つる》か、しかとは分《わか》らねど、長閑《のどか》な声《こえ》をはなちて天国《てんごく》の春《はる》を歌《うた》うもののごとく感《かん》じられた。金銀珠玉《きんぎんしゅぎょく》を鏤《ちりば》めたる白帆《しらほ》をかけた神船《しんせん》はあるいは一つ、あるいは三つと、時々刻々《じじこくこく》に眼下《がんか》の波面《はめん》を過《す》ぎ行《ゆ》く。

されどモンキーの方《ほう》には一瞥《べつ》もくれず、素知《そし》らぬ顔《かお》して進《すす》みゆく船《ふね》のみである。モンキーはますます合点《がてん》ゆかず、心中《しんちゅう》やや不安《ふあん》を感《かん》じて恨《うら》めしげに、四人《にん》の船《ふね》の姿《すがた》の隠《かく》れた方面《ほうめん》の空《そら》を眺《なが》めて佇《たたず》みいる。

○

たちまち足許《あしもと》の水面《すいめん》より緑毛《りょくもう》の亀《かめ》、忽然《こつぜん》として浮《うか》びいで、見《み》るまに島《しま》へ駆《か》け上《あ》がり、一生《しやう》懸命《けんめい》に走《はし》り出《だ》せば、モンキーはその亀《かめ》の後《うしろ》に従《つ》いてスタスタと走《はし》りゆく。亀《かめ》はますます速《そく》力《りょく》を速《はや》め、ついには大木《たいぼく》の幹《みき》に掻《か》きつき二三間《げん》ばかり攀《のぼ》ったところで、どうしたはずみか、手《て》を放《はな》し大地《だいち》に顛倒《てんとう》した。モンキーも亀《かめ》に添《そ》うて大木《たいぼく》に駆《か》け登《のぼ》った。亀《かめ》が落《お》ちたのを見《み》て、自分《じぶん》もまた手《て》を放《はな》し、地上《ちじょう》に顛落《てんらく》し、したたか頭《あたま》を打《う》ち「惟神霊幸倍坐世《かむながらたまちはへませ》」といいつつ、手《て》の掌《ひら》にて息《いき》を吹《ふ》きかけ、創所《きずしょ》を二三回撫《かいな》でまわせば、痛《いた》みは頓《とみ》に止《と》まりぬ。亀《かめ》は腹《はら》を上《うえ》にし、四つの足《あし》で空《くう》を掻《か》いて藻掻《もが》いている。これを見《み》たモンキーは、またもや地上《ちじょう》に背《せな》をつけ、手足《てあし》を上《あ》げて空《くう》を掻《か》き、亀《かめ》の真似《まね》をしている。亀《かめ》はカタリと音《おと》をさせて起《お》き上《あが》り、またもやノタノタと反対《はんたい》の方面《ほうめん》に走《はし》り出《いだ》す。モンキーも同《おな》じくクレリと体《たい》をかわし、音《おと》がせぬので口《くち》で「カタリ」といいながら亀《かめ》の後《あと》に引《ひ》き添《そ》って、今度《こんど》は四這《よつば》いになって従《つ》いて行《ゆ》く。

亀《かめ》はやにわに湖面《こめん》に向《むか》ってドブンと飛《と》びこむを見《み》て、モンキーもまた四這《よつば》いのまま、湖《こ》水《すい》の中《なか》にドブンと飛《と》び込《こ》みみれば、亀《かめ》は頭《かしら》をあげて悠々《ゆうゆう》と水面《すいめん》を泳《およ》いでいる。モンキーはまた亀《かめ》の後《あと》に従《つ》いて首《くび》をあげたままに泳《およ》いで行《ゆ》く。手足《てあし》は倦《だる》くなり、もはやこの上十間《うえじつげん》たりとて泳《およ》げなくなってしまった。亀《かめ》はモンキーの追《お》いつき来《き》たるを待《ま》つもののごとく、ポカンと浮《う》いたまま、首《くび》を伸《の》ばして後《うしろ》を振《ふ》りかえっている。モンキーはそのまに亀《かめ》に追《お》いつき、甲《こう》の両側《りょうがわ》に両手《りょうて》をかくれば、亀《かめ》は水中深《すいちゅうふか》く潜《もぐ》り出《だ》した。死物狂《しにものぐる》いになって両手《りょうて》を甲《こう》にかけたまま水底《みなそこ》に続《つづ》いてゆく。

フト目《め》を開《ひら》き見《み》れば、自分《じぶん》の体《からだ》は亀《かめ》と共《とも》に、女島《めしま》の磯端《いそばた》に上《あが》っていた。金銀色《きんぎんしょく》の蜈蚣《むかで》の一面《めん》に並《なら》んでいるその上《うえ》を、亀《かめ》は容赦《ようしゃ》なく這《は》いながら、島山《しまやま》の頂《いただき》を目《め》がけて進《すす》みゆく。あ

　またの蜈蚣《むかで》は、今度《こんど》は蛇《へび》のように避《さ》けず、足許《あしもと》をウザウザさせ亀《かめ》の後《うし》ろに、一生懸命《しやうけんめい》に追《お》うて行《ゆ》く。

　亀《かめ》はまたもや大樹《たいじゅ》の枝《えだ》に登《のぼ》ってしまった。モンキーもまた大樹《たいじゅ》の枝《えだ》へ亀《かめ》の後《あと》に添《そ》うて登《のぼ》りついた。眼下《がんか》の水面《すいめん》を見渡《みわた》せば、霞《かす》むばかりに高《たか》き島山《しまやま》の頂上《ちようじよう》の大木《たいぼく》の梢《こずえ》から水面《すいめん》を見《み》たこととて非常《ひじよう》に恐《おそ》ろしい。亀《かめ》はまたもや水面《すいめん》を目《め》がけて、首《くび》をすくめながら落《お》ち込《こ》んだ。モンキーは死物狂《しにものぐる》いになりて水面《すいめん》を目《め》がけ、身《み》を躍《おど》らし、頭《あたま》を下《した》にしたまま、飛《と》び込《こ》んでしまった、と思《おも》ってハッと気《き》がつけば、モンキーは金色《こんじき》の亀《かめ》の甲《こう》に跨《また》がり、紺碧《こんぺき》の湖《こ》面《めん》を、悠々《ゆうゆう》として泳《およ》いでいた。亀《かめ》は何時《いつ》しか容積《ようせき》を増《ま》し船《ふね》のごとく大《おほ》きくなり、知《し》らぬ間《ま》に金銀珠玉《きんぎんしゆぎよく》を鏤《ちりば》めた目無堅間《めなしかたま》の神船《しんせん》になっている。船《ふね》は艪《ろ》を漕《こ》ぐ人《ひと》もなきに、自然《しぜん》に動《うご》き出《だ》し、四人《にん》が進《すす》んだ方面《ほうめん》を指《さ》して辷《すべ》ってゆく。モンキーは始《はじ》めて悟《さと》った。

○

モンキー「あゝ何事《なにごと》も一切万事《さいばんじ》、神《かみ》に任《まか》せば良《い》いのだ。郷《ごう》に入《い》っては郷《ごう》に従《したが》えということがある。蛇《へび》の島《しま》へ来《く》れば蛇《へび》と一つの心《こころ》になり、蜈蚣《むかで》の島《しま》へ来《く》れば蜈蚣《むかで》の心《こころ》になって済度《さいど》をしてやらねばならぬ。蛇《へび》を呑《の》んでもかまわぬ、体《からだ》を巻《ま》きつけられても、救《すく》いのためには厭《いと》うところでない。蜈蚣《むかで》が吾々《われわれ》の肉体《にくたい》を嘗《な》めたがっておるならば、なにほど厭《いや》らしくても舐《な》めさしてやるのが神《かみ》の慈悲《じひ》だ。神心《かみごころ》だ。吾々《われわれ》は理智《りち》に長《た》けて、神《かみ》の慈悲心《じひしん》を軽《かろ》んじていた。最早《もはや》こうなる以上《いじょう》は、何事《なにごと》も神様《かみさま》のままに、お任《まか》せするが安全《あんぜん》だ。……惟神《かむながら》霊幸倍坐世《たまちはへませ》……と口任《くちまか》せのように唱《とな》えていたが、今までは何事《なにごと》も頭脳《ずのう》で判断《はんだん》をし青人草《あおひとぐさ》倣《なら》いの行《おこな》いをやっていたのが誤《あやま》りだ。あゝ神様有難《かみさまありがと》うございます。どうぞ清公《きよこう》その他《た》の一行《こう》に、一時《じ》も早《はや》く面会《めんかい》のできまするよう、お取計《とりはか》らい下《くだ》さいませ。モウこの上《うえ》は一切《さい》万事《ばんじ》、貴神《あなた》にお任《まか》せいたします」

と悔悟《かいご》の涙《なみだ》をしぼり、湖面《こめん》に向《むか》って合掌《がつしよう》し天津祝詞《あまつのりと》を奏上《そうじよう》している。

いづくよりともなく、以前《いぜん》のごとき美妙《びみよう》の音楽聞《おんがくきこ》えきたり、麝香《じやこう》のごとき風《かぜ》湖面《こめん》を吹《ふ》いて、その身《み》はたちまち薄物《うすもの》の綾錦《あやにしき》に包《つつ》まれ、天上《てんじよう》をゆくごとき爽快《そうかい》なる気分《きぶん》に酔《よ》わされていた。

あゝ惟神霊幸倍坐世《かむながらたまちはへませ》。

（『霊界物語』第二五巻・第九章「信仰の実」大正一一・七・一〇・抜粋）

基本宣伝歌

朝日《あさひ》は照《て》るとも曇《くも》るとも
月《つき》は盈《み》つとも虧《か》くるとも
たとへ大地《だいち》は沈《しず》むとも
曲津《まがつ》の神《かみ》は荒《すさ》ぶとも
誠《まこと》の力《ちから》は世《よ》を救《すく》ふ

三千世界《さんぜんせかい》の梅《うめ》の花《はな》
一度《いちど》に開《ひら》く神《かみ》の教《のり》
開《ひら》いて散《ち》りて実《み》を結《むす》ぶ
月日《つきひ》と地《つち》の恩《おん》を知《し》れ
この世《よ》を救《すく》ふ生神《いきがみ》は
高天原《たかあまはら》に神集《かむつど》ふ

神《かみ》が表《おもて》に現《あら》はれて
善《ぜん》と悪《あく》とを立別《たてわ》ける
この世《よ》を造《つく》りし神直日《かむなほひ》
心《こころ》も広《ひろ》き大直日《おほなほひ》
ただ何事《なにごと》も人《ひと》の世《よ》は
直日《なほひ》に見直《みなほ》せ聞直《ききなほ》せ
身《み》の過《あやま》ちは宣《の》り直《なほ》せ

教の精髄が凝縮される

第二章　諏訪湖

玉治別《たまはるわけ》は初稚姫《はつわかひめ》、玉能姫《たまのひめ》、久助《きゆうすけ》、お民《たみ》一行《こう》五人《にん》は、大男《おおおとこ》に背負《せお》われながら、大地《だいち》一面《めん》に金砂《きんしゃ》の散乱《さんらん》せる大原野《だいげんや》に導《みちび》かれぬ。此処《ここ》はアンデオと云《い》う広大《こうだい》なる原野《げんや》にして、また人家《じんか》らしきもの数多《あまた》建《た》ち並《なら》び、小都会《しようとかい》を形成《けいせい》せり。土人《どじん》の祀《まつ》って居《い》る竜神《りゆうじん》の祠《ほこら》の前《まえ》に五人《にん》を下《おろ》し、手《て》を拍《う》って喜《よろこ》び、何事《なにごと》か一同《どう》は祈願《きがん》を籠《こ》めたりけり。

社《やしろ》の後《うしろ》には目《め》も届《とど》かぬ許《ばか》りの湖水《こすい》が蓮《はちす》の形《かたち》に現《あら》われ、紺碧《こんぺき》の浪《なみ》を湛《たた》えて居《い》る。水鳥《みずどり》は浮《う》きつ沈《しず》みつ愉快気《ゆかいげ》に右往左往《うおうさおう》に游泳《ゆうえい》し、時々《ときどき》羽《は》ばたきしながら、水面《すいめん》に立《た》ち歩《あゆ》み駆《か》け狂《くる》うて居《い》る面白《おもしろ》さ。一同《どう》は天津祝詞《あまつのりと》を奏上《そうじよう》し終《おわ》り、この湖水《こすい》の景色《けしき》に見惚《みと》れ、やや暫《しば》し息《いき》を休《やす》めて居《い》た。

○

初稚姫《はつわかひめ》は立《た》ち上《あが》り、諏訪《すわ》の湖面《こめん》に向《むか》って優《やさ》しき蕾《つぼみ》の唇《くちびる》を開《ひら》き祝歌《しゆくか》を歌《うた》う。

思《おも》へば深《ふか》し諏訪《すは》の湖《うみ》
鎮《しづ》まりゐます竜姫《たつひめ》よ
我《わ》が願《ね》ぎ事《ごと》を聞《きこ》し召《め》せ
言霊《ことたま》まつる五種《いつくさ》の
「………
千尋《ちひろ》の底《そこ》に永久《とこしへ》に
心平《こころたひら》に安《やす》らかに
天火水地《てんくわすゐち》と結《むす》びたる

珍《うづ》の御玉《みたま》を賜《たま》へかし　三五《さんご》の月《つき》の御教《みをしへ》は　いよいよ茲《ここ》に完成《くわんせい》し　三千世界《さんぜんせかい》の梅《うめ》の花《はな》　一度《ど》に開《ひら》く常磐木《ときはぎ》の　松《まつ》の神世《かみよ》と謳《うた》はれて　海《うみ》の内外《うちと》の民草《たみぐさ》は　老《おい》も若《わか》きも隔《へだ》てなく　うつしき御代《みよ》を楽《たの》しまむ　あゝ惟神《かむながら》々々　御霊幸倍《みたまさちはへ》ましまして　十歳《とを》にも足《た》らぬ初稚《はつわか》が　万里《ばんり》の波濤《はたう》を乗《の》り越《こ》えて　世人《よびと》を救《すく》ふ赤心《まごころ》に　曳《ひ》かれて此処迄《ここまで》出《い》で来《きた》る　思《おも》ひの露《つゆ》を汲《く》めよかし　神《かみ》は我等《われら》の身辺《しんぺん》を　夜《よる》と昼《ひる》との別《わか》ちなく　守《まも》らせ給《たま》ふと聞《き》くからは　神《しん》政成就《せいじやうじゆ》の御宝厳《おんたからいづ》の御霊《みたま》のいち早《はや》く　我等《われら》に授《さづ》け給《たま》へかし　謹《つつし》み敬《ぬやま》ひ願《ね》ぎまつる　あゝ惟神《かむながら》々々　御霊幸倍《みたまさちはへ》ましませよ………」

と歌《うた》い終《おわ》り拍手《はくしゆ》して傍《かたわら》の芝生《しばふ》の上《うえ》に腰《こし》打《う》ち下《お》ろし息《いき》をやすめた。

玉能姫《たまのひめ》はまたもや立上《たちあが》り湖面《こめん》に向《むか》って歌《うた》う。

「……此湖《このみづうみ》に遠津代《とほつよ》の　神代《かみよ》の古《ふる》き昔《むかし》より　鎮《しづ》まりゐます竜姫《たつひめ》よ　御国《みくに》を思《おも》ふ一筋《ひとすぢ》の妾《わらは》が心《こころ》を汲《く》み取《と》らせ　三五教《あなないけう》の神《かみ》の道《みち》　岩《いは》より堅《かた》く搗《つ》き固《かた》め　神界幽界現界《かみのよかくりようつしよ》の　救《すく》ひの為《ため》に海底《うなそこ》に　隠《かく》し給《たま》ひし五《い》つみたま　天火水地《てんくわすゐち》と結《むす》びたる　大空《おほぞら》擬《まが》ふ**青《あを》き玉《たま》**　紅葉色《もみぢいろ》なす**赤玉《あかだま》**や　月《つき》の顔《かんばせ》　**水《みづ》の玉《たま》**　黄金色《こがねいろ》なす**黄色玉《きいろだま》**　四魂《しこん》を結《むす》びし**紫《むらさき》の**　五《い》つの御玉《みたま》を吾々《われわれ》に授《さづ》けたまへよ矗々《すくすく》に　我《われ》は疾《と》く疾《と》く立帰《たちかへ》り　国治立大神《くにはるたちのおほかみ》が　神政成就《しんせいじやうじゆ》の神業《しんげふ》の　大御宝《おほみたから》と奉《たてまつ》り　汝《なれ》が御霊《みたま》の功績《いさをし》を　千代《ちよ》に八千代《やちよ》に永久《とこしへ》に　照《てら》しまつらむ惟神《かむながら》　御霊《みたま》の幸《さち》を賜《たま》はりて　我等《われら》の願《ねが》ひをつばらかに　聞《きこ》し召《め》さへと詔《の》り奉《まつ》る　あゝ惟神《かむながらかむながら》々々　御霊幸倍《みたまさちはへ》ましませよ」

と歌《うた》い終《おわ》って拍手《はくしゅ》し、傍《かたわら》の芝生《しばふ》の上《うえ》に息《いき》を休《やす》めけり。

久助《きゆうすけ》は又《また》もや湖面《こめん》に向《むか》って、

「自転倒島《おのころじま》の瀬戸《せと》の海《うみ》　誠明石《まことあかし》の磯《いそ》の辺《べ》に　生《うま》れ出《い》でたる久助《きうすけ》は　三五教《あななひけう》に入信《にふしん》し　玉《たま》治別《はるわけ》の宣伝使《せんでんし》　其他《そのほか》二人《り》の神司《かむつかさ》　導《みちび》き給《たま》ふ其儘《そのまま》に　御跡《みあと》を慕《した》ひ神徳《しんとく》を　蒙《かうむ》りまつり世《よ》の為《ため》に　力《ちから》の限《かぎ》り尽《つく》さむと　大海原《おほうなばら》を遥々《はるばる》と　越《こ》えて漸《やうや》う一《ひと》つ島《じま》　大蛇《をろち》に体《からだ》を捲《ま》かれつつ九死一生《きうしいつしやう》の苦《くるし》みを　神《かみ》の御稜威《みいづ》に助《たす》けられ　漸《やうや》う此処《ここ》に来《きた》りけり　我《われ》は信徒《まめひと》三五《あななひ》の　神《かみ》の司《つかさ》に非《あら》ざれど　御国《みくに》を思《おも》ひ大神《おほかみ》に　仕《つか》ふる道《みち》に隔《へだ》てなし　諏訪《すは》の湖底《こてい》に永久《とこしへ》に　鎮《しづ》まりゐます皇神《すめかみ》よ　我等夫婦《われらふうふ》が真心《まごころ》を　憐《あはれ》み給《たま》へ何《なん》なりと　一《ひと》つの御用《ごよう》を仰《あふ》せられ　神《かみ》の教《をしへ》の御子《みこ》として　恥《はづ》かしからぬ働《はたら》きを　尽《つく》させ給《たま》へ惟神《かむながら》　神《かみ》の御前《みまへ》に村肝《むらきも》の　赤《あか》き心《こころ》を奉《たてまつ》り　慎《つつし》み敬《ゐやま》ひ願《ね》ぎまつる　畏《かしこ》み畏《かしこ》み願《ね》ぎ申《まを》す　あゝ惟神々々《かむながらかむながら》　御霊幸倍《みたまさちはへ》ましませよ」

と歌《うた》い終《おわ》って同《おな》じく芝生《しばふ》の上《うえ》に息《いき》をやすめたり。………。

○

紺碧《こんぺき》の湖面《こめん》は忽《たちま》ち十字形《じけい》に波割《なみわ》れて、湖底《うなそこ》は判然《はつきり》と現《あら》われたり。殆《ほとん》ど黄金《こがね》の板《いた》を敷《し》き詰《つ》めたる如《ごと》く、一塊《いっかい》の砂礫《されき》もなければ、塵芥《ちりあくた》もなく、藻草《もぐさ》もない。恰《あたか》も黄金《こがね》の鍋《なべ》に水《みず》を盛《も》りたる如《ごと》き、清潔《せいけつ》にして燦爛《さんらん》たる光輝《こうき》を放《はな》ち、目《め》も眩《くら》む許《ばか》りの荘厳麗媚《そうごんれいび》さなりき。波《なみ》の割《わ》れ間《ま》より幽《かす》かに見《み》ゆる金殿玉楼《きんでんぎょくろう》の棟実《むねじつ》に床《ゆか》しく、胸躍《むねをど》り魂飛《こんと》び魄散《はくち》るが如《ごと》く、赤珊瑚樹《あかさんごじゅ》は林《はやし》の如《ごと》くにして立並《たちなら》み居《い》る。珊瑚樹《さんごじゅ》の大木《たいぼく》の下《した》を潜《くぐ》って、静々《しずしず》と現《あら》われ来《きた》る玉《たま》の顔容《かんばせ》月《つき》の眉《まゆ》、梅《うめ》の花《はな》か海棠《かいどう》か、但《ただし》は牡丹《ぼたん》の咲《さ》き初《そ》めし婀娜《あだ》な姿《すがた》に擬《まが》うべらなる数多《あまた》の女神《めがみ》、黄金色《おうごんしょく》の衣《きぬ》を身《み》に纏《まと》い、黄金造《こがねづく》りの竜《たつ》の冠《かんむり》を戴《いただ》き乍《なが》ら、長柄《ながえ》の唐団扇《とううちわ》を笏杖《しやくじょう》の代《かわ》りに左手《ゆんで》に突《つ》きつつ、右手《めて》に玉盃《たまづき》を抱《かか》え、天火水地結《てんかすいちけつ》の五色《ごしき》の玉《たま》を各《おのおの》五人《にん》の殊更崇高《ことさらすうこう》なる女神《めがみ》に抱《いだ》かせ乍《なが》ら、**玉依姫命**《たまよりひめのみこと》は徐々《しずしず》と湖《みづうみ》を上《あが》り五人《にん》が前《まえ》に現《あら》われ玉《たま》いて、言葉《ことば》静《しず》かに宣《の》り玉《たま》う。

○

「汝《なんち》は初稚姫《はつわかひめ》、玉能姫《たまのひめ》、玉治別《たまはるわけ》、信徒《しんと》の久助《きゅうすけ》、お民《たみ》の五柱《いつはしら》、よくも艱難《かんなん》を凌《しの》ぎ辛苦《しんく》に堪《た》え、神国成就《しんこくじょうじゅ》の為《ため》に遥々《はるばる》此処《ここ》に来《きた》りしこと感賞《かんしょう》するに余《あま》りあり。併《しか》し乍《なが》ら汝初稚姫《なんじはつわかひめ》は大《おほ》神《かみ》よりの特別《とくべつ》の思召《おぼしめ》しを以《もっ》て、金剛不壊《こんごうふえ》の如意宝珠《にょいほっしゅ》の神業《しんぎょう》に参加《さんか》せしめられ、また玉能《たまの》姫《ひめ》は紫《むらさき》の宝玉《ほうぎょく》の御用《ごよう》を仰《おう》せ付《つ》けられ、今《いま》や三五教《あななきょう》挙《こぞ》って羨望《せんぼう》の的《まと》となり居《お》れり。玉治別《たまはるわけ》外《ほか》二人《り》は未《いま》だ斯《かく》の如《ごと》き重大《じゅうだい》なる神業《しんぎょう》には奉仕《ほうし》せざれども、汝等《なんじら》が至誠至実《しせいしじつ》の行《おこな》いに賞《め》で、竜宮《りゅうぐう》の神宝《しんぽう》たる五種《いつくさ》の宝《たから》を汝等《なんじら》五人《にん》に授《さず》くれば、汝等尚《なんじらなお》も此上《このうえ》に心身《しんしん》を清《きよ》らかにし、錦《にしき》の宮《みや》に捧持《ほうじ》し帰《かえ》り、教主言依別命《きょうしゅことよりわけのみこと》にお渡《わた》し申《もう》すべし。いま汝《なんじ》に授《さず》くるは易《やす》けれど、未《いま》だ一《ひと》つ島《じま》の宣伝《せんでん》を終《お》えざれば、暫《しばら》く我等《われら》が手《て》に預《あず》りおかむ。華々《はなばな》しき功名手柄《こうみょうてがら》を現《あら》わし、重大《じゅうだい》なる神業《しんぎょう》を神《かみ》より命《めい》ぜらるるは尤《もっと》もなりと、一般人《いっぱんじん》より承認《しょうにん》さるる迄誠《までまこと》を尽《つく》せ。

この一《ひと》つ島《じま》はネルソン山《ざん》を区域《くいき》として東西《とうざい》に別《わか》れ、東部《とうぶ》は三五教《あななきょう》の宣伝使《せんでんし》黄竜姫《おうりょうひめ》守《しゅ》護《ご》しおれども、未《いま》だ西部《せいぶ》に宣伝《せんでん》する身魂《みたま》なし。汝等《なんじら》五人《にん》は此処《ここ》に七日七夜《なぬかななや》の御禊《みそぎ》を修《しゅう》し、此島《このしま》を宣伝《せんでん》して普《あまね》く世人《よびと》を救《すく》い、大蛇《おろち》の霊《みたま》を善道《ぜんどう》に蘇《よみが》えらせ、且黄竜姫《かつおうりょうひめ》、梅子姫《うめこひめ》、蜈蚣《むかで》姫其他《ひめそのた》一同《どう》の者《もの》を心《こころ》の底《そこ》より汝《なんじ》の誠《まこと》に帰順《きじゅん》せしめたる上《うえ》にて改《あらた》めて汝《なんじ》の手《て》に渡《わた》さむ。初《はつ》稚姫《わかひめ》には紫《むらさき》の玉《たま》、玉治別《たまはるわけ》には青色《せいしょく》の玉《たま》、玉能姫《たまのひめ》には紅色《べにいろ》の玉《たま》、久助《きゅうすけ》には水色《みずいろ》、お民《たみ》には黄色《きいろ》の玉《たま》を相渡《あいわた》すべし。されどこの神業《しんぎょう》を仕損《しそん》じなば、今《いま》の妾《わらわ》の誓《ちか》いは取消《とりけ》すべければ、忍耐《にんたい》に忍耐《にんたい》を重《かさ》ねて、人群万類愛善《じんぐんばんるいあいぜん》を命《いのち》の綱《つな》と頼《たの》み、苟且《かりそめ》にも妬《ねた》み、そねみ、怒《いか》りの心《こころ》を発《はつ》するな。妾《わらは》はこれにて暫《しばら》く竜《たつ》の宮居《みやい》に帰り時《かへとき》を待《ま》たむ。いざさらば……」と言《い》い残《のこ》し、数多《あまた》の侍女神《じじょしん》を随《したが》え、忽《たちま》ち巨大《きょだい》なる竜体《りゅうたい》となりて、一度《ど》にドッと飛《と》び込《こ》み玉《たま》えば、十字形《じけい》に割《わ》れたる湖面《こめん》は元《もと》の如《ごと》くに治《おさ》まり、山岳《さんがく》の如《ごと》き浪《なみ》は立《た》ち狂《くる》い、巨大《きょだい》の水柱《みずばしら》は天《てん》に沖《ちゅう》するかと許《ばか》り思《おも》われた。………。

○

五人《にん》は感謝《かんしや》の涙《なみだ》に暮《く》れつつも、恭《うやうや》しく拍手《はくしゅ》をなし、天津祝詞《あまつのりと》や神言《かみごと》を奏上《そうじょう》し、天《あま》の数《かず》歌《うた》を十度《とたび》唱《とな》え、宣伝歌《せんでんか》を声《こえ》張《は》り上《あ》げて歌《うた》い終《お》わり、再《ふた》び拍手《はくしゅ》し、それより七日七夜《なぬかななや》湖水《こすい》に御《み》禊《そぎ》を修《しゅう》し、諏訪《すわ》の湖面《こめん》に向《むか》って合掌《がつしよう》し、皇神《すめかみ》に暇《いとま》を請《こ》い、宣伝歌《せんでんか》を歌《うた》い乍《なが》ら、荊棘茂《けいきよくしげ》れる森林《しんりん》の、大蛇猛獣《おろちもうじゆう》の群居《むれい》る中《なか》を物《もの》ともせず、神《かみ》を力《ちから》に誠《まこと》を杖《つゑ》に進《すす》み行《ゆ》くこそ雄々《おお》しけれ。あゝ惟神霊幸倍坐世《かむながらたまちはへませ》。

(『霊界物語』第二四巻・第一五章「諏訪湖」大正一一・七・五・抜粋)

第三章　慈愛の涙

「七十五声《しちじふごせい》の言霊《ことたま》に
皇大神《すめおほかみ》が三千歳《みちとせ》の
ミロク神政《しんせい》の暁《あかつき》に
神《かみ》の御国《みくに》を固《かた》めむと
秘《ひ》め給《たま》ひたる珍宝《うづたから》
玉依姫《たまよりひめ》に言依《ことよ》さし
五弁《ごべん》の身魂《みたま》一時《いつとき》に
待《ま》たせ給《たま》ひし畏《かしこ》さよ
玉《たま》を欺《あざむ》く姫神《ひめがみ》は
教《をしへ》の御子《みこ》の五柱《いつはしら》

因《ちな》みて澄《す》める諏訪《すは》の湖《うみ》
遠《とほ》き神代《かみよ》の昔《むかし》より
厳《いづ》の御霊《みたま》と現《あら》はして
諏訪《すは》の湖《みづうみ》底深《そこふか》く
竜《たつ》の宮居《みやゐ》の司神《つかさがみ》
三千世界《さんぜんせかい》の梅《うめ》の花《はな》
開《ひら》く常磐《ときは》の松《まつ》の代《よ》を
浪立《なみた》ち分《わ》けて現《あ》れませる
五《いつ》ツの玉《たま》を手《て》に持《も》たし
前《まへ》に実物《じつぶつ》現《あら》はせて

往後《わうご》を戒《いまし》め神業《しんげふ》の　完成《くわんせい》したる暁《あかつき》に
手渡《てわた》しせむと厳《おごそ》かに　誓《ちか》ひ給《たま》ひし言《こと》の葉《は》を
五人《にん》の御子《みこ》は畏《かしこ》みて　夢寐《むび》にも忘《わす》れず千早振《ちはやふ》る
神《かみ》の誠《まこと》を心《こころ》とし　羊《ひつじ》の如《ごと》くおとなしく
如何《いか》なる敵《てき》にも刃向《はむか》はず　善一筋《ぜんひとすぢ》の三五《あななひ》の
至誠《まこと》の道《みち》を立《た》て通《とほ》し　人《ひと》に譲《ゆづ》るの徳性《とくせい》を……」

○

一行《こう》は炎熱焼《えんねつや》くが如《ごと》き原野《げんや》を汗《あせ》に着物《きもの》を浸《ひた》し乍《なが》ら足《あし》を早《はや》めて宣伝歌《せんでんか》を歌《うた》い進《すす》み行《ゆ》く。折《おり》しも小《ちい》さき祠《ほこら》の前《まえ》に醜《みにく》き一人《り》の男《おとこ》、何事《なにごと》か祈願《きがん》し居《い》るにぞ、玉治別《たまはるわけ》はツカツカと進《すす》み寄《よ》り、

「モシモシ貴方《あなた》は何処《いずれ》の方《かた》で御座《ござ》るか、見《み》れば御病気《ごびようき》の体躯《からだ》と見《み》えまする。何《いず》れへお出《い》で遊《あそ》ばすか」

と尋《たづ》ぬるに男《おとこ》は玉治別《たまはるわけ》の言葉《ことば》にフト顔《かお》を上《あ》げたり。見《み》れば顔面《がんめん》は天刑病《てんけいびよう》にて潰《つぶ》れ、体躯《からだ》一

面得《めんえ》も言《い》われぬ臭気芬々《しゅうきふんぷん》として膿汁《うみしる》が流《なが》れて居《い》る。玉治別《たまはるわけ》は案《あん》に相違《そうい》し突立《つった》った儘《まま》、目《め》を白黒《しろくろ》して其男《そのおとこ》を黙視《もくし》している。

「私《わし》は此向《このむこ》うの谷間《たにあい》に住《す》む者《もの》だが、コンナ醜《みぐ》るしい病《やまい》を患《わずら》い、誰《たれ》一人相手《りあいて》になって呉《く》れるものもなし、若《わか》い時《とき》より体主霊従《たいしゅれいじゅう》のあらん限《かぎ》りを尽《つく》し、神《かみ》に叛《そむ》いた天罰《てんばつ》で、モシ……コレ此通《このとお》り、世間《せけん》のみせしめに逢《お》うて居《い》るのだ。最早一足《もはやひとあし》も歩《あゆ》む事《こと》は出来《でき》ぬ……お前《まえ》さま、人《ひと》を助《たす》ける宣伝使《せんでんし》なれば、この病気《びょうき》を癒《なお》して下《くだ》さいませ。モシ女《おんな》の唇《くちびる》を以《もつ》て此膿汁《このうみしる》を吸《す》えば、病気《びょうき》は全快《ぜんかい》すると聞《き》きました。何卒《なにとぞ》お情《なさけ》に助《たす》けて下《くだ》さるまいか」

初稚姫《はつわかひめ》はニコニコしながら、

「おじさま、吸《す》うて癒《なお》る事《こと》なら吸《す》わして下《くだ》さい」

と云《い》うより早《はや》く足許《あしもと》の膿汁《うみしる》を「チュウチュウ」と吸《す》うては吐《は》き、吸《す》うては吐《は》き始《はじ》めたり。玉《たま》能姫《のひめ》は頭《あたま》の方《ほう》より顔面《がんめん》、肩先《かたさ》き手《て》と云《い》う順序《じゅんじょ》に、「チュウチュウ」と膿《うみ》を吸《す》うては吐《は》き出《だ》す。玉治別《たまはるわけ》、久助《きゅうすけ》は余《あま》りの事《こと》に顔《かお》も得上《えあ》げず、心《こころ》の中《うち》にて一時《いちじ》も早《はや》く病気平癒《びょうきへいゆ》をなさしめ給《たま》えと、祈願《きがん》を凝《こ》らして居《い》る。

お民《たみ》はまたもや立寄《たちよ》って腹部《ふくぶ》を目蒐《めが》けて、膿汁《うみしる》を「チュウチュウ」と吸《す》い始《はじ》めたり。暫《しばら》くの間《うち》に全身隈《ぜんしんくま》なく膿汁《うみしる》を吸《す》い出《だ》しおわりぬ。

男《おとこ》は喜《よろこ》び乍《なが》ら両手《りょうて》を合《あわ》せ、路上《ろじょう》に蹲踞《しゃが》んで熱《あつ》き涙《なみだ》に暮《く》れ居《い》たり。五人《にん》は一度《ど》に其男《そのおとこ》を中《なか》に置《お》き、傍《かたわら》の流《なが》れ水《みず》に口《くち》を嗽《すす》ぎ手《て》を洗《あら》い天津祝詞《あまつのりと》を奏上《そうじょう》する。男《おとこ》は忽《たちま》ち嬉《うれ》しそうな顔《かお》をしながら、

「ア、有難《ありがと》う御座《ござ》いました。誰《だれ》がコンナ汚《きたな》い物《もの》を、吾子《わがこ》だとて吸《す》うて呉《く》れましょう。お礼《れい》は言葉《ことば》に尽《つく》されませぬ」

と一礼《れい》し乍《なが》ら直《ただち》に立《た》ちて常人《じょうじん》の如《ごと》く足《あし》も健《すこや》かに歩《あゆ》み出《だ》し、終《つい》に遠《とお》く姿《すがた》も見《み》えずなりにけり。

玉治別《たまはるわけ》は感激《かんげき》の面色《おももち》にて、

「三人《にん》の御方《おかた》、ヨウマア助《たす》けてやって下《くだ》さいました。私《わたし》も女《おんな》ならば貴方方《あなたがた》の如《よ》うに御用《ごよう》が致《いた》したいので御座《ござ》いますが、彼《あ》の男《おとこ》が女《おんな》でなければ不可《いか》ぬと申《もう》しましたのでつい扣《ひか》えて

居《い》ました。イヤもう恐《おそ》れ入《い》った御仁慈《ごじんじ》、国治立大神《くにはるたちのおほかみ》、神素盞鳴大神《かむすさのをのおほかみ》の御心《みこころ》に等《ひと》しき御志《おこころざし》、感激《かんげき》に堪《た》えませぬ」

とまたもや熱涙《ねつるい》に咽《むせ》ぶ。三人《にん》は愉快気《ゆかいげ》に神徳《しんとく》を忝《かたじけ》なみ、

「あゝ神様《かみさま》、今日《きょう》は結構《けっこう》な御神徳《ごしんとく》を頂《いただ》きました」

と両手《りょうて》を合《あわ》せ感謝《かんしゃ》の祝詞《のりと》を奏上《そうじょう》し、一行《こう》五人西《にんにし》へ西《にし》へと、金砂銀砂《きんしゃぎんしゃ》の敷詰《しきつ》めたる如《ごと》き麗《うるわ》しき野路《のみち》を、宣伝歌《せんでんか》を歌《うた》い進《すす》み行《ゆ》く。

○

因《ちなみ》に云《い》う。初稚姫《はつわかひめ》の御魂《みたま》は三十万年《まんねん》の後《のち》に大本教祖出口直子《おほもときようそでぐちなほこ》と顕《あら》われ給《たま》う神誓《しんせい》にして、是《こ》れより五人《にん》は西部《せいぶ》一帯《たい》を宣伝《せんでん》し、種々《いろいろ》の試練《しれん》に遭《あ》い、終《つい》にオーストラリヤの全島《ぜんとう》を三五教《あなないきよう》の教《おしえ》に導《みちび》き、神業《しんぎょう》を成就《じょうじゅ》したる種々《いろいろ》の感《かん》ず可《べ》き行為《こうい》の物語《ものがたり》は、紙数《しすう》の都合《つごう》に依《よ》りて後日《ごじつ》に詳述《しょうじゅつ》する事《こと》となしたり。嗚呼惟神霊幸倍坐世《ああかむながらたまちはへませ》。

(『霊界物語』第二四巻　第一六章「慈愛の涙」大正一一・七・五・抜粋)

第四章　真如の玉（麻邇の玉）

梅子姫《うめこひめ》は湖面《こめん》に向《むか》い手《て》をさし伸《の》べて二三回手招《にさんかいてまね》きするや、島影《しまかげ》より純白《じゅんぱく》の帆《ほ》を風《かぜ》に孕《はら》ませ、金銀珠玉《きんぎんしゅぎょく》を鏤《ちりば》めたる目無堅間《めなしかたま》の神船《しんせん》は、金波銀波《きんぱぎんぱ》を左右《さゆう》に分《わ》け乍《なが》ら此方《こなた》に向《むか》って進《すす》み来《きた》る。船中《せんちゅう》には清公《きよこう》、チヤンキー、モンキー、アイル、テーナの五人《にん》が操縦《そうじゅう》し、艪櫂《ろかい》の役《やく》を勤《つと》めて居《い》る。

梅子姫《うめこひめ》は清公《きよこう》に会釈《えしゃく》し乍《なが》らものをも言《い》わずヒラリと船《ふね》に飛《と》び乗《の》れば四人《にん》は恐《おそ》る恐《おそ》る続《つづ》いて船中《せんちゅう》の人《ひと》となった。清公《きよこう》の一隊《たい》五人《にん》も、梅子姫《うめこひめ》の一隊《たい》五人《にん》も目《め》と目《め》を見合《みあわ》し軽《かる》く目礼《もくれい》したまま一言《ひとこと》も発《はっ》せず、十曜《とよう》の紋《もん》の十人連《にんづ》れ、静《しずか》に波《なみ》を蹴立《けた》ててまたもや吹《ふ》き来《く》る返《かえ》し風《かぜ》に帆《ほ》を孕《はら》ませ、紫色《むらさきいろ》の樹木繁茂《じゅもくはんも》せる浮島《うきじま》を数多越《あまたこ》え乍《なが》ら、海底金剛石《かいていこんごうせき》の如《ごと》く処々《ところどころ》に光《ひか》る麗《うるわ》しき光景《こうけい》に見惚《みと》れつつ、雲《くも》を圧《あっ》して建《た》てる朱欄碧瓦《しゅらんへきが》の楼門《ろうもん》の仄近《ほのちか》く見《み》ゆる磯端《いそばた》に船《ふね》は着《つ》けられた。

清公《きよこう》は一同《どう》に手招《てまね》きし乍《なが》ら楼門《ろうもん》の方《ほう》に向《むか》って案内《あんない》する。梅子姫《うめこひめ》を先頭《せんとう》に蜈蚣姫《むかでひめ》、黄竜姫《わうりようひめ》其他《そのた》一同《どう》一列《れつ》となって、金光輝《きんこうかがや》く平坦《へいたん》なる砂道《すなみち》を徐々《しずしず》と息《いき》を凝《こ》らして進《すす》み行《ゆ》く其静《そのしず》けさ。

〇

楼門《ろうもん》に進《すす》むや否《いな》や白衣《びやくえ》の神人《しんじん》、門《もん》の左右《さゆう》に威儀《いぎ》を正《ただ》して立《た》ち、一人《り》は大幣《おおぬさ》、一人《り》は塩水《えんすい》を持《も》ち、一行《こう》を一人々々《りひとり》大幣《おおぬさ》、塩水《えんすい》にて清《きよ》め乍《なが》ら通過《つうか》せしむ。

行《ゆ》く事数丁《ことすうちよう》、青紫《あおむらさき》の樹木《じゆもく》、庭園《ていえん》に疎《まばら》に樹《た》ち、黄《き》、紅《くれない》、白《しろ》、紫《むらさき》、紺《こん》、赤《あか》、緋色《ひいろ》の花《はな》は芳香《ほうこう》を薫《くん》じ艶《つや》を競《きそ》うて居《い》る。漸《よう》く黄金《こがね》を以《もつ》て造《つく》られたる中門《なかもん》の前《まえ》に進《すす》めば、威儀儼然《いぎげんぜん》たる白髪《はくはつ》の神人《しんじん》、黄金《こがね》の盥《たらい》を一同《どう》の前《まえ》に差《さ》し出《だ》し手洗《ちようず》を使《つか》わしめ、手洗《ちようず》の儀《ぎ》も相済《あいす》み之《これ》よりは瑪瑙《めのう》、硨磲《しやこ》等《とう》の階段《かいだん》を幾百《いくひやく》ともなく登《のぼ》り詰《つ》め、山腹《さんぷく》の眺望佳《ちようぼうよ》き聖域《せいいき》に着《つ》く。後振《あとふ》りかえり眺《なが》むれば諏訪《すわ》の湖水《こすい》は金銀《きんぎん》の波漂《なみただよ》い日光《につこう》は湖面《こめん》に映《えい》じて揺《ゆる》ぎ、白帆《しらほ》は右往左往《うおうさおう》に蝶《ちよう》の如《ごと》く行《ゆ》き交《か》い、大小《だいしよう》の島々《しまじま》には色々《いろいろ》の花咲《はなさ》き満《み》ち、恰《あたか》も天国浄土《てんごくじようど》も斯《か》くやあらむと、一同《どう》は眼《まなこ》を据《す》えて時《とき》の移《うつ》るも知《し》らずに見惚《みと》れ居《い》る。

○

　しばらくあって漆《うるし》の如《ごと》き黒髪《くろかみ》を背後《はいご》に垂《た》れたる妙齢《めうれい》の美人《びじん》、皮膚《ひふ》濃《こまや》かにして目許涼《めもとすず》しく口許締《くちもとし》まり、薄絹《うすぎぬ》の綾《あや》を身《み》に着《つ》け、長柄《ながえ》の唐団扇《とううちわ》を杖《つえ》に突《つ》き、此方《こなた》に向《むか》って悠々《ゆうゆう》と進《すす》み来《きた》る。十二人《にん》の神使《しんし》は、梅子姫《うめこひめ》一行《こう》の前《まえ》に立《た》ち現《あら》われ、叮嚀《ていねい》に会釈《えしやく》し、無言《むごん》の儘梅子姫《ままうめこひめ》には、一人《り》は前《まえ》に一人《り》は後《うしろ》に、左右《さゆう》に二人侍《りはべ》りつつ、奥庭目掛《おくにわめが》けて徐々《しずしず》と歩《ほ》を運《はこ》ぶ。八人《にん》の女神《めがみ》は黄竜姫以下《わうりようひめいか》に附《つ》き添《そ》い、無言《むごん》のまま奥庭深《おくにわふか》く進《すす》み入《い》る。

行《ゆ》く事《こと》四五丁《ちよう》、此処《ここ》には白木造《しらきづく》りの門《もん》が建《た》てられて居《い》る、中《なか》よりパッと戸《と》を左右《さゆう》に開《ひら》き現《あら》われ出《い》でしは初稚姫《はつわかひめ》、玉能姫《たまのひめ》、玉治別《たまはるわけ》、久助《きゆうすけ》、お民《たみ》の五人《にん》。これまた無言《むごん》のまま先《さき》に立《た》って、遂《つい》に一つの飾《かざり》も無《な》き瀟洒《しようしや》たる木《き》の香薫《かかお》れる殿内《でんない》に導《みちび》き入《い》る。そうして中央《ちゆうおう》の宝座《ほうざ》に梅子姫《うめこひめ》を招《しよう》ずる。梅子姫《うめこひめ》を中心《ちゆうしん》に一行《こう》は半月形《はんげつけい》となって座《ざ》に着《つ》く。

○

高座《こうざ》の白木《しらき》の扉《とびら》を左右《さゆう》に引《ひ》き開《あ》け現《あら》われ出《い》でし崇高無比《すうこうむひ》の女神《めがみ》は、五人《にん》の侍女《じじよ》に天火水《てんかすい》

地結《ちけつ》の五色《しき》の玉《たま》を持《も》たせて梅子姫《うめこひめ》の前《まえ》に現《あら》われ給《たま》い、前《まえ》に立《た》てる侍女《じじょ》の手《て》より、自《みずか》ら**紫《むらさき》の玉《たま》**を手《て》に取《と》り上《あ》げ、初稚姫《はつわかひめ》に渡《わた》し給《たま》う。初稚姫《はつわかひめ》は恭《うやうや》しく拝受《はいじゅ》し、之《これ》を宝座《ほうざ》に控《ひか》えたる梅子《うめこ》姫《ひめ》の手《て》に献《たてまつ》る。梅子姫《うめこひめ》は莞爾《かんじ》として押《お》し戴《いただ》き給《たま》う時《とき》、金襴《きんらん》の守袋《まもりぶくろ》を一人《り》の侍女来《じじょきた》りて献《たてまつ》る。梅子姫《うめこひめ》はこれを受取《うけと》り直《ただち》に玉《たま》を納《おさ》め、其儘首《そのままくび》に掛《か》け胸《むね》の辺《あた》りに垂《た》れさせられ、合掌《がつしよう》して暗《あん》祈黙祷《きもくとう》し給《たま》うた。梅子姫《うめこひめ》の姿《すがた》は刻々《こくこく》に聖《きよ》さと麗《うるわ》しさを増《ま》し、全身玉《ぜんしんたま》の如《ごと》くにかがやく。

次《つぎ》に**玉依姫《たまよりひめ》**は侍女《じじょ》の持《も》てる**赤色《せきしょく》の玉《たま》**を取《と》り、玉能姫《たまのひめ》に相渡《あいわた》すを玉能姫《たまのひめ》は押《お》し戴《いただ》き、蜈蚣《むかで》姫《ひめ》の手《て》に恭《うやうや》しく渡《わた》す。

次《つぎ》に**玉依姫《たまよりひめ》**は侍女《じじょ》の持《も》てる**青色《せいしょく》の宝玉《ほうぎょく》**を取《と》り、これを玉治別《たまはるわけ》に授《さず》け給《たま》う。玉治別《たまはるわけ》は押《お》し戴《いただ》き直《ただ》ちに黄竜姫《わうりようひめ》に渡《わた》し次《つぎ》に侍女《じじょ》の持《も》てる**白色《はくしょく》の玉《たま》**を取《と》り久助《きゆうすけ》に渡《わた》し給《たま》えば、久助《きゆうすけ》は恭《うやうや》しく拝戴《はいたい》し友彦《ともひこ》の手《て》に渡《わた》す。また侍女《じじょ》の持《も》てる**黄色《おうしょく》の玉《たま》**を玉依姫自《たまよりひめみずか》らお民《たみ》に渡《わた》し給《たま》えば、お民《たみ》は押《お》し戴《いただ》きテールス姫《ひめ》に渡《わた》す。各《おのおの》一個《こ》の玉《たま》に対《たい》し金襴《きんらん》の袋《ふくろ》は添《そ》えられた。そうしてこの玉《たま》の授受《じゅじゅ》には**玉依姫神《たまよりひめのかみ》**を始《はじ》め、一同《どう》無言《むごん》の間《あいだ》に厳粛《げんしゆく》に行《おこな》われける。

○

玉依姫《たまよりひめ》は一同《どう》に目礼《もくれい》し奥殿《おくでん》に侍女《じじょ》を伴《とも》ない、一言《ごん》も発《はっ》せず悠々《ゆうゆう》として神姿《すがた》を隠《かく》し給《たま》う。梅《うめ》子姫《こひめ》外《ほか》一同《どう》も無言《むごん》の儘竜宮《ままりゅうぐう》の侍神《じしん》に送《おく》られ、第《だい》一、第《だい》二、第《だい》三の門《もん》を潜《くぐ》り諏訪《すわ》の湖辺《こへん》に着《つ》く。

この時金《ときさん》の翼《つばさ》を拡《ひろ》げたる八咫烏《やあたがらす》十数羽《すうわ》飛《と》び来《きた》り、梅子姫《うめこひめ》、黄竜姫《わうりようひめ》、蜈蚣姫《むかでひめ》、友彦《ともひこ》、テールス姫《ひめ》、玉治別《たまはるわけ》、初稚姫《はつわかひめ》、玉能姫《たまのひめ》、久助《きゅうすけ》、お民《たみ》の十柱《とはしら》を乗《の》せ、天空高《てんくうたか》く輝《かがや》き乍《なが》ら万里《ばんり》の波《は》濤《とう》を越《こ》えて、遂《つい》に由良《ゆら》の聖地《せいち》に無事帰還《ぶじきかん》せり。

（『霊界物語』第二五巻・第一六章「真如の玉」大正一一・七・一一・抜粋）

第五章　三《さん》五《ご》の玉

「金剛不壊《こんがうふゑ》の如意宝珠《によいほつしゅ》
三《み》つの御玉《みたま》の御神業《ごしんげふ》
天津御神《あまつみかみ》の永久《とこしへ》に
永遠無窮《ゑいゑんむきう》に治《をさ》めます
金剛不壊《こんがうふゑ》の宝珠《ほつしゅ》なり、
岩《いは》より固《かた》くつきかため
融通按配《ゆうづうあんばい》治《をさ》めゆく
実行致《じつかういた》すは黄金《わうごん》の
変《かは》らぬ神《かみ》の仕組《しぐみ》なり、
天下万民悉《てんかばんみんことごと》く

黄金《こがね》の玉《たま》や紫《むらさき》の
あらまし此処《ここ》に述《の》べておく
現幽神《げんいうしん》の三界《かい》を
天壌無窮《てんぜうむきう》の神宝《しんぽう》は
経済学《けいざいがく》の根本《こんぽん》を
地上《ちじやう》の世界《せかい》を円満《ゑんまん》に
金銀無為《きんぎんむゐ》の政策《せいさく》を
厳《いづ》の宝珠《ほつしゅ》の永久《とこしへ》に
また紫《むらさき》の宝玉《ほうぎょく》は
神《かみ》の御稜威《みいづ》に悦服《えつぷく》し

神人和合《しんじんわがふ》の其基礎《そのきそ》を　永遠無窮《ゑいゑんむきう》に守《まも》ります、
神《かみ》の定《さだ》めし神宝《しんぽう》ぞ　抑《そもそ》も三《み》つの御宝《みたから》は　天津御神《あまつみかみ》や国津神《くにつかみ》　天国浄土《てんごくじやうど》の政治《せいぢ》をば　豊《とよ》葦原《あしはら》の瑞穂国《みづほくに》　五つの島《しま》（＝五大洲）に隈《くま》もなく　神《かみ》の助《たす》けと諸共《もろとも》に　伊照《いて》り透《とう》らし万《ばん》民《みん》を　安息《あんそく》せしむる神業《かむわざ》に　最大必要《さいだいひつえう》の宝《たから》なり　あゝ惟神々々《かむながらかむながら》　深遠微妙《しんゑんびめう》の神界《しんかい》の万世不磨《ばんせいふま》の御経綸《ごけいりん》　太《ふと》き御稜威《みいづ》も高熊《たかくま》の　山《やま》に隠《かく》せし黄金《わうごん》の　晨《あした》を告《つ》ぐる鶏《にはとり》や　波間《はかん》に浮《うか》ぶ神島《かみしま》の　常磐《ときは》の松《まつ》の根底《こんてい》に　かくし給《たま》ひし珍宝《うづたから》　**金剛不壊《こんがうふゑ》の如意宝珠《によいほつしゆ》**　天火水《てんくわすゐ》地《ち》と結《むす》びたる　**紫色《むらさきいろ》の神宝《しんぽう》**も　愈《いよいよ》此世《このよ》に現《あら》はれて　光《ひかり》を放《はな》つ神《かみ》の世《よ》は　さまで遠《とほ》くはあらざらめ　此世《このよ》を造《つく》りし大神《おほかみ》の　水《みづ》も漏《も》らさぬ御仕組《おんしぐみ》　竜宮城《りうぐうじやう》の乙姫《おとひめ》が　玉《たま》の御《み》手《て》より賜《たま》ひたる　浦島太郎《うらしまたらう》の玉手函《たまてばこ》　それに優《まさ》りて尊《たふと》きは　**三《み》つの御玉《みたま》の光《ひかり》**なり　あゝ惟神々々《かむながらかむながら》　御霊幸《みたまさち》はへましまして　一日《ひとひ》も早《はや》く片時《かたとき》も　とく速《すむや》けく世《よ》の為《ため》に　現《あら》はれまして艮《うしとら》の　果《は》てに隠《かく》れし元津神《もとつかみ》　坤《ひつじさる》なる姫神《ひめがみ》の　経《たて》と緯《よこ》との水火《いき》合《あは》せ　神世安《みよやす》らけく平《たひ》らけく　治《をさ》め給《たま》はむ時《とき》はいつ　待《ま》つ間《ま》の永《なが》き鶴《つる》の首《くび》　亀《かめ》の齢《よはひ》の神《かみ》の世《よ》を　渇仰《かつかう》

翹望《げうばう》なしながら　静《しづ》かに待《ま》つぞ楽《たの》しけれ。」

○

「波《なみ》に漂《ただよ》ふ一《ひと》つ島《じま》　黄金花《こがねはな》咲《さ》く竜宮《りうぐう》の　秘密《ひみつ》の郷《さと》と聞《きこ》えたる　果物《くだもの》豊《ゆたか》な玉野原《たまのはら》　一眸《ぼう》千里《せんり》の其中《そのなか》に　青垣山《あをがきやま》を三方《さんぱう》に　いと美《うる》はしく繞《めぐ》らせる　金波《きんぱ》漂《ただよ》ふ諏訪《すは》の湖《うみ》　玉依姫《たまよりひめ》の永久《とこしへ》に　水底深《みなそこふか》く鎮《しづ》まりて　守《まも》り給《たま》ひし**麻邇《まに》の玉《たま》**　**天火水地《てんくわすゐち》**と**結《むす》**びたる　**青赤白黄《あおあかしろき》紫《むらさき》**の　玉《たま》の功績《いさを》を述《の》べつれば　世界統治《せかいとうち》の礎《いしずゑ》を　堅磐常磐《かきはときは》につきかため　天《あめ》の下《した》をば安国《やすくに》と　治《をさ》むる王者《わうじや》の身魂《みたま》こそ　**紫玉《むらさきだま》**の功績《いさをし》ぞ　王者《わうじや》に仕《つか》へ民治《たみをさ》め　中執臣《なかとりおみ》と勤《いそ》しみて　世界《せかい》を治《をさ》むる大臣《おほおみ》の　稜威《いづ》の活動其《くわつどうその》ものは　心《こころ》も赤《あか》き**赤玉《あかだま》**の　天地自然《てんちしぜん》の功績《いさをし》ぞ　国魂神《くにたまがみ》と現《あら》はれて　百《もも》の民草治《たみぐさをさ》めゆく　小《ちひ》さき臣《おみ》の活動《くわつどう》は　臣《おみ》の位《くらゐ》の水御玉《みづみたま》　上《かみ》を敬《ゐやま》ひ下《しも》を撫《な》で　臣《おみ》の位《くらゐ》を能《よ》く尽《つく》し　上《うへ》は無窮《むきう》の大君《おほぎみ》に　下《しも》は天下《てんか》の民草《たみぐさ》に　心《こころ》の限《かぎ》り身《み》を尽《つく》し　誠《まこと》を尽《つく》す活動《くわつどう》は　水《みづ》の位《くらゐ》の**白玉《しろたま》**の　天地確定《てんちさだめ》の功績《いさをし》ぞ　神《かみ》を敬《うやま》ひ大君《おほぎみ》を尊《たふと》び奉《まつ》り耕《たがや》しの　道《みち》に勤《いそ》しみ工業《こうげふ》や　世界物質《せかいぶつしつ》の流通《りうつう》に　只管仕《ひたすらつか》ふる商人《あきうど》の　誠《まこと》の道《みち》

を固《かた》め行《ゆ》く　天地《てんち》自然《しぜん》の功績《いさをし》は　土《つち》に因《ちな》みし黄金《わうごん》の　稜威《いづ》の御玉《みたま》の天職《てんしょく》ぞ。」

○

「さはさり乍《なが》ら今《いま》の世《よ》は　心《こころ》の赤《あか》き赤玉《あかだま》も　それに次《つ》ぐべき白玉《しろだま》も　黄色《きいろ》の玉《たま》も悉《ことごと》く
光《ひかり》なきまで曇《くも》り果《は》て　何《なん》の用《よう》なき団子玉《だんごだま》。」

○

「天火水地《てんくわすゐち》を按配《あんばい》し　此神玉《このしんぎょく》の活用《くわつよう》を　円満清朗自由自在《えんまんせいろうじいうじざい》　照《て》らして守《まも》るは紫《むらさき》の
神《かみ》の結《むすび》の玉《たま》ぞかし　**紫色《むらさきいろ》の麻邇《まに》の玉《たま》**　今《いま》や微光《びくわう》を放《はな》ちつつ　心《こころ》の色《いろ》も丹波《あかなみ》の　綾《あや》の
聖地《せいち》にチクチクと　其片光《そのへんくわう》を現《あら》はして　常世《とこよ》の暗《やみ》を隈《くま》もなく　照《て》らさせ給《たま》ふ光彩《くわうさい》は
厳《いづ》の御霊《みたま》の神司《かむづかさ》　瑞《みづ》の御霊《みたま》の神柱《かむばしら》　経《たて》と緯《よこ》との御玉《みたま》もて　世界《せかい》十字《じ》に踏《ふ》みならし
一二三四五《ひとふたみよいつ》つ六《む》つ　七八《ななや》つ九《ここの》つ十《とう》たらり　百千万《ももちよろづ》の神人《かみびと》の　救《すく》ひの為《ため》に千万《ちよろづ》の　悩《なや》みを
忍《しの》び出《い》で給《たま》ふ　あゝ惟神々々《かむながらかむながら》　御霊幸《みたまさち》はへましませよ……。」

（『霊界物語』第二六巻・第一六章「三五玉」大正一一・七・二〇・抜粋）

第六章　竜の解脱《げだつ》（琉球編）

「大海中《おほわだなか》に浮《うか》びたる　誉《ほまれ》も高《たか》き琉球《りうきう》の　玉《たま》の潜《ひそ》みし神《かみ》の島《しま》　三千世界《さんぜんせかい》の梅《うめ》の花《はな》　一度《いちど》に開《ひら》く時来《ときき》たり　綾《あや》の聖地《せいち》に宮柱《みやばしら》　太敷《ふとしき》立《た》てて千木《ちぎ》高《たか》く　鎮《しづ》まりゐます厳御霊《いづみたま》　瑞《みづ》の御霊《みたま》の神勅《しんちよく》を　玉照神《たまてるがみ》の二柱《ふたはしら》　完全《うまら》に詳細《つばら》に受《う》け給《たま》ひ　瑞《みづ》の御霊《みたま》の御斎《みすゐ》なる　言依別《ことよりわけ》（注一）に言依《ことよ》さし　**潮満玉**《しほみつだま》や**潮干**《しほひる》の　珍《うづ》の宝《たから》を索《もと》めむと　教主《けうしゆ》自《みづか》ら国依別《くによりわけ》（注二）の　教《をしへ》の司《つかさ》を引《ひ》き率《つ》れて浪路《なみぢ》をはるかに乗《の》り渡《わた》り　漸《やうや》う此処《ここ》に来《き》て見《み》れば　我《われ》より前《さき》に紀《き》の国《くに》の　若彦《わかひこ》（注三）始《はじ》め常楠《つねくす》（注四）が　またもや神《かみ》の御勅宣《みことのり》　正《まさ》しく受《う》けて逸早《いちはや》く　来《きた》り居《ゐ》ませる尊《たふと》さよ　天《てん》を封《ふう》じて立《た》ち並《なら》ぶ　欅《けやき》の楠《くす》の森林《しんりん》に　勝《すぐ》れて太《ふと》き槻《つき》の幹《みき》　天然自然《てんねんしぜん》の洞穴《ほらあな》に　若彦《わかひこ》、常楠両人《つねくすりやうにん》は木俣《こまた》（注五）の神《かみ》と現《あら》はれて　島人《しまびと》たちを大神《おほかみ》の　稜威《みいづ》に言向《ことむ》け和《やは》しつつ　時《とき》の来《きた》るを待《ま》つうちに　言霊清《ことたまきよ》き言依別《ことよりわけ》の　瑞《みづ》の命《みこと》の大教主《だいけうしゆ》　国依別《くによりわけ》と諸共《もろとも》に　来《きた》りましたる嬉《うれ》しさに　若《わか》彦《ひこ》、常楠勇《つねくすいさ》み立《た》ち　ハーリス山《ざん》の山奥《やまおく》に　心《こころ》も勇《いさ》む膝栗毛《ひざくりげ》　鞭《むち》うち進《すす》む谷《たに》の奥《おく》　湖水《こすゐ》の

前《まへ》に着《つ》きにける　四辺《あたり》は闇《やみ》に包《つつ》まれて　礫《つぶて》の雨《あめ》は降《ふ》りしきり　物凄《ものすさま》じき折《を》りもあれ　闇《やみ》の帳《とばり》を引《ひ》き開《あ》けて　波上《はじやう》を歩《あゆ》み進《すす》みくる　怪《あや》しの影《かげ》を眺《なが》むれば　髭蓬々《ひげばうばう》と胸《むね》に垂《た》れ　雪《ゆき》を欺《あざむ》く白髪《はくはつ》は　長《なが》く背後《はいご》に垂《た》れ下《さが》り　眼《まなこ》は鏡《かがみ》の如光《ごとひか》り　朱《あけ》をそそぎし顔《かほ》の色《いろ》　耳《みみ》まで裂《さ》けた鰐口《わにぐち》に　黄金《こがね》の色《いろ》の牙《きば》を剥《む》き　四五寸《す》ばかり金色《こんじき》の　角《つの》を額《ひたい》に立《た》てながら　ガラガラ声《ごゑ》を張《は》りあげて　怪《あや》しき舌《した》をニヨツと出《だ》し　言依別《ことよりわけ》の一行《かう》に　向《むか》って小言《こごと》を言《い》ひ掛《か》ける　小言《こごと》の条《すぢ》は竜神《たつがみ》の　守《まも》ると聞《きこ》えし太平柿《たいへいがき》　国依別《くによりわけ》が畏《かしこ》くも　盗《ぬす》んで食《く》ったが罪《つみ》なりと　執着心《しふちやくしん》の鬼神《おにがみ》が　力限《ちからかぎ》りに罵倒《ばたふ》して　琉《りう》と球《きう》との宝玉《ほうぎよく》を　渡《わた》さじものと縄《なは》を張《は》る魔神《まがみ》の張《は》りし鉄条網《てつでうまう》　手《て》も無《な》く切《き》つて呉《く》れんずと　磊落不羈《らいらくふき》の神司《かむづかさ》　国依別《くによりわけ》が言霊《ことたま》の打《う》ち出《だ》す誠《まこと》の砲撃《はうげき》に　さすがの魔神《まがみ》も辟易《へきえき》し　おひおひ姿《すがた》を縮小《しゆくせう》し　豆《まめ》のごとくになり果《は》てて　遂《つひ》にあへなく消《き》えにける。」

○

「あゝ惟神《かむながら》　惟神《かむながら》　御霊幸《みたまさち》はひましまして　金剛不壊《こんがうふえ》の如意宝珠《によいほつしゆ》　国依別《くによりわけ》が丹田《たんでん》に　秘《ひ》

め隠《かく》したる言霊《ことたま》の　力《ちから》に刃向《はむ》かふ楯《たて》はなし　我《われ》は正義《せいぎ》の鉾《ほこ》とりて　天地《てんち》の神《かみ》の大道《だいだう》を高天原《たかあまはら》の神《かみ》の国《くに》　豊葦原《とよあしはら》の瑞穂国《みづほくに》　大海原《おほうなばら》の底《そこ》までも照《て》らし渡《わた》さにやおくべきか　国依《くにより》別《わけ》の言霊《ことたま》は　筑紫《つくし》の日向《ひむか》の橘《たちばな》の　小戸《をど》の青木ケ原《あはぎがはら》と鳴《な》る　**神伊邪那岐大神**《かむいざなぎのおほかみ》が　珍《うづ》の伊《い》吹《ぶき》になりませる　**祓戸四柱大御神**《はらひどよはしらおほみかみ》　**瀬織津姫**《せおりつひめ》や**伊吹戸主**《いぶきどぬし》　珍《うづ》の大神《おほかみ》はじめとし　**速秋**《はやあき》**津姫神**《つひめのかみ》　**速佐須良姫神**《はやさすらひめのかみ》　ここに四柱宣伝使《よはしらせんでんし》　この神《かみ》たちの生宮《いきみや》と　なりて現《あら》はれ来《きた》りけり　大竜別《おほたつわけ》や大竜姫《おほたつひめ》の　珍《うづ》の命《みこと》の竜神《たつがみ》よ　これの天地《てんち》は言霊《ことたま》の　助《たす》くる国《くに》ぞ生《い》ける国《くに》幸《さち》はひゐます国《くに》なるぞ　天《あま》の岩戸《いはと》の開《あ》け放《はな》れ　根底《ねそこ》の国《くに》も明《あきら》かに　澄《す》み照《て》り渡《わた》る今《いま》の世《よ》に　**潮満珠**《しほみつだま》や**潮干**《しほひる》の　二《ふた》つの珠《たま》を何時《いつ》までも　抱《いだ》きて何《なん》の益《えき》かある　この世《よ》を救《すく》ふ瑞御《みづみ》霊《たま》　神《かみ》の任《よさ》しの両人《りやうにん》に　惜《を》しまず隠《かく》さずすく〱と　汝《なんぢ》が姿《すがた》を現《あら》はして　はや献《たてまつ》れ惟神《かむながら》神《かみ》は我《われ》らと倶《とも》にあり　たとへ千尋《ちひろ》の水底《みなそこ》に　何時《いつ》まで包《つつ》み隠《かく》すとも　三五教《あななひけう》の我々《われわれ》がここに現《あら》はれ来《き》し上《うへ》は　ただ一時《ひととき》も一息《ひといき》も　躊躇《ためら》ひ給《たま》ふことなかれ　あゝ惟神《かむながら》　惟神《かむながら》御霊幸《みたまさち》はひましませよ　一《ひと》、二《ふた》、三《みツ》、四《よツ》、五《いつツ》、六《むツ》、七《なな》、八《や》、九《ここのツ》、十《とを》たらり　百《もも》、千《ち》、

万《よろづ》の神人《しんじん》を　浦安国《うらやすくに》の心安《うらやす》く　堅磐常磐《かきはときは》に守《まも》らむと　神《かみ》の任《よさ》しのこの旅路《たびぢ》　諾《うべ》なひ給《たま》へ逸早《いちはや》く」

○

「早《はや》く早《はや》くと宣《の》りつれば　今《いま》まで包《つつ》みし黒雲《くろくも》は　四辺隈《あたりくま》なく晴《は》れ渡《わた》り　浪《なみ》を照《て》らして一団《だん》の　火光《くわくわう》はしづ〳〵両人《りやうにん》が　佇《たたず》む前《まへ》に近《ちか》づきて　たちまち変《か》はる二柱《ふたはしら》　尊《たふと》き女神《めがみ》と相現《あひげん》じ　満面笑《まんめんゑみ》を含《ふく》みつつ　言依別《ことよりわけ》や国依別《くによりわけ》の　二人《ふたり》の前《まへ》に手《て》を束《つか》ね　地《つち》より湧《わ》き出《づ》る玉手箱《たまてばこ》　おの〳〵一個《こ》を両《りやう》の手《て》に　捧《ささ》げて二人《り》に献《たてまつ》り　綾羅《れうら》の袖《そで》を翻《ひるがへ》し　たちまち起《おこ》る紫《むらさき》の　雲《くも》に乗《じやう》じて久方《ひさかた》の　大空高《おほぞらたか》く天《あま》の原《はら》　日《ひ》の稚宮《わかみや》に登《のぼ》りゆく　執着心《しふちやくしん》の深《ふか》かりし　大竜別《おほたつわけ》や大竜姫《おほたつひめ》の　珍《うづ》の命《みこと》の両神《りやうしん》も　いよ〳〵ここに三千年《みちとせ》の　三寒《かん》三熱苦行《ねつくぎやう》を終《を》へ　神《かみ》の恵《めぐ》みに救《すく》はれて　ここに尊《たふと》き天津神《あまつかみ》　皇大神《すめおほかみ》の御右《おんみぎ》に　坐《ね》まして清《きよ》き神国《かみくに》の常世《とこよ》の春《はる》に会《あ》ひ給《たま》ふ　実《げ》にも尊《たふと》き物語《ものがたり》　語《かた》るも嬉《うれ》し今日《けふ》の宵《よひ》　陰暦《いんれき》六月第《ぐわつだい》一日《にち》　松雲《しようん》(注六)閣《かく》に横臥《わうぐわ》して　団扇片手《うちはかたて》に拍子《へうし》とり　さも諄々《じゆんじゆん》と述《の》べておく　筆執《ふでと》る人《ひと》は北村氏《きたむらし》　神《かみ》

の稜威《みいづ》も隆光《たかひか》る　三五教《あななひけう》の御教《みをしへ》の　栞《しほり》となれば望外《ばうぐわい》の　喜《よろこ》びなりと記《しる》し置《お》く　あゝ惟《かむ》神《ながら》　惟神《かむながら》　御霊幸《みたまさち》はひましませよ。」

○

国依別《くによりわけ》の言霊《ことたま》に竜若彦《たつわかひこ》と称《しよう》する怪物《かいぶつ》はたちまち雲散霧消《うんさんむしよう》し、ふたたび現《あら》はれ来《きた》る大竜別《おほたつわけ》、大竜姫《おほたつひめ》はおのおの手《て》に**琉《りゆう》、球《きゆう》の玉《たま》**を納《おさ》めたる玉手箱《たまてばこ》を、言依別《ことよりわけ》、国依別《くによりわけ》の手《て》に恭《うやうや》しく捧《ささ》げ三千年《ぜんねん》の三寒《かん》三熱《ねつ》の苦行《くぎよう》をここに終了《しゆうりよう》し、一切《さい》の執着《しゆうちやく》を去《さ》って、悠々《ゆうゆう》として紫《むらさき》の雲《くも》に乗《の》り、天津日《あまつひ》の稚宮《わかみや》に上《のぼ》り、大神《おほかみ》の右《みぎ》に座《ざ》し、**天《あめ》の水分神《みくまりのかみ》**となって降雨《こうう》を調節《ちようせつ》し給《たま》う大神《おほかみ》と成《な》らせ給《たも》うたのである。

○

清《きよ》き正《ただ》しき言霊《ことたま》は一名《めい》**金剛不壊《こんがうふえ》の如意宝珠《によいほつしゆ》**とも言《い》う。この天地《てんち》は言霊《ことたま》の幸《さち》わい助《たす》け、生《い》き働《はたら》く国《くに》である。宇宙間《うちゆうかん》において最《もつと》も貴重《きちよう》なる宝《たから》は声《こえ》あって形《かたち》なく、無《む》にして有《ゆう》、有《ゆう》にして無《む》、活殺自由自在《かつさつじゆうじざい》の活用《かつよう》ある七十五声《しちじふごせい》の言霊《ことたま》のみである。これを霊的《れいてき》に称《とな》うる時《とき》は、すなわち**金剛不壊《こんがうふえ》の如意宝珠《にょいほつしゅ》**となる。

天照大御神《あまてらすおほみかみ》の御神勅《ごしんちょく》に「言向和《ことむけやは》せ、宣直《のりなほ》せ」とあり、これは神典《しんてん》『古事記《こじき》』に明《あきら》かに示《しめ》されてある。天《あめ》の下四方《したよも》の国《くに》を治《おさ》め給《たま》うは**「五百津美須麻琉《いほつみすまる》の玉《たま》」**（注七）**にして、この玉《たま》の活《い》き働《はたら》く時《とき》は天《あめ》が下《した》に饑饉《ききん》もなく、病災《びょうさい》もなく戦争《たたかい》もなし、また風難《ふうなん》、水難《すいなん》、火難《かなん》を始《はじ》め、地《ち》異天変《いてんぺん》の虞《おそれ》なく、宇宙《うちゅう》一切平安無事《さいへいあんぶじ》に治《おさ》まるものである。**

また、今《いま》ここに言依別《ことよりわけ》、国依別《くによりわけ》の二柱《ふたはしら》の竜神《りゅうじん》より受《う》け取《と》りたる琉《りゅう》、**球《きゅう》の二宝《にほう》は、風雨水《ふううすい》火《か》を調節《ちょうせつ》し、一切《さい》の万有《ばんゆう》を摂受《せつじゅ》し、あるいは折伏《しゃくふく》し、よく摂取不捨《せつしゅふしゃ》の神業《しんぎょう》を完成《かんせい》する神器《しんき》である。**

ここに言依別命《ことよりわけのみこと》をはじめ、一同《どう》は湖水《こすい》にむかって天津祝詞《あまつのりと》を奏上《そうじょう》し、天《あま》の数歌《かずうた》を歌《うた》い上《あ》げ宣伝歌《せんでんか》を歌《うた》いながら、心地《ここち》よげに元来《もとき》し道《みち》を下《くだ》りつつ、槻《つき》の洞穴《どうけつ》に一先《ひとま》ず帰《かえ》る事《こと》となった。

○

「言依別《ことよりわけ》の一行《かう》は　竜《たつ》の湖水《こすゐ》を後《あと》にして　千畳岩《せんぜういは》の伍列《ごれつ》せる　奇勝絶景《きしようぜつけい》縫《ぬ》ひながら　足《あし》に任《まか》せて降《くだ》り行《ゆ》く　登《のぼ》りに引《ひ》き替《か》へ下《くだ》り坂《ざか》　思《おも》うたよりも速《すみや》かに　何時《いつ》のまにかは竜神《りうじん》の　守《まも》りいたると伝《つた》へたる　太平柿《たいへいがき》の辺《ほとり》まで　帰《かへ》り来《きた》れば常楠《つねくす》は　フト立《た》ち留《どま》り一行《かう》を顧《かへり》みながら「教主《けうしゆ》さま　国依別神《くによりわけのかみ》さまが　大蛇《をろち》の群《むれ》に襲《おそ》はれて　太平柿《たいへいがき》の頂上《ちやうじやう》より身《み》を躍《をど》らして青淵《あをぶち》に　ザンブとばかり飛《と》び下《くだ》り　仮死状態《かしじやうたい》となり果《は》てて　渦《うづ》に巻《ま》かれて流《なが》れたる　改心記念《かいしんきねん》の霊場《れいぢやう》ぞ　負《ま》けぬ気強《きづよ》い国依別《くによりわけ》の　神《かみ》の司《つかさ》は反対《はんたい》に　竜若彦《たつわかひこ》に逆《さか》理屈《りくつ》　いとも立派《りつぱ》に喰《くら》はして　凹《へこ》ませ給《たま》ひし健気《けなげ》さよ　あゝ惟神《かむながら》　惟神《かむながら》　かうなる上《うへ》は常楠《つねくす》も　神《かみ》の心《こころ》が分《わか》らない　善悪正邪《ぜんあくせいじや》の標準《へうじゆん》を　どうして分《わ》けたらよからうか　お裁《さば》き頼《たの》む」と宣《の》りつれば　言依別《ことよりわけ》は打《う》ち笑《わら》ひ　「国依別《くによりわけ》の言霊《ことたま》は　天地《てんち》の道理《だうり》に適《かな》ひたり　善《ぜん》に堕《だ》すれば悪《あく》となり　悪《あく》の極《きは》みは善《ぜん》となる　善悪同体《ぜんあくどうたい》この真理《しんり》　胸《むね》に手《て》を当《あ》てつらつらと　直日《なほひ》に見直《みなほ》し聞直《ききなほ》し　人《ひと》の小《ちい》さき智慧《ちゑ》もちて　善悪正邪《ぜんあくせいじや》の標準《へうじゆん》が　分《わ》からう道理《だうり》のあるべきや　この世《よ》を造《つく》りし大神《おほかみ》の　心《こころ》に適《かな》ひし事《こと》ならば　何《いづ》れも至善《しぜん》の道《みち》となり　そ

の御心《みこころ》に適《かな》はねば　すなはち悪《あく》の道《みち》となる　人《ひと》の身《み》として同胞《はらから》を　裁《さば》く権利《けんり》は寸毫《すんがう》も
与《あた》へられない人《ひと》の身《み》は　ただ何事《なにごと》も神《かみ》の手《て》に　任《まか》せ奉《まつ》るに如《し》くはない」　いと細《こま》やかに
説《と》きつれば　国依別《くによりわけ》や若彦《わかひこ》も　常楠翁《つねくすをう》も勇《いさ》み立《た》ち　心《こころ》いそいそ一行《かう》は　黄昏《たそがれ》過《す》ぐる宵《よひ》の
口《くち》　楠《くす》と槻《つき》との森林《しんりん》に　きはめて広《ひろ》き天然《てんねん》の　ホテルにこそは帰《かへ》りけり　あゝ惟神《かむながら》　惟《かむ》
神《ながら》　御《み》霊幸《たまさち》はひましませよ。」

（『霊界物語』第二七巻・第一三章「竜の解脱」大正一一・七・二五　旧六・二）

（注一）**言依別**　三五教の錦の宮の教主。瑞の御霊。

（注二）**国依別**　三五教の宣伝使。宗彦の改名。四十の坂を三ツ四ツ越していたが球の玉の神徳により三十歳前後の若者に見える。瑞の御魂の生娘・末子姫と結婚。アルゼンチンの珍の都の国司となる。

（注三）**若彦**　日の出神により青彦と改名した名。自転倒島（日本）全体を巡歴し、ついに神界の命により玉野姫と夫婦揃って神に奉仕する。三五教の宣伝使。最後に国玉別と名を賜う。玉野姫と共に紀州若の浦に至り稚姫君の御霊を球の玉に取りかけ斎き祀る。

（注四）**常楠**　木山の里に住み、妻はお久。父は玉彦、母は玉姫。熊野で修行し、琉球に渡る。清彦（元虻公）、照彦（元蜂公）の父親。清彦はやがて琉の島（現沖縄本島）の守護神（日楯）、照彦は球の島（現南西諸島と台湾の北半分）の守護神（月鉾）。常楠は琉球の仙人になる。

（注五）**木俣の神**　大木から生れた神。

（注六）**松雲閣**　綾部の由良川畔にあり、大正一〇年一〇月一八日より『霊界物語』第一巻の口述が開始された建物。

（注七）**五百津美須麻琉の玉**　『古事記』三貴神がお生まれになり、伊邪那岐命の御頸珠《みくびたま》が天照大神に賜われる。速須佐之男命との誓約では「即ち御髪を解き、御美豆羅《みみづら》にまかして、左右《ひだりみぎり》の御美豆羅にも、御鬘にも、左右の御手にも、各八尺勾珠之五百津之美須麻流之珠をまき持たして……」とある。

「八坂瓊の勾玉とは、丸い玉もあれば、楕円形の玉もあり、管玉もあり、菱形のもあり、百の種類があり、色も一つ一つ違うのを、一本の糸で通してあるという意味は神様は長所を生かして使われるということである。統一するということである。」（『新月のかげ』「八坂瓊の勾玉」）

愛善の歌

天津御国《あまつみくに》にあるものは
現実界《げんじつかい》にある愛《あい》は
自己愛《じこあい》または世間愛《せけんあい》
善悪正邪《ぜんあくせいじゃ》の区別《くべつ》あり
宇宙万有一切《うちゅうばんゆういっさい》を
おきては外《ほか》に何《なに》もなし
わが住《す》む国土《こくど》を愛《あい》するは
責任《せきにん》なれば自己愛《じこあい》も
神《かみ》より見《み》れば愛悪《あいあく》ぞ
愛《あい》とはいえど偏頗《へんぱ》あり
永遠無窮《えいえんむきゅう》にへだてなし

神《かみ》より出《い》でし愛《あい》の善《ぜん》
一切万事自然愛《いっさいばんじしぜんあい》
同《おな》じ愛《あい》とはいいながら
絶対無限《ぜったいむげん》の真愛《しんあい》は
創造《そうぞう》したる主《す》の神《かみ》を
わが身《み》を愛《あい》しわが郷里《きょうり》
皆《みな》それぞれの住民《じゅうみん》の
咎《とが》むるわけにはゆかねども
現実界《げんじつかい》の一切《いっさい》は
天津御国《あまつみくに》の真愛《しんあい》は
………。

（『人類愛善新聞』第七号、昭和四年三月三日）

第六編　水《み》分《くまり》の神

第一章　蒙古の奇跡　雨を降らせた竜神

大正《たいしょう》十三年《ねん》（1938）二月《がつ》十三日《にち》（〜七月《がつ》二十五日《にち》帰国《きこく》）、責付《せきふ》出獄中《しゅつごくちゅう》ひそかに綾部《あやべ》を出発《しゅっぱつ》した出口聖師《でぐちせいし》一行《こう》は、下関《しものせき》から日本《にほん》を脱出《だっしゅつ》、釜山《ふざん》を経由《けいゆ》し蒙古《もうこ》へと向《むか》う。

自分《じぶん》は大本《おほもと》の王仁《おに》ではない、日本《にほん》の王仁《おに》でもない、世界宇宙《せかいうちゅう》の王仁三郎《おにさぶろう》であると称《しょう》する大怪物《おおばけもの》と、蒙古《もうこ》の英雄《えいゆう》・馬賊《ばぞく》の大巨頭《だいきょとう》盧占魁《ろせんかい》が東三省《とうさんしょう》の盧《ろ》の公館《こうかん》にて会見《かいけん》する。そこで東亜存立《とうあそんりつ》と開発《かいはつ》のために提携《ていけい》し大本《おほもと》ラマ教旗《きょうき》「日地月星《にっちげつせい》」を染《そ》めぬいた文字《もじ》なしの神旗《しんき》を押《お》し立《た》て、内蒙古《うちもうこ》へと進出《しんしゅつ》する。進軍《しんぐん》と共《とも》に蒙古兵《もうこへい》が集《あつ》まり盧占魁《ろせんかい》は、軍《ぐん》を引《ひ》き締《し》めるため出口聖師に雨《あめ》を降《ふ》らせるように要請《ようせい》する。

（＝「日地月星旗《にっちげつせいき》」＝四星《せい》は、四魂完備《こんかんび》の表徴《ひょうちょう》。地球的《ちきゅうてき》にいえば日本《にほん》が道義的《どうぎてき》に世界《せかい》を統《とう》一する象徴《しょうちょう》。外輪《がいりん》は日《ひ》にちなめる日本《にほん》、月輪《げつりん》はインド・支那《しな》・アジア、内部《ないぶ》の円《えん》は欧州《おうしゅう》・アメリカである。）

○

五月二十一日《がつにち》（陰暦四月十八日《いんれきがつにち》）上木局収《かみもくきよくしゆう》の仮殿《かりどの》に、日出雄《ひでお》（王仁三郎《おにさぶろう》）は真澄別《ますみわけ》（松村真澄）等《ら》と西漸《せいぜん》の時機《じき》について種々協議《しゆじゆきようぎ》を凝《こら》していた。折柄護衛《おりからごえい》の温長興《おんちようこう》は、夥《おびただ》しき馬隊並《ばたいならび》に轎車《きようしや》が砂塵《さじん》を蹴立《けた》てて、此方《こちら》へ向《むか》って来《く》る事《こと》を報《ほう》じた。それは盧占魁司令《ろせんかいしれい》が蒙《もう》古《こ》の貝勒貝子《バイロクバイシ》、劉陞三《りゆうしようさん》、佐々木弥市《ささきやいち》、大倉伍一《おおくらごいち》、其他幹部参謀連《そのたかんぶさんぼうれん》を引具《ひきぐ》し、日出雄訪問《ひでおほうもん》の為《ため》に来《き》たのであった。

盧《ろ》は佐々木《ささき》を介《かい》して日出雄《ひでお》に請《こ》う「だんだん蒙古兵《もうこへい》も集《あつ》まって来《く》るし、救世主来降《きゆうせいしゆらいこう》の噂《うわさ》が益々盛《ますますさかん》に宣伝《せんでん》せられつつある際《さい》なれば、此際彼等《このさいかれら》の肝玉《きもたま》を奪《うば》う為《ため》、風雨《ふうう》を喚《よ》び起《おこ》して貰《もら》ひたい」というのである。

日出雄「私《わたし》に風雨雷霆《ふううらいてい》を叱咤《しつた》し得《う》る自信《じしん》は経験上《けいけんじよう》ありますが、併《しか》しそれは神界《しんかい》から見《み》て真《しん》実必要《じつひつよう》と認《みと》める場合以外《ばあいいがい》には用《もち》いる事《こと》は出来《でき》ない事《こと》になっています。必要《ひつよう》のない……言《い》わば奇術《きじゆつ》かなどの様《よう》に濫用《らんよう》するのは兇党界《きようとうかい》に属《ぞく》する仕事《しごと》であるので、一寸困《ちよつとこま》るなア」

大倉「併《しか》し先生《せんせい》、皆《みな》が渇望《かつぼう》しているし、蒙古人等《もうこじんら》が更《さら》に信仰《しんこう》の度《ど》を高《たか》める材料《ざいりょう》になるのですから、神界《しんかい》から見《み》て必要《ひつよう》な場合《ばあい》と認《みと》めてやって頂《いただ》く訳《わけ》にはいかぬでしょうか」

日出雄「困《こま》るなア、鎮魂《ちんこん》で各自相応《かくじそうおう》の霊界《れいかい》でも見《み》せてやればそれで可《い》いじゃないか」

大倉「併《しか》し部分的《ぶぶんてき》でなく、大勢一緒《おおぜいいっしょ》に見《み》られる様《よう》な不思議《ふしぎ》を、一《ひと》つ現《あら》はして頂《いただ》きたいものですなア。司令《しれい》も熱心《ねっしん》にあゝ云《い》うているのですから……」

日出雄「キリストですら、奇蹟《きせき》を請《こ》われて怒《いか》ったではないか……」

真澄別「奇蹟《きせき》を見《み》ずして神《かみ》を信《しん》ずる者《もの》は幸《さいわい》なり……という神言《しんげん》もありますけれど、現今《げんこん》で言《い》わば、矇昧《もうまい》の人々《ひとびと》の間《あいだ》に出《で》かけて来《き》ているのですから、何《なん》とか工夫《くふう》せねばなるまいと思《おも》います。私《わたし》は永久兇党界《えいきゅうきょうとうかい》へ堕落《だらく》しても、それがお道《みち》の為《ため》になるなら構《かま》いませんから、先生《せんせい》さえお許《ゆる》し下《くだ》されば、私《わたし》をお使《つか》い下《くだ》さって彼等《かれら》の肝玉《きもったま》を挫《ひし》いでおくのも満更無駄《まんざらむだ》ではありますまい。奇蹟《きせき》を見《み》たがる者《もの》は強《あなが》ち蒙古人許《もうこじんばか》りじゃありますまいから……」

日出雄《ひでお》は少時沈思黙考《しばらくちんしもくこう》して、

「では、潔斎修行《けつさいしゆぎよう》して見《み》るが可《よ》い、真澄別《ますみわけ》が行《や》る事《こと》になれば構《かま》わぬだろう」

盧占魁《ろせんかい》は、「実《じつ》は全隊《ぜんたい》へ布告《ふこく》して、一同《どう》一週間《しゆうかん》の精進《しようじん》を命《めい》じ置《お》き、此《この》二十三日《にち》を以《もつ》て終《おわ》ります。其日《そのひ》には先生《せんせい》が奇蹟《きせき》を見《み》せて下《くだ》さると申渡《もうしわた》して了《しま》ったのです。何《いず》れ更《あらた》めてお迎《むか》えに参《まい》りますから、是非御願《ぜひおねが》い致《いた》します。序《ついで》に記念《きねん》の撮影《さつえい》も致《いた》しとう御座《ござ》いますから」

との意《い》を述《の》べて、雑談《ざつだん》の後嬉々《のちきき》として一同駒《どうこま》の足並《あしなみ》も勇《いさ》ましく、下木局子《しももくきよくし》の司令部《しれいぶ》指して帰《かえ》り行《ゆ》く。

○

日出雄《ひでお》は止《や》むを得《え》ず、真澄別《ますみわけ》をして其衝《そのしよう》に当《あた》らせるべく、洮児《トール》河畔《かはん》に聖域《せいいき》を卜《ぼく》し、自《みずか》らも出張《しゆつちよう》して真澄別《ますみわけ》の修業《しゆぎよう》を指導《しどう》した。

五月《がつ》二十三日《にち》（陰暦《いんれき》四月《がつ》二十日《か》）朝暾殊《ちようとんこと》の外麗《ほかうる》わしき光《ひかり》を地上《ちじよう》に投《な》げ、蒼空《そうくう》一点《てん》の雲《うん》翳《えい》なく、樹々《きぎ》に飛交《とびか》う鳥《とり》の声《こえ》は恰《あだか》も天国《てんごく》の春《はる》を歌《うた》うが如《ごと》く、庭前《ていぜん》に休《やす》らう馬《うま》の嘶《いなな》きも一層《そう》勇《いさ》ましさを加《くわ》えて聞《きこ》え来《きた》る。

午前《ごぜん》八時頃《じごろ》魏副官《ぎふくかん》は日出雄《ひでお》、真澄別《ますみわけ》を迎《むか》える馬車《ばしゃ》を急《いそ》がせてやって来《き》た。

折《おり》しも日出雄《ひでお》に扈従《こじゅう》すべく準備《じゅんび》せし温長興《おんちょうこう》は、俄《にわか》に頭痛烈《づつうはげ》しく、乗馬《じょうば》に堪《た》えずと愬《うった》える。日出雄《ひでお》は思《おも》う所《ところ》ありと見《み》え、温長興《おんちょうこう》を轎車《きょうしゃ》に乗《の》らしめ、自《みずか》らは真澄別其他《ますみわけそのた》の護衛兵《ごえいへい》と共《とも》に馬《うま》に鞭《むち》ち、法衣《ほうい》を風《かぜ》に靡《なび》かせつつ下木局子《しももくきょくし》に向《むか》い、仮殿《かりどの》を出発《しゅっぱつ》した。

一方下木局子《ぼうしももくきょくし》の西北自治軍司令部《せいほくじちぐんしれいぶ》にては、各分営《かくぶんえい》の団長以下《だんちょういか》悉《ことごと》く来集《らいしゅう》し、「斯《か》くの如《ごと》き蒙古晴《もうこばれ》の空《そら》より雨《あめ》を降《ふ》らすなど、幾《いく》ら神様《かみさま》でも嘸困難《さぞこんなん》であろう」などと、とりどりに噂《うわさ》をし乍《なが》ら、日出雄《ひでお》一行《こう》の来着《らいちゃく》を待《ま》ち兼《か》ねて居《い》た。時《とき》しもあれ、魏副官《ぎふくかん》の先導《せんどう》にて日出《ひで》雄《お》の一行《こう》は総員整列出迎《そういんせいれつでむか》えの中《なか》を堂々《どうどう》と乗込《のりこ》んで来《き》た。少憩《しょうけい》の後《のち》、日出雄《ひでお》の目配《めくば》せを合図《あいず》に、真澄別《ますみわけ》が何事《なにごと》か黙祷《もくとう》すると見《み》るや、司令部《しれいぶ》の上天俄《じょうてんにわか》に薄暗《うすぐら》くなり、瞬《また》く間《ま》に全天雨《ぜんてんあま》雲《ぐも》に蔽《おお》われ一陣《じん》の怪風《かいふう》吹《ふ》き来《きた》ると共《とも》に、激《はげ》しき暴風雨《ぼうふうう》窓《まど》を破《やぶ》らん計《ばか》りに襲来《しゅうらい》して来《き》た。

一同驚《どうおどろ》きあわて、窓《まど》を閉《し》めるやら、記念撮影《きねんさつえい》の為《ため》とて庭《にわ》に列《なら》べてあった椅子《いす》を持込《もちこ》むやら混雑一方《こんざつひとかた》ならず、皆々呆気《みなみなあっけ》に取《と》られて、暫《しば》し言葉《ことば》もなかったのである。稍《やや》あって

「大先生《タアセンシヨン》、二先生《アルセンシヨン》、今日《きよう》は写真《しやしん》は駄目《だめ》でしょう」と、さも失望《しつぼう》らしい声《こえ》が聞《きこ》える。

真澄別《ますみわけ》は日出雄《ひでお》の顔《かお》を見《み》て「ナアニ五分間《ふんかん》経《た》てば大丈夫《だいじようぶ》だ」と云《い》えば、日出雄《ひでお》はやおら身《み》を起《おこ》して雨中《うちゆう》に降《お》り立《た》ち、天《てん》に向《むか》って「ウー」と大喝《だいかつ》すれば、風勢頓《ふうせいとみ》に衰《おとろ》え雨《あめ》は漸次《ぜんじ》小降《ぶ》りとなり、果《はた》して向《むか》う五分間《ふんかん》は真澄別《ますみわけ》の宣言《せんげん》に違《たが》わず、如何《いか》に成《な》り行《ゆ》くかと案《あん》ぜられし暴風雨《ぼうふうう》は、夢《ゆめ》の如《ごと》く消《き》え去《さ》り、再《ふたた》び日《ひ》は赫々《かくかく》と輝《かがや》きわたり、空《そら》は元《もと》の如《ごと》く晴朗《せいろう》に澄《す》み切《き》ったのである。

盧占魁《ろせんかい》は嬉《うれ》しさの余《あま》り、驚嘆自失《きようたんじしつ》せる人々《ひとびと》の間《あいだ》を立廻《たちまわ》り、自己《じこ》の宣伝《せんでん》の誇大《こだい》にも虚偽《きよぎ》にもあらざるを誇《ほこ》ったというも真《まこと》に無理《むり》ならぬ事《こと》である。

茲《ここ》で各営《かくえい》の幹部《かんぶ》一同芽出度撮影《どうめでたくさつえい》の後《のち》、卓《たく》を囲《かこ》んで会食《かいしよく》し、談《はなし》は徹頭徹尾此日《てつとうてつびこのひ》の奇蹟《きせき》に関《かん》する驚嘆《きようたん》と讃美《さんび》に終始《しゆうし》し、真澄別《ますみわけ》は、此時已《このときすで》に朝来《ちようらい》の頭痛《づつう》は忘《わす》れた様《よう》に平癒《へいゆ》しニコニコして何《なに》くれとなく斡旋《あつせん》の労《ろう》を執《と》りつつありし温長興《おんちようこう》を指《さ》し、「実《じつ》は今朝出発《こんちようしゆつぱつ》の際《さい》、大先生《だいせんせい》が今日《きよう》の役目《やくめ》を承《うけたまわ》るべき竜神《りゆうじん》を、温《おん》さんに取《と》り懸《か》けられたので、それで温《おん》さんは頭《あたま》が痛《いた》かったのですよ。つまりあの轎車《きようしや》に竜神《りゆうじん》が乗《の》って来《き》たのです」と云《い》えば、科学万能《かがくばんのう》かぶれの人《ひと》も、虚妄《きよもう》と感《かん》ずる余裕《よゆう》もなく思《おも》わず感嘆《かんたん》の詞《ことば》を漏《も》らす外《ほか》はなかったのである。

○

日《ひ》は漸《ようや》く西天《せいてん》に傾《かたむ》き、日出雄等《ひでおら》の辞《じ》し去《さ》らんとする頃《ころ》は天候変《てんこうかわ》りて又《また》もや雨模様《あめもよう》となり、今《いま》にも空《そら》は綻《ほころ》び相《そう》に見《み》えて居《い》た。盧占魁等《ろせんかいら》は「今晩《こんばん》は此処《ここ》にお泊《とま》りになっては如何《いかが》です。強《た》ってお帰《かえ》りなさるなら、こんな空模様《そらもよう》ですから、雨具《あまぐ》を差上《さしあ》げましょう」というのを、日出雄《ひでお》は「ナアニ俺《おれ》が旅立《たびだ》ちすれば降《ふ》っている雨《あめ》も歇《や》むのだ」と微笑《びしよう》し乍《なが》ら、上木局子《かみもくきよくし》の仮殿《かりどの》指《さ》して帰《かえ》り行《ゆ》く。果《はた》して日出雄《ひでお》一行《こう》の帰着迄《きちやくまで》は雨《あめ》の神様《かみさま》も遠慮《えんりよ》されたのか、其帰着《そのきちやく》と同時《どうじ》に沛然《はいぜん》として、地上《ちじよう》の塵《ちり》を一時《じ》に流《なが》し去《さ》るかの如《ごと》く強雨《ごうう》が降《ふ》り注《そそ》いだのである。

（『霊界物語』特別編・第二五章「風雨叱咤」　大正一四・八　筆録）

第二章　煙火の歓迎

昭和《しょうわ》三年《ねん》三月《がつ》三日《か》、みろく下生《げしょう》を宣言《せんげん》された出口聖師《でぐちせいし》は、神業《しんぎょう》の先頭《せんとう》に立《た》ち「国土《こくど》を天《てん》柱《ちゅう》につなぐ」と宣言《せんげん》し、台湾《たいわん》、沖縄《おきなわ》、奄美《あまみ》、九州《きゅうしゅう》の巡教《じゅんきょう》の後《のち》、五月《がつ》六日《か》から六月《がつ》四日《か》にかけて亀岡《かめおか》から「二名《ふたな》の嶋《しま》」（四国《しこく》の古名《こめい》）に向《む》けて出発《しゅっぱつ》する。

コトタマの旅《たび》に出《い》で立《た》つ吾行《わがこう》を見送《みおく》る人《ひと》の山《やま》と積《つ》みけり

高知《こうち》　徳島《とくしま》　高松《たかまつ》　松山《まつやま》　頭《かしら》の字《じ》　数《かぞ》へて見《み》れば言霊《ことたま》なる

神戸港《こうべこう》を出港《しゅっこう》し高知港《こうちこう》に上陸《じょうりく》、各地《かくち》で歓迎《かんげい》を受《う》けながら旅《たび》をつづける一行《こう》は、高知《こうち》から徳島《とくしま》へ吉野川《よしのがわ》の大歩《おおぼけ》、小歩《こぼけ》を経《へ》て徳島《とくしま》へ。五月《がつ》十四日《か》沖《おき》ノ洲《す》（現《げん》・小松島市《こまつしまし》）から勝浦川《かつうらがわ》を遡《さかのぼ》り、哮機支部《たくはたしぶ》（坂本《さかもと》）へ。そこには村人《むらびと》たちが出口聖師《でぐちせいし》歓迎《かんげい》の煙火《はなび》を準備《じゅんび》し待《ま》ち受《う》ける。

勝浦川土手《かつうらがはどて》を走《はし》れば月見草《つきみさう》　路《みち》の左右《さゆう》に咲《さ》き満《み》ちてあり

煙火《はなび》をば揚《あ》げて信徒《しんと》一行《かう》の　無事着郷《ぶじちやつきよう》を祝《しゆく》しけるかな

阿波第一《あわだい》の清流《せいりゆう》と聞《き》こえたる勝浦川《かつうらがわ》を遡《さかのぼ》り、横瀬《よこせ》の支部《しぶ》に出張《しゆつちよう》すべく吾《わが》一行《こう》五名《めい》の他《ほか》に徳島分所長《とくしまぶんしよちよう》、沖《おき》ノ洲《す》支部長《しぶちよう》、他《ほか》三支部長《しぶちよう》と共《とも》に自動車《じどうしや》三台《だい》を馳《は》せる。何分《なにぶん》四国《しこく》の地《ち》は弘法大師《こうぼうだいし》の遺跡《いせき》も多《おお》く所々《ところどころ》に霊山霊場《れいざんれいじよう》あり。巡礼者《じゆんれいしや》の数《かず》も中々多《なかなかおお》く春秋《しゆんじゆう》の参拝者合計《さんぱいしやごうけい》二十有《ゆう》五万人《まんにん》と称《しよう》せられる。鶴林寺《かくりんじ》、星《ほし》の岩崫《がんくつ》、灌頂山《かんじようざん》など沿道《えんどう》の左右《さゆう》にありて、宝塔連《ほうとうれん》綿《めん》として末法《まつぽう》の世《よ》を照《て》らせり。

勝浦川《かつうらがわ》の堤《つつみ》を行《い》けば、赤黄色《あかきいろ》の月見草《つきみそう》の花《はな》、吾行《われゆ》く左右《さゆう》の草《くさ》の中《なか》に咲《さ》き充《み》ち川水《かわみず》に影《かげ》を落《おと》して風情《ふぜい》云《い》わん方《かた》なし。小津森《こつもり》の蛇《へび》の枕《まくら》、鳴滝《なるたき》なぞの奇勝《きしよう》に神胆《しんたん》を洗《あら》いながら、犬帰《いぬかえ》り猿帰《さるかえ》りの絶壁《ぜつけい》の眺《なが》め面白《おもしろ》し。

昭和《しようわ》の御代《みよ》はかかる岩壁《がんぺき》にも自動車《じどうしや》の往来自由《おうらいじゆう》にして生稲《いくいな》の田園《でんえん》は古来良米《こらいりようまい》の産地《さんち》としてその名高《なたか》く、山林《さんりん》ますます青《あお》く繁《しげ》く、渓流《けいりゆう》ますます清《きよ》く美《うつく》しく、六里《り》の工程《こうてい》も何《なん》の退《たい》屈《くつ》も覚《おぼ》えず、地方《ちほう》の信者《しんじゃ》に迎《むか》えられ、横瀬《よこせ》の支部《しぶ》に安《やす》く来《きた》りぬ。空《そら》は曇《くも》りたれども何《なん》となく清風心地《せいふうここち》よき霊地《れいち》なりけり。坂本川《さかもとがわ》のセセラギの音《おと》一入興趣《しおきょうしゅ》を添《そ》える。

栲機支部《たくはたしぶ》は支部長《しぶちょう》・美馬《みま》邦次氏《し》の邸宅《ていたく》を宛《あて》てられ、風光《ふうこう》きわめて佳《よ》き山間《さんかん》の霊地《れいち》なり。表門《おもてもん》を潜《くぐ》りて直《ただ》ちに離《はな》れ座敷《ざしき》に招《まね》かれ、ここに休憩《きゅうけい》することとはなりぬ。苔《こけ》むす岩《いわ》もて築《きず》きたる泉水《せんすい》の周《まわ》りには五葉《ごよう》の松《まつ》の老樹《ろうじゅ》立《た》ち栄《さか》え、太《ふと》き長《なが》き大島《おおしま》にも琉球《りゅうきゅう》にもかって見《み》し事《こと》もなき蘇鉄《そてつ》の株庭園《かぶていえん》の要《かなめ》と立《た》ち、珍《めずら》しき楓樹《ふうじゅ》の露《つゆ》の滴《したた》る新芽池《しんめいけ》の面《おも》を覆《おお》い、つつじ、南天《なんてん》、木犀《もくせい》、柑橘樹《かんきつじゅ》など庭《にわ》の面《おも》を塞《ふさ》ぎ、潺々《せんせん》たる遣《や》り水《みず》の音清《おときよ》く響《ひび》きて、仙境《せんきょう》を偲《しの》ばしむ。里《さと》の童《わらべ》は所狭《ところせ》きまで集《あつ》まり来《きた》りて、吾面《わがおも》を一目見《めみ》んものとひしめき合《あ》い、閑静《かんせい》の庭《にわ》の面《も》もいと賑《にぎ》わし。

鳴門《なると》蜜柑《みかん》や甘夏《あまなつ》や夏蜜柑《なつみかん》は黄金色《おうごんいろ》に実《みの》りて梢《こずえ》も折《お》れんばかりぶら下《さ》がり、その美味《びみ》捨《す》てがたし。また普通《ふつう》の蜜柑《みかん》の花《はな》の盛《さか》りにて、芳香《ほうこう》四辺《へん》に薫《くん》じ更生《こうせい》の気《き》を吾身《わがみ》身辺《しんぺん》に貢《みつ》ぐ。山《さん》腹《ぷく》には木苺《きいちご》の枝《えだ》もたわわに実《みの》るあり。採《と》りて口《くち》にすれば味《あじ》わい殊《こと》に美《うる》わしく妙《たえ》なり。

○

坂本青年団《さかもとせいねんだん》の制作《せいさく》せる阿波第《あわだい》一の煙火《はなび》を吾《わが》ために見《み》せやらんものと、準備《じゅんび》おさおさ怠《おこた》りなき折《おり》から、一天《てん》にわかに黒雲《くろくも》おおい、大粒《おおつぶ》の雨《あめ》バラバラと降《ふ》りそそぐ。役員信徒《やくいんしんと》は云《い》うも更《さら》なり、青年団員《せいねんだんいん》の失望落胆《しつぼうらくたん》思《おも》いやられて気《き》の毒《どく》なりき。

山本宣伝使吾前《やまもとせんでんしごぜん》に来《きた》り、仕掛《しか》け煙火《はなび》に雨《あめ》は大禁物《だいきんもつ》なり、何卒今宵《なにとぞこよい》の雨《あめ》を晴《は》らさせ青年団《せいねんだん》及《およ》び有志者《ゆうししゃ》の好意《こうい》を受《う》けられたしとの申《もう》し入《い》れ、実《じつ》に最《もつと》もの事《こと》なりとて、産土《うぶすな》の神《かみ》ならびに天《あめ》の水分神《みくまりのかみ》に対《たい》して左《ひだり》の言霊《ことたま》を宣《の》れば、雨《あめ》はたちまち晴《は》れ渡《わた》りけり。

伊都能売《いづのめ》の神《かみ》に捧《ささ》ぐるこの煙火《えんか》　雨《あめ》を晴《は》らせよ水分《みくまり》の神《かみ》

大神《おほかみ》の御命《みこと》のままに来《き》し吾《われ》に　煙火《えんか》を見《み》せよ産土《うぶすな》の神《かみ》

鹿背山《かせやま》の麓《ふもと》、坂本川《さかもとがわ》の岸辺《きしべ》には坂本青年団《さかもとせいねんだん》右往左往《うおうさおう》、花火打《はなびう》ち揚《あ》げの準備忙《じゅんびいそ》がしげなり。

支部《しぶ》の斎庭《ゆにわ》に観覧台《かんらんだい》を造《つく》り、塀越《へいごし》に見《み》るべき仕掛《しか》けなり。河鹿《かじか》の声《こえ》、彼方此方《あちらこちら》の渓流《けいりゅう》を壓《おさ》えて清《きよ》く聞《きこ》え、煙火《はなび》の打《う》ち揚《あ》げを促《うなが》すものの如《ごと》し。庭《にわ》の面《も》に茂《しげ》れる橘《たちばな》の花《はな》の香《かおり》は夕《ゆう》べの風《かぜ》に芳香《ほうこう》を吐《は》き送《おく》り、吾人《ごじん》の精霊《せいれい》に更生《こうせい》の霊気《れいき》を貢《みつ》ぐに似《に》たり。

拍子木《ひょうしぎ》の音《おと》、闇《やみ》を破《やぶ》るや青年団《せいねんだん》の制作《せいさく》になる打揚《うちあ》げ煙火《はなび》は四辺《へん》の山《やま》にこだまして、闇《やみ》の天空《おおぞら》に時《とき》ならぬ花《はな》を咲《さ》かせり。

○

先《ま》ず煙火《はなび》の種類《しゅるい》は第《だい》一に打揚玉《うちあげだま》は「大和響《やまとひびき》」、「引咲之二化《ひきさくのにか》」、「引火咲《いんかさき》の小花《おばな》」、「雷鳴《らいめい》」他《ほか》十八発《ぱつ》にして壮観《そうかん》なり。また仕掛煙火《しかけはなび》としては「夜桜《よざくら》の満開《まんかい》」、「百万燭光《ひゃくまんしょっこう》」、「華厳《けごん》の滝《たき》」、「流星《りゅうせい》」、「元火《もとひ》」、「白糸《しらいと》の滝《たき》」など、最《もっと》も雄大《ゆうだい》にして巧妙《こうみょう》なる出来映《できば》えなりき。

続《つづ》いて佐賀定太郎《さがさだたろう》氏作製《しさくせい》の煙火《はなび》となる。先《ま》ず打揚玉《うちあげだま》として「登《のぼ》り電光《でんこう》」、「祝砲曲導付《しゅくほうきょくどうつき》菊咲二花《きくさきにか》」、「紅牡丹《べにぼたん》」、……仕掛《しかけ》煙火《はなび》など、その美観《びかん》と荘厳《そうごん》さは、天国紫微宮《てんごくしびきゅう》に於《お》ける祭典《さいてん》の美《うる》わしさに似《に》たりと云《い》うべし。

○

風薫《かぜかほ》る花橘《はなたちばな》に包《つつ》まれて　御空《みそら》に開《ひら》く煙火見《はなびみ》しかな

阿波《あわ》一の名物煙火見《めいぶつはなびみ》る庭《には》に　花薫《はなかほ》るなり河鹿《かじか》なくなり

斎庭《ゆには》に棚《たな》を造《つく》りて煙火見《はなびみ》る　吾面数多《わがおもあまた》の村人《むらびと》が見《み》る

打《う》ち出《い》だす清《きよ》き煙火《はなび》の筒音《つつおと》に　驚《おどろ》きにけむ蛙鳴《かへるな》き止《や》む

いく度《たび》か煙火《はなび》を見《み》たる吾目《わがめ》にも　飽《あ》かず見《み》にけり今日《けふ》の煙火《はなび》は

数十発《すうぱつ》の大煙火《おおはなび》は群集《ぐんしゆう》が拍手喝采《はくしゆかつさい》の間《ま》に終了《しゆうりよう》したれば、岩田《いわた》、栗原両弁士《くりはらりようべんし》、群集《ぐんしゆう》の散《ち》らぬ内《うち》にと、支部《しぶ》の広間《ひろま》に立《た》ち替《か》わりして天国《てんごく》の福音《ふくいん》をいと雄弁《ゆうべん》に述《の》べ伝《つた》える。集《あつ》まる村《むら》人《びと》、老《お》いも若《わか》きも、男子《だんし》も女子《じよし》も拍手《はくしゆ》して迎《むか》える。

煙火終《はなびおわ》ると共《とも》に地上《ちじよう》は雨《あめ》の国《くに》とはなりたれど、熱心《ねつしん》なる村人等《むらびとら》は雨《あめ》を物《もの》ともせず、軒《のき》に立《た》ちて聞《き》き入《い》る人《ひと》もありき。

（『二名日記』より）

第三章　竜神は留守…旱魃の北海道

昭和《しようわ》三年七月十一日（～十一月七日）、一行《こう》六名綾部《めいあやべ》を出発《しゆつぱつ》、北陸《ほくりく》・東北《とうほく》・北海道《ほつかいどう》・樺太《からふと》・関東《かんとう》への巡教《じゆんきよう》の旅《たび》に出《で》られる。この時《とき》の道中記《どうちゆうき》が『東北日記《とうほくにつき》』（全八巻）に満載《まんさい》されるので一部《ぶ》を抜粋《ばつすい》する。

○

八月二十日（於・士別《しべつ》支部）

秋風《あきかぜ》そよぐ夕《ゆう》べの空《そら》に宮山《みややま》の大本神社《おほもとじんじや》に参拝《さんぱい》すべく宣信徒《せんしんと》数名《すうめい》と共《とも》に参拝《さんぱい》す。そもそも当神社《とうじんじや》は大本大神《おほもとおほかみ》を祭祀《さいし》され、風通《かぜとお》りよくかつ風光妙《ふうこうたえ》なる霊地《れいち》なり。大正《たいしよう》十年《ねん》の創立《そうりつ》にして境内《けいだい》一五〇坪《つぼ》、唐檜《とうひ》、トドマツ等《とう》の風致《ふうち》、木《き》よく生育《せいいく》し神仙境《しんせんきよう》にある心地《ここち》す。本宮山《ほんぐうさん》上《じよう》（綾部《あやべ》の本宮山《ほんぐうやま》、大正《たいしよう》十年当局《ねんとうきよく》より神殿破壊《しんでんはかい》）の聖宮《せいぐう》の壊《こわ》たれしにひきかえ、同《おな》じ年《とし》をもって大神《おほかみ》を祭《まつ》りたるは神界《しんかい》のご経綸《けいりん》の深奥《しんおう》にして人心《じんしん》の測地《そくち》すべからざるところとす。

先《ま》ず大本祝詞《おほもとのりと》を奏上《そうじょう》し、島民《とうみん》のために降雨《こうう》の近《ちか》からん事《こと》を祈《いの》り下山《げざん》する。………。

○

宮山《みややま》の大本神社《おほもとじんじゃ》に今夕参拝《こんゆうさんぱい》して雨《あめ》を願《ねが》っておいた。北海道《ほっかいどう》の竜神《りゅうじん》は遠《とお》く内地《ないち》に渡《わた》ってしまって一体《たい》もいない。しかし今宵《こよい》の祈《いの》りによって出稼《でかせ》ぎ竜神《りゅうじん》はボツボツ帰途《きと》についた。雲《くも》を呼《よ》び起《おこ》し天《てん》を塞《ふさ》いでやがて遠《とお》からぬうちに験《しるし》を見《み》せることであろう。

○

暗《くら》く成《な》るほど赤《あか》くなる山《やま》の火事《かじ》。士別《しべつ》の支部《しぶ》から西方《せいほう》の原野《げんや》を見《み》ると六日月《むゆかづき》の輝《かがや》く真下《ました》の辺《あた》り、広《ひろ》く長《なが》く火炎《かえん》が立《た》ち上《あ》がるのが見《み》える。聞《き》くところによれば今日《きょう》で二十日《か》ばかり燃《も》え続《つづ》け、その広《ひろ》さ数千町歩《すうせんちょうぶ》に及《およ》ぶとの事《こと》である。昨日《さくじつ》も汽車《きしゃ》に乗《の》って来《く》ると左右《さゆう》の原野《げんや》が盛《さか》んに燃《も》えていた。その間《あいだ》を平気《へいき》で汽車《きしゃ》が通《とお》っている。数万年来《すうまんねんらい》の木草《もくそう》の地上《ちじょう》に落《お》ちて泥炭《でいたん》と化《か》したもので、その厚《あつ》さは一丈《じょう》あまりもあるという。………こうなると到底人間《とうていにんげん》力《りょく》では駄目《だめ》だ、天《あめ》の水分《みくまり》の神《かみ》の力《ちから》を待《ま》つより仕方《しかた》がない。

八月二十一日（於・天塩《てしお》支部）

今日《きょう》は陰暦《いんれき》七月七日、昔《むかし》なら七夕祭《たなばたまつり》の艶《つや》っぽい天界伝説《てんかいでんせつ》の日《ひ》である。未明《みめい》より吹《ふ》きまくっていた青嵐《せいらん》もピタリと止《と》まって、四方《ほう》の連山白雲点々《れんざんはくうんてんてん》起《お》き上《あが》り、空《そら》一面《めん》に白雲《はくうん》の幕《まく》に包《つつ》まれどことなく雨気《うき》を含《ふく》んできた。………白雲《はくうん》の破《やぶ》れより旭日下界《きょくじつげかい》をのぞき蒼空《そうくう》あなた此方《こちら》と木地《きじ》あらわれ雨《あめ》は遠《とお》からず至《いた》るべし。

大空《おほぞら》に白雲《しらくも》あちこち塞《ふさ》がりて　雨近《あめちか》づきし状《さま》の天地《あめつち》

……天塩支部斎田与四郎氏邸《てしおしぶさいだよしろうしてい》に入《はい》る。直《ただ》ちに新造《しんぞう》の浴室《よくしつ》に入《い》り汗《あせ》を流《なが》し再《ふたた》び休憩《きゅうけい》すれば、疲労《ひろう》の苦悩堤防《くのうていぼう》の一時《とき》に破壊《はかい》せしごとく襲《おそ》い来《きた》りて床上《ゆかうえ》に横《よこ》たわる。宣信徒《せんしんと》次々来訪《つぎつぎらいほう》ありて賑《にぎ》わし。

宣伝使信徒《せんでんししんと》に数多絵短冊《あまたえたんざく》　記念《きねん》と例《れい》の如《ごと》くわかちぬ

増川氏《ますかわし》一間《ま》を見《み》れば絵短冊《えたんざく》　色紙《しきし》の額《がく》にあるぞ床《ゆか》しき
長旅《ながたび》の暑《あつ》さと風《かぜ》にあてられて　近侍子《きんじし》の顔《かほ》いたくやけたり
湯《ゆ》の殿《どの》も厠《かわや》も新《さら》に建《た》てかへて　吾《われ》を迎《むか》ふる人《ひと》の真心《まごころ》
天国《てんごく》に生《うま》るゝ望《のぞみ》あればこそ　実《げ》に人生《じんせい》は楽《たの》しかりけり
人生《じんせい》の本義《ほんぎ》を知《し》らぬ今《いま》の世《よ》の　人《ひと》の心《こころ》は淋《さび》しかるらむ

八月二十二日（於・天塩支部）

北海道《ほつかいどう》の夏《なつ》は涼《すず》しいものと去年《きよねん》から期待《きたい》しつつ渡《わた》ってみると、暑《あつ》いわ暑《あつ》いわ、金沢以来《かなざわいらい》の弱《よわ》り方《かた》、旭川《あさひがわ》で九十六度《ど》六分《ぶ》に上《あ》がった寒暖計《かんだんけい》に一驚《きよう》を吃《きつ》したるに、それにも増《ま》して北《きた》へ北《きた》へと行《ゆ》けば行《ゆ》くほど暑《あつ》くなり、ほとんど殺人的炎熱《さつじんてきえんねつ》に襲《おそ》われて、スイカやサイダーや氷水《こおりみず》とあらゆる避暑的武器《ひしよてきぶき》を振《ふ》りかざせども暑《あつ》さは依然《いぜん》として去《さ》らない。………紺碧《こんぺき》の大空《おおぞら》に殺人的劇熱《さつじんてきげきねつ》を放射《ほうしや》して、遠慮会釈《えんりよえしやく》もなく日《ひ》の大神《おほかみ》は下界《げかい》を覗《のぞ》き玉《たま》う。

苦《くる》しみも悩《なや》みも神《かみ》の慈悲《じひ》と知《し》れ　慈悲《じひ》が判《わか》れば苦《くる》しみもなし
早朝《そうちょう》より日光《にっこう》カンカン照《て》りわたり　暑熱苦《しょねつくる》しき今日《けふ》の空《そら》かな
ひからびし声《こゑ》ふりしぼり庭《には》の面《も》の　ポプラの枝《えだ》に雨蛙《あまかへる》なく
やけくそになりて恋《こひ》だのフナだのと　暑《あつ》さ凌《しの》ぎに歌作《うたつく》る吾《われ》
西南高砂嶋《にしみなみたかさごじま》を巡《めぐ》り終《を》へて　蝦夷《えぞ》ケ嶋根《しまね》に教《をし》へとく吾《われ》かな
奥深《おくふか》く蝦夷《えぞ》ケ嶋根《しまね》にわけ入《い》れば　暑《あつ》さ益々加《ますますくは》はりにけり
宣伝《せんでん》の旅《たび》を重《かさ》ねて天塩路《てしほぢ》に　今日《けふ》一日《にち》の休養《きうやう》なしたり

八月二十四日（於・下川支部）

北海道《ほっかいどう》の今年《ことし》の酷暑《こくしょ》は明治《めいじ》十六年《ねん》以来《いらい》四十六年《ねん》目《め》の記録破《きろくやぶ》りで、苦熱《くねつ》の猛威《もうい》九十七度《ど》以《い》上《じょう》の悲惨《ひさん》さである。酷暑《こくしょ》に続《つづ》く全道《ぜんどう》の大旱魃《だいかんばつ》ではほとんど雨《あめ》を見《み》ず。各地方《かくちほう》では毎日毎夜《まいにちまいよ》のごとく町《まち》といわず村《むら》といわず部落《ぶらく》といわず、雨乞《あまご》いの太鼓《たいこ》の音《おと》が乾《かわ》き切《き》った空気《くうき》を伝《つた》わってくる。都会地《とかいち》は飲料水《いんりようすい》の時間断水《じかんだんすい》、農家《のうか》は畑作《はたさく》の萎死《なえし》水稲《すいとう》は稲熱病《とうねつびよう》で何処《どこ》へ行《い》っても雨《あめ》の話《はなし》で持《も》ち切《き》っている。今日《きよう》でほとんど四十日旱天続《にちかんてんつづ》きで殺人的《さつじんてき》の酷暑《こくしよ》、身体《からだ》も何《なに》も解《と》けてしまいそうである。

加《くわ》えるに二ケ月前《げつまえ》に六〇〇戸《こ》の町《まち》を全焼《ぜんしよう》された美深町《みぶかまち》は、またもや山火事《やまかじ》を発《はつ》し、約《やく》三〇〇町歩《ちようぶ》の森林《しんりん》を焼《や》きつつ未《ま》だ鎮火《ちんか》せず。昨《さく》二十二日《にち》は天塩町《てしおちよう》の大火《たいか》にてこれまた八〇〇戸《こ》の市街官公私《しがいかんこうし》の大建造物《だいけんぞうぶつ》をはじめ全部祝融子《ぜんぶしゆくゆうし》の難《なん》に罹《かか》り、北海道《ほつかいどう》の天地《てんち》は火《ひ》の神《かみ》の全盛時代《ぜんせいじだい》となっている。自分《じぶん》も士別《しべつ》の宮山《みややま》に登《のぼ》り、大本神社《おほもとじんじや》に一週日《しゆうじつ》の間《あいだ》に雨《あめ》を与《あた》えたまえと祈願《きがん》しておいた。そのためその後《のち》、天《てん》に雨雲起《あまぐもおこ》って来《き》たが、小時《しようじ》にして晴《は》れるかと思《おも》えばまた曇《くも》り蒸《む》し暑《あつ》いこと苦《くる》しいこと口《くち》で云《い》うような容易《ようい》なものでない。しかしながら降雨《こうう》も近《ちか》づいたことは空《そら》の色合《いろあ》いを見《み》ても確《たし》かになって来《き》たようだ。

………午後《ごご》一時半《じはん》に至《いた》りて一天曇《てんくも》り雨《あめ》ボツボツと降《ふ》り出《だ》し雨垂《あまだ》れの音心地《おとここち》よし。ここに士別宮山《しべつみややま》に鎮座《ちんざ》の大本神社《おほもとじんじゃ》に神恵《しんけい》の厚《あつ》きを感謝《かんしや》し奉《まつ》る。

一週間《しうかん》に降雨祈《かううい の》りし幸現《さちあ》れて　五日目《かめ》の今日降《けふふ》り初《そ》めにけり
雨《あめ》そぼつ町《まち》を駿馬《しゆんめ》に跨《またが》りて　傘《かさ》さしながら支部《しぶ》へと向《むか》ふ

今回《こんかい》の東北旅行《とうほくりよこう》については、いづれの支部《しぶ》もただ一夜《や》か二夜《や》の宿泊《しゆくはく》にも関《かかわ》らず、浴場《よくじよう》、便所《べんじよ》の新築《しんちく》、寝具《しんぐ》の新調《しんちよう》、座布団《ざぶとん》、食器《しよつき》、下駄《げた》、浴衣《ゆかた》まで残《のこ》らず新調《しんちよう》して、吾《われ》を迎《むか》えられたる各地支部《かくちしぶ》の厚意《こうい》を感謝《かんしや》して止《や》まざるなり。

（『東北日記』第三の巻・抜粋）

第四章　竜神余録

一、竜神の御職務

太古国祖大神《たいここくそおおかみ》の大地《だいち》の修理固成《しゅうりこせい》の場合《ばあい》には、竜神《りゅうじん》が盛《さか》んに活動《かつどう》されたものであるが、今《いま》はもうその必要《ひつよう》がなくなったので、静《しず》まって天然現象《てんねんげんしょう》を司《つかさど》ることになっている。即《すなわ》ち雨《あめ》を降《ふ》らせ風《かぜ》を吹《ふ》かす等《など》の働《はたら》きをしているのである。

（『水鏡』61頁）

二、竜は耳が聞こえぬ

竜《りゅう》は耳《みみ》が聞《き》こえぬものである。竜《りゅう》は神界《しんかい》に属《ぞく》しているから人間《にんげん》の言葉《ことば》は通《つう》じない、神様《かみさま》の言葉《ことば》でなくては聞《き》こえぬのである。だから普通《ふつう》の人《ひと》に風雨《ふうう》を叱咤《しった》する力《ちから》は無《な》い、神界《しんかい》に通《つう》ずる言霊《ことたま》の持主《もちぬし》のみが竜《りゅう》に命令《めいれい》し、天然現象《てんねんげんしょう》を自由《じゆう》にし得《う》る権能《きのう》をもっているのである。

（『月鏡』「竜は耳が聞こえぬ」183頁）

三、不知火

不知火《しらぬひ》というのは、海神《わたつみ》の修《しゅう》せらるる祭典《さいてん》である。歴史《れきし》にも無《な》ければまた科学《かがく》でいくら研究《けんきゅう》しても分《わ》かるものでは無《な》い、人間《にんげん》の知《し》らぬ火《ひ》であるから不知火《しらぬひ》というのである。

(『月鏡』「不知火」212頁)

四、竜に関する座談会

出口聖師「如意宝珠《にょいほっしゅ》なら俺《おれ》の所《ところ》に幾《いく》らでもある。世界《せかい》の十二の国魂《くにたま》がわしの所《ところ》に皆集《みなあつ》まっているのや。」

問い「イスラエル十二民族《みんぞく》を代表《だいひょう》する十二の玉石《たまいし》があるという事《こと》ですか。」

出口「『霊界物語《れいかいものがたり》』に玉取《たまと》りをやっているやろが。あれは玉《たま》を御神体《ごしんたい》としたからその時代《じだい》はその国《くに》の玉《たま》を取《と》ったら国《くに》を取《と》ったことになる、だから四角《かく》の中《なか》に玉《たま》と書《か》いて国《くに》と読《よ》むやろ。」

問い「なる程《ほど》、うまい具合《ぐあい》になっていますな」

出口「わしの手許《てもと》に十二の玉《たま》はもう集《あつ》まっている。「如意宝珠《にょいほっしゅ》」も「摩邇《まに》の玉《たま》」も皆来《みなき》ている。」

問い「ホウ、もう完全《かんぜん》に集《あつ》まっているのですか。」

出口「竜《りゅう》の顎《アギト》の玉《たま》も集《あつ》まっている。それは角《つの》でも石《いし》でも金《かね》でもない。歯《は》でもない、云《い》うに云《い》われん類《るい》のないものや。その光沢《こうたく》は五色《しき》に輝《かがや》いている。ここに（口中《こうちゅう》の筆者《ひっしゃ》から向《むか》って右側《みぎがわ》の下歯《したは》の当《あた》りを示《しめ》され）出来《でき》たのをグッと取《と》ったから片一方《かたぽう》はとれてしまっているから半面《はんめん》だけがかけている。これは織田信長《おだのぶなが》がもっておったのや」

問い「竜《りゅう》というものは矢張《やは》り肉体《にくたい》をもっているのですか」

出口「鰻《うなぎ》は河《かわ》の竜《りゅう》なり、馬《うま》は地《ち》の竜《りゅう》であり、鯨《くじら》は海《うみ》の竜《りゅう》である。こう云《い》うものを総合《そうごう》してその各々《おのおの》の特徴《とくちょう》を集《あつ》めて想像《そうぞう》して書《か》いたものが今《いま》の抽象的《ちゅうしょうてき》な絵画《かいが》の竜《りゅう》やけれども、本《ほん》当《とう》の竜《りゅう》と云《い》うものはあんなに長《なが》い胴体《どうたい》をもっているものやない。今《いま》の蠑螈《イモリ》のようなものであのもっと大《おお》きな奴《やつ》や。昔《むかし》は全世界《ぜんせかい》におった。今《いま》でもたまに巨竜《きょりゅう》の骨《ほね》と云《い》うのが出《で》てくるやろう。おったさかいや。もっとおおきなものがおったのや、ほんまは。今《いま》はおらんのや、そして、それ等《ら》はみなノアの洪水《こうずい》で死《し》んでしまったや。それでノアの洪水《こうずい》と云《い》うものは一地方《ちほう》の洪水《こうずい》と云《い》うものがあるけれども、地層《ちそう》を考《かんが》えて見《み》るがええ。あれを見《み》ると地方全部《ちほうぜんたい》が一ペン泥海《どろうみ》になっておらんならんのや、その時代《じだい》に草木《そうもく》、松《まつ》なんか総《すべ》て埋《う》まり固《かた》まってしもうたのが石炭《せきたん》になっている。上松《じょうまつ》と云《い》うのは松《まつ》が炭化《たんか》したものだ。」

問い「亜炭等《あたんら》は草等《くさなど》がなったのでしょうか」

出口「皆《みな》そうや、そういうものが固《かた》まっている。それがまだ一万年位《まんねんくらい》せんと石炭《せきたん》にならず、亜炭《あたん》と云《い》う奴《やつ》や。その亜炭《あたん》が一万年《まんねん》せんと本当《ほんとう》の石炭《せきたん》にならぬ。」

問い「氷河時代《ひょうがじだい》と云《い》って氷《こおり》にとざされて生物《せいぶつ》が死《し》んだと云《い》うのはノアの洪水《こうずい》と関係《かんけい》があるのでしょうか」

出口「それは違《ちが》う。あれは太陽《たいよう》と地球《ちきゅう》との面《めん》が違《ちが》って出来《でき》たことや。地球《ちきゅう》というのは傾斜《けいしゃ》運動《うんどう》を絶《た》えずしている。………」（『青年座談会』61頁）

○

問い「竜女《りゅうじょ》というのはよく聞《き》きますが、竜男というのもあるのでしょうか。」

王仁「竜《りゅう》は女性的《じょせいてき》なものだからみな女《おんな》である。坊《ぼう》さんが竜《りゅう》になるように修業《しゅぎょう》する人《ひと》があるが、竜《りゅう》でも畜生《ちくしょう》だから、そんな事《こと》するのは畜生《ちくしょう》以下《いか》になっているのだ。狐《きつね》を拝《おが》んだりしているのでも狐《きつね》以下《いか》になっている。昔交通《むかしこうつう》が不便《ふべん》だから狐《きつね》が稲《いね》の種《たね》をくわえて方々《ほうぼう》へ蒔《ま》いたのだ、と云《い》った稲荷《いなり》さんの使《つか》いにしている。また御饌《みけつ》の神《かみ》と云《い》うのとキツネとを間《ま》違《ちが》えてそんな風《ふう》になったのだ。」

問い「竜神《りゅうじん》と竜《りゅう》とは別《べつ》でしょうか」

出口「竜《りゅう》を竜神《りゅうじん》と称《とな》えたものもあるし、竜神《りゅうじん》と云《い》うと幾《いく》らか功《てがら》の出来《でき》たものが竜神《りゅうじん》である。ミミズは赤竜《せきりょう》、トカゲは石竜《せきりょう》、ヤモリは屋竜《おくりょう》、川《かわ》の竜《りゅう》は鯉《こい》、地《ち》の竜《りゅう》は馬《うま》、海《うみ》の竜《りゅう》は鯨《くじら》、それで竜《りゅう》を描《えが》くとあんな顔《かお》をしている。馬《うま》の首《くび》を持《も》って来《き》り、鯉《こい》の鱗《うろこ》を持《も》って来《き》り、髯《ひげ》を持《も》って来《きた》り、牛《うし》や鹿《しか》の角《つの》も持《も》って来《きた》り総《すべ》て寄《よ》せて拵《そろ》えてあるのだ、今《いま》の竜《りゅう》の画《え》は……………」

（『青年座談会』140頁）

五、神代の日本海

問い「蒙古《もうこ》が人類《じんるい》の根元地《こんげんち》であると云《い》う事《こと》は『入蒙記《にゅうもうき》』にも書《か》いてありましたが。」

出口「兎《と》も角《かく》ね。阿蘇《あそ》の噴火口《ふんかこう》が五里《り》で世界《せかい》一やと云《い》っているが、蒙古《もうこ》の噴火口《ふんかこう》と云《い》ったら遥《はる》かに大《おお》きい。阿蘇《あそ》どころじゃない。真《ま》っ赤《か》な焼《や》け土《つち》で草《くさ》一つ生《は》えていない。その噴《ふん》火口《かこう》のホンのはしだけ通《とお》るのに三日《か》三夜《よ》さはかかる。そんなのは差《さ》しわたし百里以上《りいじょう》ある。一番広《ばんひろ》いところやったら二百里以上《りいじょう》あるやろう。やっぱりチャント外輪山《がいりんざん》が出来《でき》ているし、波打《なみう》った形《かたち》があってなァ、その為《ため》にアジア大陸《たいりく》が出来《でき》たのやでよ。」

問い「宇宙創造当時《うちゅうそうぞうとうじ》からのものなんですね。」

王仁「亀山《かめやま》も噴火口《ふんかこう》の中《なか》にあるのやでよ。周《まわ》りが外輪山《がいりんざん》や。それやから何時《いつ》でも霧《きり》があるのや。水気《すいき》があるからね。この花明山《かめやま》は噴火口《ふんかこう》の中心地点《ちゅうしんちてん》で、噴火《ふんか》しょうとして止《と》まったからそのまゝ溶岩《ようがん》が固《かた》まっているから大地《だいち》の底《そこ》まで岩《いわ》があるのや。綾部《あやべ》の本宮山《ほんぐうやま》もこと同《おな》じことや。やっぱり噴火口《ふんかこう》の中心《ちゅうしん》やさかい、地《ち》の底《そこ》まで岩《いわ》が続《つづ》いているのや。太《たい》古《こ》の噴火口《ふんかこう》のあとやから本宮山等《ほんぐうやまなど》ヘンマ片麻岩《がん》が多《おお》いのや。江洲《ごうしゅう》（滋賀県）の湖水《こすい》もそうだ。

太平洋《たいへいよう》に古黄泉島《よもつじま》と云《い》うのがあったやろう。あれはこっちが減《へ》って他《た》に出来《でき》たんで、古《いにしえ》は日本海《にほんかい》と朝鮮《ちょうせん》と日本《にほん》と続《つづ》いていたのや。それに日本海《にほんかい》には古《いにしえ》は小《ちい》さい島《しま》が沢山《たくさん》あって小《ちい》さい船《ふね》で渡《わた》って来《こ》られたのや。古《いにしえ》は海《うみ》の塩《しお》がとてもこかった。死海《しかい》では卵《たまご》をほり込《こ》んでも半分《はんぶん》しか沈《しず》まんが古《いにしえ》の海《うみ》はそうやったのや。亀《かめ》に乗《の》って波《なみ》を渡《わた》ったことも本《ほん》当《とう》や。亀《かめ》の首《くび》に綱《つな》をつけて思《おも》う方向《ほうこう》にその綱《つな》を引《ひ》けば亀《かめ》はそっちへ行《ゆ》く。大体身体《だいたいからだ》が沈《しず》まんから波《なみ》の上《うえ》も歩《ある》けたのや。『霊界物語《れいかいものがたり》』に高姫《たかひめ》が海《うみ》の上《うえ》を歩《ある》いておったが、波《なみ》が立《た》つので船《ふね》に乗《の》せてもらうところあるが、人《ひと》はあれを嘘《うそ》やと云《い》うが本当《ほんとう》に出来《でき》たのや。今《いま》はだんだん海《うみ》の塩《しお》が薄《うす》くなったから出来《でき》んのや。

また海《うみ》の塩《しお》が固《かた》まってそこへサンゴの虫《むし》が集《あつ》まって大陸《たいりく》を造《つく》っているのがある。琉《りゅう》球《きゅう》や対馬《つしま》・壱岐《いき》等《とう》は皆《みな》そうや。こうした大陸《たいりく》は沢山《たくさん》ある。日本《にほん》は底《そこ》から岩《いわ》で出来《でき》ているから下津岩根《したついわね》と云《い》って他《た》の国《くに》は底《そこ》から出来《でき》ているのではない。そう云《い》うことは今《いま》の学者《がくしゃ》は知《し》らんのや。『古事記《こじき》』にもチャンと書《か》いてある。」

（『青年座談会』44頁）

あとがき

出口王仁三郎聖師の『古事記・言霊解』は、「神代の昔も今日も、また行く先の世の総ても、測知することが出来る様に書かれてある。」と示される。つまり、過去に学び、現在をみきわめ、未来をしっかりと展望することが必要という。

『霊界物語』には竜宮として、丹後の雄島（冠島）、女島（沓島）、壱岐、対馬、四国、琉球、オーストラリア（冠島）、ニュージーランド（沓島）などが描かれるが、それだけでなく日本を竜宮島として表現されているように思われます。

そして「海幸山幸之段」に関連する神々が各地に祭られ、それも海辺だけでなく内陸部にまで及び、神代から大きな影響を与えて来たものと推察されます。

兵庫県朝来市山東町の「粟鹿《あわか》神社」、京都府亀岡市余部町の「走田《はせだ》神社」など、海とはまったく関係のない場所です。

出口聖師は、兵庫県養父市と美方郡香美町の市町境にある鉢伏山（標高1221メートル）を

「陸の竜宮」と云い、太古に但馬一体は海であったようです。またこの「鉢伏山」を朝来市竹田の「虎伏山」(虎伏城址)、京都府綾部市の「桶伏山」(本宮山=「陸の竜宮」)と共に、この三山を「三伏山」と称し、弥勒大神(=神素嗚盞大神)の霊蹟地とされています。

「桶伏山」や「走田神社」は、古代の丹波が「丹の海」と呼ばれていたことから、当時の神霊が古社として残されている、と想像されます。

○

神代の記録が、崇神天皇の時代に九州の「不知火の海」に捨てられたことにつき、『霊界物語・天祥地瑞』第79巻「総説」には、

「釈迦はこれが功徳《くどき》を解き一切衆生言語を陀羅尼《だらに》と言ひ、我国にてはこれを言霊と言うなり。言霊は言葉の霊《たましい》なり。霊とは心の枢府《すうふ》なり。即ち吾心(小我)の枢府はやがて天之御中主(大我)の心の枢府なり。この心の枢府を言葉の上より観たるもの即ち言霊にして、この言霊はやがて天之御中主の言霊なり。故にこの言霊を知る時はあらゆる一切の言語声音を知り、一切声音言語を知る時は天之御中主全体即ち至大天球《たかあまはら》を知るなり。………。故に我国

を言霊の幸はふ国と言ひ、言霊の助くる国と言ひ、言霊の明けき国と言ひ、言霊の治むる国と言ふなり。（これらは『古事記』を真解するに依りて明らかなり）」

「豊葦原とは、至大天球の事なり。瑞穂は満つ粋《ほ》にして、ほは稲葉などの穂または槍《やり》の穂先など謂ひて、精鋭純粋の処を言ふものにして、満つ粋《ほ》の国とは地球上における粋気《すいき》の充満する国の意なり。………。

然れども崇神天皇の大御心によりて、一たび韜蔵《とうぞう》せられてより以還《いかん》、暫くその伝を失ひ、天下乱れて儒仏教の伝来となり、これと同時に、また外国の語声をも輸入し来りぬ。所謂支那文字音及び印度悉曇《しったん》（＝サンスクリット語）是なり。爾後我国の道益々に失ひ、言霊の伝愈々滅び、祭都潢成が如きすら我国上古文字無しと言ふに至り、万葉集時代にはすでに仮名遣ひのあやまれるもの多く、源　順　朝臣《みなもとのしたがうあそん》が我が国古語の失はれむことを憂いひて、『和名抄』を遺したれども、その『和名抄』既に誤れあり。………」

今から約二〇〇〇年前、国が乱れ始めて四道将軍（北陸に大彦命《おおびこのみこと》、東海に武渟川別命《たけぬなかわけのみこと》、西道は吉備津彦命《きびつひこのみこと》、丹波は丹波道主命《たんばみちぬしのみこと》）を征討のために派遣するなど、言霊の真解釈が出来なくなったようです。

○

「海幸山幸之段」によく似た文章が『霊界物語・天祥地瑞』第79巻にあります。この「天祥地瑞」は、遥かに古い「幽の幽」の神代の竜宮（＝「二名の島」）で、大本弾圧の一年半前の昭和9年7月16日から22日にかけてご口述された、短歌物語です。

葭原《よしはら》の国（葭の島）が舞台で、読み方によっては、現界を惟神に口述されているようにも見えます。

内容を略記すると、葭原の国の酋長を国津神の祖と称し、その名を山神彦、妻を川神姫と称える。その子供に相思相愛の兄妹がいて、兄を艶男《あでやか》、妹を麗子《うららか》と云い、二人を主人公とする物語です。

妹の麗子は、竜神王・大竜身彦に誘拐され、竜宮に連れて行かれて結婚し、「竜宮の弟姫神」になります。一方兄の艶男は、恋する妹・麗子を慕って入水自殺を計るが、火水土翁《しおつちのおきな》に救われ、麗子のいる竜宮に案内されます。

そこで艶男は竜神族の娘・竜女たちに恋をして、その中の燕子花《かきつばた》を連れて竜宮から逃げ帰ります。まもなく燕子花は懐妊し渚に産屋を造る途中、竜彦という子供を出産します。すると竜宮で恋をした竜女たちがやって来て、恨み、悲しさ、苦しさに天変地妖、暴風怒涛を巻き起こし、大地は震動し、稲妻閃き、地鳴震動間断なく雨は盆を還すごとく降り、濁水に国津神の住む家は跡かたもなく流され、そして艶男は身を失せます。

国津神の山神彦、川神姫は、あまりの異変に驚きと嘆きと恥ずかしさに包まれます。そこに天より朝霧比女《あさぎりひめ》の神《かみ》が降り来て、「葭原の国は獣に汚され、天と地との怒りを招けり」、「この国は、主の大神の永久に鎮まる清所《すがど》なり」と、神の御心を告げられます。

山神彦、川神姫は、この葭原の国は天地の神が造られし神の国である。それにもかかわらず神の御心も知らず、主神祭祀の道を忘却し、国を私物していた先祖の罪科《つみとが》、息子・艶男の竜族を犯せし天則違反の罪を詫びられる。

生れて来た御子・竜彦は、朝霧比女の神の従神・子心比女《こごころひめ》に養育を託され「国の柱」となるように育てられる。と云う筋書きですこの第79巻は、「海幸山幸之段」とドラマでの類似点が多い。しかし、「海幸山幸之段」では天津神（＝瑞霊・神素盞嗚大神）を主体として「麻邇の珠」である「潮満潮干の珠」や「真澄の珠」の活用を示され、第79巻のドラマは、国津神が主体となって描かれます。

○

この国津神は、戦後日本は主権在民の民主国家となり、国体を動かす政治家、官僚、大企業家、大宗教家などの指導者を指しているようにも思われます。

○

この第79巻の竜宮篇を誌面の都合で省略しましたが、この巻に続く第80巻、第81巻を吟味すると、葭原の国の現状や将来を三十一文字の短歌で、想像出来るように口述されています。

○

昭和5年9月出口聖師の壱岐・対馬訪問では、南室島に別院建設を命じて帰られる際、『霊界物語』の「天祥地瑞」口述に再び来島するとの言葉を残されていたが果せなかった。この第79巻の事ではないかと推測されるのですが。

『霊界物語』から黄泉比良坂の戦いは、伊邪那美大神ではなく、竜宮の乙姫に喰らいついた曲津神や八種の雷神が起こしたもので、事戸を渡されたのは偽物であった。

つまり第二次世界大戦により世界は解放されたかに見えますが、思想上の戦いもあれば、政治、経済、民族、宗教、その他種々の戦いがある。

戦後、世界は物質文明が開けてきました。しかし、それは一方で神からの精神性が失われた不安な道でもあり、今人類は、黄泉比良坂の分水嶺に立たされているのではないかと憂慮されます。

平成二十四年二月十日　　みいづ舎編集　山口勝人

＜参考文献＞

『研修資料・倭人伝』　梶島好之編集　志賀島資料館

『街道をゆく⑬　壱岐・対馬の道』　司馬遼太郎著　朝日文庫

『原の辻遺跡』「壱岐に甦る弥生の海の王都」　宮崎貴夫著　同成社刊

『対馬国志』「ヤマトとカラの狭間で生きた対馬」永留久恵著　対馬国志刊行委員会
『旅する長崎学』⑫「海の道Ⅱ対馬・海神の島」長崎文献社
『対馬』観光ガイドブック　仁位孝雄著　杉屋書店
島の故事探索（四）『伝説・対馬佐護郡』大石武著
『知っとったあ？こんな対馬の歴史』武末聖子著者兼発行
『対馬の天道信仰と熊野』大江正康著者兼発行
『八雲琴の調べ』「神話とその心」窪田英樹著　当方出版
『先代旧事本紀』訓注　大野七三校訂編集　批評社
『日本建国・神代史』大野七三著　批評社
『日本国始め・饒速日大神の東遷』大野七三著　批評社
『皇祖神』「饒速日大神の復権」大野七三著　批評社

龍宮物語（『記・紀』言霊解）

2012年3月12日　第1版発行
2020年6月 7日　第3版発行

著　　者　出口王仁三郎
発 行 者　山 口 勝 人
編集・発行　み い づ 舎
〒621-0855 京都府亀岡市中矢田町岸の上27-6
TEL 0771(21)2271　FAX 0771(21)2272
http://www.miidusha.jp/
郵便振替 00950-1-189324
ISBN978-4-900441-86-6

出口王仁三郎著

古事記言霊解

間違った古今の学者説をくつがえし、王仁三郎思想の真髄を提起する。著者の深き思いを込め、アマテラス（国家）とスサノオの関係を次世代に送るメッセージが読み取れる。

B六判／270頁／本体1800円＋税

⦿科学が立証する

出口王仁三郎

神示の宇宙

天地人・究極の宇宙説
研究者への遺稿か！

人類究極の課題、宇宙創造神の現れ方が明かされる。出口王仁三郎の宇宙真相は、真空の世界、無から言霊が発生し、天地に鳴りトドロき、極微の物質ガス体（水素）が出現し、やがて宇宙大に膨張する。日地月星辰の発生・地平説・太陽黒点・月の作用・地球温暖化・異変などの原因、科学が進める研究の指標を示す。必読の一冊！

B六判／270頁／本体1800円＋税

出口王仁三郎著

惟《かん》神《なが》ら《》の道《みち》〔復刻〕

昭和の初期八〇〇万の賛同者を結集、「昭和維新」運動を全国に推進したオニサブローの一〇六の論文・講話記録を掲載。出版後三日で発禁となった幻の一冊。

B六判／370頁／本体2200円＋税

出口王仁三郎著

道の栞

日清戦争より十年後、日本はかろうじてバルチック艦隊を撃破、旅順を攻落、多くの犠牲を出しながら日露戦争は勝利する。戦勝に沸く明治三八年、若き王仁三郎はアマテラス国家に対して、本当の神はスサノオの尊であり、救い主であることを明言、戦争は悪魔だと断言する。B六判／285頁／本体1500円＋税

大本写真大観〈復刻〉

明治から昭和にかけて建設された皇道大本の神苑は、昭和十年十二月八日の第二次大本弾圧事件で悉く破壊される。当時の姿が写真で甦る。付録の見取図は、各建造物内部を詳細に伝える。

上製函入／A四判ワイド／218頁／別冊付録／A四判／24頁／本体4800円＋税

◎実録・出口王仁三郎伝

大地の母　全十二巻

出口和明著

大本草創期、丹波の里から世界の立替え立直しを叫び、波乱万丈の生涯を描く雄渾の物語である。いたずら者で女好きだった青年王仁三郎の生き方は、現代という時代にこそ似つかわしい。人間回復への言霊が読者の心にしみ通ってくる。好著！

文庫判／各巻本体980円＋税
一セット／本体11760円＋税

◉出口王仁三郎の示す死生観

霊《たま》の礎《いしずえ》

出口王仁三郎著

●霊界に到りて人は驚かん　依然と命の続けるを見て

愛は人間生命の本体であり、人の魂は心臓停止をもって霊界に復活する。果して脳死は人間の死か！死をめぐる状況が、いま大きく変わりつつある。本書は、人生の目的から、霊魂離脱の状況、神霊界の状態、生と死を根源的に説き明かす。必読の好著！Ｂ六判／１５０頁／本体１２００円＋税

◉スサノオの霊界観

霊界現界についての瑞言祥語

出口王仁三郎の霊界問答

天国は昇りやすく、地獄は落ち難し

「顕幽一致《けんゆういっち》」の法則により、この現界に霊界が、霊界に現界が移写する。人間の肉体には、人の本体たる精霊が宿り、人生の目的を果した後、故郷である天界に復活する。いのちの根源、神と人間、不変の霊界観が、生き生きと語られる。必読の霊界入門書！

Ｂ六判／２６０頁／本体１７００円＋税

出口王仁三郎の言《こと》霊《たま》録《ろく》（ＣＤ）

言霊発声を重視した王仁三郎は、大正十一年と昭和六年に自身の声をレコードに録音。そのほとんどは、昭和十年の弾圧事件で破棄され、わずかに残ったレコード盤から肉声のすべてを収録した。

本体２８００円＋税

出口王仁三郎著

瑞月 宣伝歌集

出口王仁三郎の著述、主として『霊界物語』の中より七四首を厳選、愛善の教えの真髄が最も平易に説きあかされ、著者の深き御旨、愛の心、言霊の力、神観、霊界観、人生観などが詠われている。

文庫判／285頁／本体1000円＋税

⊙釈迦・キリストの予言する末法・終末から新しい地球を創造する

仏説法滅尽経と弥勒下生《みろくげしょう》

出口王仁三郎・大内青巒・加藤新子・井上亮・土井大靖

死神・死仏！ テルブソンの刃《やいば》！ 明治・大正・昭和にかけて大きな波紋を起した立替立直しの変革。霊・力・体の基本原理。至仁至愛《みろく》の世を創造するスサノオ経綸。人は神の子、神の宮として、武力によらず善言美詞の言霊をもって世を拓き、地上天国を造るのだが…。

B六判／321頁／本体2200円＋税

出口王仁三郎著

朝《あさ》 嵐《あらし》〔回顧歌集〕

昭和十年十二月八日大本弾圧検挙者三千人、獄死、病死、拷問、虐待、予審判事の調書偽造、警官の偽証と峻烈をきわめる。事件より六年八カ月オリオンの星座を出でた王仁三郎が、獄中での出来事を回顧する絶筆歌集。

B六判／244頁／本体2000円＋税